VOTRE ARGENT
AU QUOTIDIEN

MARTINE DENOUNE

VOTRE ARGENT AU QUOTIDIEN

Collection dirigée par Béatrice Çakiroglù

FIRST

70, rue d'Assas, 75006 Paris
Tél. 45.44.88.88
ISBN 2-87691-122-1
ISSN 0993-5673

SOMMAIRE

PREMIÈRE PARTIE

PETIT ÉPARGNANT DEVIENDRA GRAND

DEUXIÈME PARTIE

PREMIERS PAS EN SOLO... ET PREMIERS PLACEMENTS

TROISIÈME PARTIE

VOTRE ENTRÉE DANS LA VIE ACTIVE À PLEINES DENTS

QUATRIÈME PARTIE

VOS SOUS SONT SOUS VOTRE GRIFFE... NE LES LAISSEZ PAS PARTIR

CINQUIÈME PARTIE

L'ÂGE D'OR DE VOS SOUS

SIXIÈME PARTIE

VIVE LA RETRAITE

À PROPOS

Mardi 17 heures. Place du Trocadéro. Par cette belle journée d'été le soleil darde ses rayons de la terrasse du café où Bertrand et Patrick se sont donné rendez-vous. Comme le temps passe... Déjà douze ans que ces deux amis ne se sont pas revus. Pris dans le tourbillon de la vie, il aura fallu une rencontre fortuite dans la rue, pour les réunir à nouveau. Ces deux inséparables de Jouy-en-Josas, ont emprunté des chemins professionnels différents. Bardés du même diplôme, Bertrand a roulé sa bosse cinq ans en Australie pour une multinationale. De retour en France, il a repris une affaire d'import-export. De son côté, après avoir fait des passages de six mois à un an dans une demi-douzaine d'entreprises, Patrick s'occupe maintenant de la communication d'un syndicat patronal.

Après de chaleureuses retrouvailles et l'évocation de leurs souvenirs communs, Patrick lance :

« Tu te rappelles, déjà à HEC, je courais après le fric. Eh bien aujourd'hui, je n'arrive toujours pas à mettre de l'argent de côté. Pourtant je gagne correctement ma vie. »

– Je te reconnais bien là, mais maintenant tu devrais faire attention, on n'a plus vingt ans, répond Bertrand. Je bosse comme un fou depuis que j'ai repris cette affaire et ça marche très fort. Je pense même introduire ma société au second marché l'année prochaine. Tu sais que je m'occupais de notre club d'investissement à l'école. Aujourd'hui j'ai toujours un portefeuille d'actions et je fais de temps en temps des petites opérations immobilières. »

Ce brillant gaillard a toujours eu le sens de l'argent. D'origine modeste, Bertrand dès sa jeunesse voulait prendre sa revanche. Au contraire, issu d'une famille aisée, Patrick n'avait guère conscience des réalités. Sans honte, il reconnaît aujourd'hui :

– L'argent continue de me brûler les doigts. Plus j'en gagne, plus j'ai envie d'en dépenser. Je suis en rouge à la banque et j'ai déjà épuisé mon revolving de 100 000 F. »

Pour changer de sujet, Bertrand lui raconte par le menu son séjour en Australie. La magnifique baie de Sydney qui n'aurait d'égal que celle de Rio, le désert d'Alice Springs, ses expéditions en Nouvelle Guinée... Les milieux d'affaires de Singapour et de Taïwan avec lesquels il a travaillé... Une région qui fait rêver Patrick. Depuis des années il se sent insatisfait de ne pouvoir assouvir sa curiosité de globe-trotter.

– Cette partie du monde semble tellement fantastique, dit avec envie Patrick que j'aimerais bien y aller. »

– Justement, je retourne en Australie en décembre pour suivre un congrès à Melbourne. Si tu peux te libérer, on pourrait y aller ensemble. On en profiterait pour faire un saut au Japon. »

– Oui, pourquoi pas, je vais voir si je peux m'arranger », répond évasivement Patrick. Tout en suivant du regard une jeune femme qui descend d'un taxi, il songe à l'acrobatie financière qui lui permettrait de voyager en première classe et d'assumer ce séjour.

Les deux heures sont passées très rapidement. Les deux amis jurent de ne plus se perdre de vue. Bertrand invite Patrick.

– Fais-moi plaisir, si tu es libre ce soir, accompagne-moi à la maison, je te présenterai mon épouse. »

Sans se faire prier, Patrick accepte et monte dans la BMW de Bertrand. Confortablement installés, ils se remémorent la Ford

Mustang rouge de leur jeunesse. Combien de sorties pour ces play-boys, de rallyes bon chic bon genre, de compétitions de golf... A l'époque, grâce à Patrick, Bertrand faisait son entrée dans les sphères de la bourgeoisie parisienne.

– Te souviens-tu des boums chez tes parents, avenue Victor-Hugo, demande Bertrand quelque peu nostalgique. Au fait où habites-tu maintenant ? »

– Pas très loin, dans un immeuble d'une compagnie d'assurance. Avec les prix pratiqués dans Paris, impossible d'acheter. »

Pris dans les embouteillages de fin de journée Bertrand en profite pour raconter son dernier « coup » immobilier.

– Je viens d'acheter à Neuilly 150 mètres carrés sur le bois de Boulogne. Dernier étage avec terrasse, c'est génial pour les enfants. »

Opération qu'il financera en partie par le produit de la vente de son duplex d'Auteuil. Bertrand continue :

– J'ai à ma banque un fondé de pouvoir qui m'a fait gagner beaucoup d'argent. Tu devrais le rencontrer, il pourrait te conseiller utilement. »

– Tu sais moi, répond Patrick un peu désabusé, avec mes dettes je ne risque pas de l'intéresser. »

La voiture pénètre dans le parking de l'immeuble de Bertrand. Mais vous ne saurez pas comment se passeront les présentations entre son épouse et Patrick.

Peu importe, cette tranche de vie digne de « La cigale et la fourmi » est suffisamment éloquente.

Avec des atouts identiques, la gestion des finances personnelles change d'un individu à l'autre. Pour réussir la vôtre, ne comptez pas sur la chance : elle correspond seulement au dividende du capital travail. Au contraire pour chasser les sous, faites preuve de bon sens et de persévérance. Dans le domaine de l'argent, les petits ruisseaux font les grandes rivières. En vous indiquant les bonnes voies, cet ouvrage facilitera votre parcours financier. Comme les préoccupations en matière d'argent évoluent en fonction de l'âge, nous avons analysé les grandes étapes de la vie patrimoniale : des Picsous en culottes courtes à l'âge d'or, en passant notamment par la pose de la première brique et la fortune « fiscale », etc.

Émaillé d'exemples pratiques, ce livre répond avec clarté à

toutes vos questions... sauf une « quel est le meilleur placement ? » Tout simplement parce que le placement idéal n'existe pas. Seul l'examen de vos objectifs permettra de déterminer le placement le plus judicieux à un moment donné.

Et maintenant bonne chasse aux sous...

I

PETIT ÉPARGNANT DEVIENDRA GRAND

1
LES PICSOUS EN CULOTTES COURTES

Finie l'époque des napoléons offerts par les grands-parents et conservés précieusement dans le coffre familial. Aujourd'hui vos jeunes têtes blondes sont déjà prêtes à affronter le monde de la finance. Et de fait, entretiennent des rapports différents avec l'argent. La chasse aux sous peut démarrer très tôt. Avant 18 ans et dès « l'âge de raison », c'est-à-dire vers 11-12 ans, les Picsous en culottes courtes peuvent détenir un compte dans une banque.

L'APPRENTISSAGE DE L'ARGENT

Face aux sous, un jeune enfant et un étudiant entretiennent des rapports totalement différentes. Rien de surprenant à cela. Pour cerner leur perception de l'argent, l'Institut de l'enfant et l'*Étu-*

diant ont défini dans le cycle de la jeunesse six périodes bien spécifiques :

• **de 0 à 4 ans** : l'argent est quasi inexistant. L'intérêt pour ce qui brille lui donne une valeur ludique. L'éventuelle épargne de votre bébé se limite à quelques pièces dans la tirelire.

• **de 3 à 5 ans** : c'est le début de l'argent de poche irrégulier. Quelques francs donnés par les parents, grands-parents. Pour acheter quelque chose, votre bambin acceptera de « casser » sa tirelire. Ses sous sont principalement investis dans les sucettes, malabars et autres roudoudous.

• **de 6 à 10 ans** : votre petit personnage commence à réaliser le « pouvoir » exercé par l'argent. Bien qu'il préfère les pièces aux billets (ça fait plus « gros »), il se préoccupe moins du « poids » des sous que de la « valeur de l'argent ». A ce stade, l'argent de poche devient plus régulier (à la semaine) et plus fréquent, plus d'un tiers des enfants en reçoive officiellement. Sur les 40 F mensuels reçus en moyenne, trois quarts sont dépensés (confiserie, loisirs) et un quart épargné, sans compter les petits suppléments : gratte (ne pas rendre la monnaie des courses), dons sans justification (grands-parents), occasions (Noël, anniversaire), petits boulots (voiture, vaisselle...).

• **de 11 à 14 ans** : la crise de l'adolescence aidant, votre jeune en quête d'identité va clamer son indépendance. Dans cette période du « tout, tout de suite » les dépenses s'avèrent plus difficiles à gérer, d'autant qu'il garde de l'argent pour s'acheter des choses plus importantes plus tard. Il constitue donc coûte que coûte une épargne d'anticipation destinée aux achats ultérieurs. Son unité de compte : le billet de banque.

A l'instar des dépenses, l'argent de poche progresse pour atteindre environ 80 F par mois. Un montant complété par des dons, la rémunération de petits boulots (autour de 100 F), etc. Le cofinancement parents/enfants commence.

Les postes de dépenses se diversifient : confiserie, livres papeterie, cassettes, jeux, accessoires et vêtements.

• **de 15 à 18 ans** : comme il devient plus « raisonnable », votre enfant n'a pas d'attitude passionnelle face à la consommation. Les sous servent à vivre le quotidien et à réaliser des projets (voyages en particulier). A l'argent de poche (150 F par mois) peuvent s ajouter des dons (Noël, anniversaires) et surtout des petits jobs (baby-sitting).

De quoi faire face à des dépenses diverses et variées : vêtements, sorties, confiserie, gros achats « motivants » (vacances à l'étranger, chaîne hi-fi, moto, magnétoscope).

• **de 18 à 24 ans** : c'est le règne de la consommation-plaisir, du tout de suite. Les disponibilités suivent : selon l'Institut de l'Enfant, un étudiant ou un actif dispose en moyenne de 3 150 F par mois. Sur ce total les 9/10e sont affectés à de la consommation directe. Le solde à de l'épargne en vue d'une consommation différée.

LES JEUNES ENTRENT EN BANQUE

Conscients que les adolescents représentent un potentiel très important de futurs clients, les banques rivalisent d'imagination pour les appâter. Si vous cédez aux propositions, n'oubliez pas que votre responsabilité joue, tant que votre enfant est mineur. En cas de découvert, vous restez donc responsable de ses dépenses. A partir de là, à vous de choisir entre les différents produits de la banque junior qui se regroupent en deux grandes catégories : les comptes d'épargne et les comptes chèques.

LE COMPTE D'ÉPARGNE OU LA SAGESSE

Inutile de brûler les étapes. Entre la naissance et l'adolescence, vous pouvez ouvrir un compte d'épargne ou « sur livret » à votre petit diable, pour y placer les enveloppes familiales jalonnant les anniversaires ou le jour de l'an. Sa gestion vous est confiée, puisque vous êtes son représentant légal.

• **Le principe** : quelle que soit la banque, votre enfant pourra dès sa naissance, verser ses « économies » sur ce compte d'épargne qui par la suite, lui délivrera une carte de retrait.

• **Un double avantage** : maintenant une excellente occasion pour ce futur épargnant de se familiariser avec la banque, tout en faisant travailler ses sous à un taux annuel de 4,5 % (non imposable pour les Caisses d'épargne, imposable s'il s'agit d'un compte sur livret bancaire). Et demain la possibilité d'obtenir – dès sa majorité – un prêt à un taux préférentiel dont le montant dépend de celui de l'épargne.

LE COMPTE CHÈQUE OU LE RISQUE

• **Le principe** : vous ouvrez pour votre enfant un compte chèques. Dans un premier temps, il pourra utiliser son chéquier au guichet de son agence. Dès l'âge de 16 ans, avec votre accord, il pourra s'en servir chez les commerçants. Si l'aspect éducatif persiste, le compte chèques n'est pas rémunéré. Cette formule peut également se révéler dangereuse. Attention aux découverts. Vous restez de toute façon responsable des dépenses de votre enfant.

QUELQUES FORMULES À LA LOUPE

Pour concrétiser, quelques exemples.

• **A la BNP, tous dans les jeans**

Son « Jeans Épargne » est un compte d'épargne pouvant déboucher à la majorité sur un compte courant ordinaire.

— Avant 18 ans : plus précisément dès sa naissance, vous pouvez ouvrir à votre enfant ce compte d'épargne rémunéré à 4,5 % imposable. Le montant minimum de premier versement est fixé à 100 F.

Votre enfant reçoit gratuitement une carte lui permettant — dans n'importe quel distributeur de la BNP — de consulter son compte. Sur votre autorisation, il peut effectuer des retraits, dans la limite du solde disponible. Mieux, pour réguler ses dépenses, vous pouvez fixer un montant maximum de retrait compris entre 100 F et 1 800 F. Tant que votre enfant n'atteindra pas ses 18 ans, il ne pourra pas avoir de chéquier. Aussi le compte Jeans Épargne ne peut-il jamais être en découvert.

— A 18 ans : devenu majeur, il peut ouvrir un compte courant ordinaire sur lequel il a le droit de disposer d'une carte bleue et d'un chéquier. Rien ne l'empêche de conserver son compte Jeans Épargne.

• A la Bred : MC2...

Le compte d'épargne peut être doublé d'un contrat d'assurance vie.

– Avant 11 ans : dès sa naissance, vous pouvez ouvrir un compte MC2 au nom de votre enfant. Sa gestion vous est confiée. Les sommes déposées sont investies sur un compte rémunéré : compte sur livret, compte ou plan d'épargne logement, etc.

– Dès que votre enfant a atteint le stade des 11 ans, vous pouvez lui ouvrir un compte bancaire sur lequel il effectuera toutes les opérations en son nom.

Titulaire du compte, il gère personnellement « ses » fonds et reçoit directement « son » relevé de compte mensuel. A charge pour lui de « savoir où il en est » et les limites de ce qu'il peut dépenser.

De plus, sur présentation de la carte Badge MC2 votre enfant dépose ou retire « son » argent au guichet de son agence. La Bred a instauré deux précautions : vous (les parents) fixez le montant que votre fils ou fille peut retirer. De plus, tout retrait important – même autorisé par les parents – est soumis au contrôle du chef d'agence.

Une autre sécurité joue cette fois en cas de perte ou de vol : votre enfant ne recevra pas une carte magnétique, mais une carte personnalisée utilisable seulement dans l'agence où son compte est ouvert. Par conséquent, s'il perd sa carte, inutile de faire opposition. Il lui suffit de signaler la disparition de sa carte à son agence afin que celle-ci puisse lui en établir une autre.

– A 13 ans : une nouvelle marche est franchie avec le maniement de la monnaie électronique. Une carte magnétique permet à votre héritier de retirer de l'argent dans tous les distributeurs de la Bred, dans la limite de 200 F par semaine. Désormais la banque est disponible 24 heures sur 24.

– A partir de 16 ans : avec votre accord, votre enfant peut recevoir son premier chéquier. Il a la possibilité de régler des achats, dans la limite du solde disponible de son compte. Mais il ne peut pas avoir de carte de crédit.

– A 18 ans : il peut récupérer sous forme de capital l'épargne que vous avez versée sur un contrat d'assurance vie.

• Au CIC : Tout pour « MOA »

Le compte d'épargne peut être complété par un compte de dépôts. Et ultérieurement par un compte courant ordinaire.

– 13 ans : avec votre autorisation, votre enfant peut ouvrir un compte rémunéré à 4,5 % imposable, en y déposant 100 F au minimum.

Parallèlement il peut ouvrir un simple compte de dépôt. Sur ce dernier, la banque remet gracieusement une carte MOA permettant d'effectuer des retraits dans tous les distributeurs du CIC, dans la limite du montant disponible du compte.

Si vous le souhaitez, vous pouvez limiter le montant des retraits.

Pour suivre son compte, votre enfant pourra consulter le solde jour sur le jour sur le distributeur. Et il recevra un relevé mensuel. A ce stade, il ne dispose pas de chéquier.

– A 18 ans : il peut conserver ce compte épargne et ouvrir un compte courant ordinaire afin d'obtenir un chéquier et une carte bancaire.

• A la Société générale : c'est en kit !

– Dès 12 ans : là encore, vous donnerez votre feu vert pour que votre enfant ouvre un compte. Voire plus tôt, si vous en êtes d'accord. Ce compte d'épargne est actuellement rémunéré à 4,5 % (imposable).

La banque lui remettra une carte Kit lui permettant de retirer de l'argent dans tous les distributeurs de billets de la Société générale, dans la limite disponible de son compte. Bien entendu, vous pouvez limiter le montant journalier de ses retraits.

– Dès 16 ans : avec votre accord, votre enfant disposera d'un chéquier lui permettant d'effectuer des retraits dans n'importe quelle agence de la banque. Et de régler ses achats chez les commerçants.

• A la Poste : l'Odyssée de l'argent

– Dès 13 ans : avec votre accord, votre enfant ouvre un compte chèque. Avec le chéquier, impossible de régler des achats chez le commerçant. Ce précieux chéquier sert à faire des versements de son compte chèques sur son livret d'épargne. Ou de retirer des espèces, dans la limite du solde disponible de son compte. Plus précisément :

– dans n'importe quel bureau de poste, de 100 F à 3 000 F tous les 7 jours, suivant l'accord parental.

– dans le bureau de poste où il a son compte, jusqu'à 3 000 F tous les 4 jours.

– votre jeune bancarisé recevra un relevé de compte après chaque opération.

En plus du chéquier, il disposera de l'une des deux cartes suivantes :

– la carte Odyssée, délivrée gratuitement lui permettant – selon le montant que vous avez autorisé – de retirer entre 200 F et 1 800 F par semaine, dans tous les distributeurs de billets de la Poste par tranche de 200 F.

– la carte 24 h Plus, moyennant 35 F par an, lui offre la possibilité de retirer jusqu'à 1 800 F par semaine, dans tous les distributeurs de billets de la Poste et des banques affichant le panonceau CB (carte bancaire), ainsi que dans les « points argent » situés dans les gares et les aéroports.

• Au Crédit Lyonnais : il était une fois un petit lion...

Le compte « **Multilion Junior** » fonctionne différemment selon l'âge du jeune titulaire.

– Avant 13 ans : c'est un compte d'épargne, ouvert avec votre autorisation. Votre enfant alimente ou tire sur ce compte qui rapporte des intérêts au taux annuel de 4,5 %, capitalisé par quinzaine. Ce montant d'intérêts lui servira pour obtenir un prêt.

– Dès 13 ans : il dispose d'une carte gratuite lui permettant, dans tous les distributeurs du Crédit Lyonnais, de retirer jusqu'à 500 F tous les 2 jours, dans la limite disponible de son compte.

Attention : en cas de perte ou de vol de la carte, il doit faire immédiatement opposition par téléphone. Puis confirmer tout de suite par écrit à son agence, en remettant le récépissé de la déclaration de perte ou de vol effectuée – avec vous, les parents – au commissariat. Sa responsabilité sera alors dégagée dès réception par l'agence de cette confirmation.

– Dès 16 ans : avec votre autorisation, votre enfant peut ouvrir un compte de dépôt sur lequel il effectuera des virements, des versements et des retraits. Il faut également votre bénédiction pour qu'il dispose d'un chéquier assorti ou non d'une carte bleue.

– Dès 18 ans : si le compte épargne est ouvert depuis au moins 18 mois, votre enfant peut demander un prêt d'un montant maximal de 10 000 F. Comme ce prêt est accordé à un taux privilégié (actuellement 8 à 9 % hors assurance), la banque détermine son montant en fonction des intérêts acquis par le compte depuis l'ouverture.

ET MAINTENANT, QU'ALLEZ-VOUS FAIRE ?

Avez-vous intérêt à ouvrir un compte à votre enfant ? Les banques répondent en choeur par l'affirmative, ne serait-ce que pour conforter leur position sur un créneau porteur à terme. Dans la pratique, il faut reconnaître qu'en le laissant maître de la gestion de son argent de poche, via un compte bancaire ouvert à son nom, votre enfant se responsabilise au maximum. D'ailleurs lui donner de l'argent sans lui faire confiance sur ce qu'il pourrait en faire reviendrait selon les psychologues, à ne pas lui en donner...

Avec un compte, il apprend très vite à quoi sert une banque, quels sont ses avantages et inconvénients, les limites à ne pas dépasser, les circuits de l'échange et la vraie valeur de l'argent. Bastion de l'indépendance et apprentissage de la responsabilité, l'argent n'a pas la même valeur pour tous les jeunes.

En bref

- La loi ne prévoit pas d'âge minimum pour l'ouverture d'un compte bancaire. Celui-ci ne peut être ouvert que par le représentant légal de l'enfant (le père, la mère ou les deux parents ou encore le tuteur) si celui-ci est mineur.
- Si votre enfant est âgé de 16 ans, il peut dans n'importe quelle banque, avec votre autorisation et à condition que vous vous portiez caution pour lui puisqu'il est mineur, disposer d'un compte à vue et d'un chéquier.
- S'il a un tempérament de cigale, vous serez responsable de son éventuel découvert résultant de chèques tirés sans provision suffisante.
- Pour éviter ce genre de déboires, mieux vaut préciser dans quelle limite il pourra effectuer des retraits hebdomadaires ou mensuels, en passant au guichet de la banque.
- Pour ne pas tomber dans le piège de l'argent facile, la carte magnétique associée à un compte sur livret ou un compte à vue, s'avère plus sage que le chéquier. Encore faut-il que votre enfant tienne son code confidentiel à l'abri des regards indiscrets.
- Attention au compte sur livret bancaire : sa rémunération – taux annuel de 4,5 % – est imposable. Les intérêts produits par son compte seront intégrés à vos revenus. Ou supporteront un prélèvement libératoire de 37 %.

POUR BIEN CHASSER

Dès son plus jeune âge – et pourquoi pas dès sa naissance – pensez au livret A de la Caisse d'épargne ou au livret bleu du Crédit mutuel. Ce grand classique reste un placement favori pour faire fructifier à l'abri du fisc les enveloppes des papies, mamies et autres tontons-gâteaux. Autre bonne piste : l'épargne-logement pour votre usage et (ou) à terme, son usage personnel.

Vers l'âge de 12 ans, vous pouvez donner votre feu vert par un accord écrit, pour l'ouverture d'un compte bancaire.

Fixez – pourquoi pas en le concertant – des limites de retraits afin de lui inculquer, sous le régime de la liberté surveillée, la valeur pédagogique de l'argent de poche. Avec sa carte de retrait, il jouera avec fierté au « grand » chasseur de sous.

A compter de 16 ans, tentez le carnet de chèques si vous estimez qu'il est assez mûr pour gérer ses finances personnelles. En cas de dérapage, limitez les dégâts en lui retirant.

L'argent en poche

Dès 4 ans un enfant reçoit de l'argent. Mais ils ne sont qu'un tiers à en disposer régulièrement, un autre tiers en reçoit de temps en temps, les autres n'en ont pas. Selon l'Institut de l'enfant, Baromètre Kid Génération, la somme reçue par mois ne varie guère depuis dix ans. Un peu plus de 35 F pour les 4 à 10 ans. Environ 80 F pour les 11 à 14 ans. Il faut bien que jeunesse s'épargne...

Argent de poche, baby-sitting, course, jobs d'été... les jeunes disposent de liquidités. S'ils gagnent cet argent en partie, ils le dépensent volontiers en totalité pour couvrir des frais courants qui évoluent avec l'âge.

L'argent des jeunes enfants rime avec bonbons et sucreries. Entre 15 et 25 ans, les adolescents économisent pour mieux dépenser. Phénomène important : le cofinancement, une sorte d'avance accordée par les adultes à la demande des enfants. Vous parents, vous vous empressez d'oublier cette aide qui peut représenter 80 ou 90 % du prix total.

Selon diverses études, les lycéens de 15 ans débourseraient

350 F par mois. Ceux de 18 ans, un peu plus de 500 F. A côté de ces dépenses autonomes s'ajoutent les frais exceptionnels nécessitant une économie de longue haleine. Pour s'offrir l'objet de leurs rêves – ordinateur, vélo, voyage –, les jeunes sont prêts à effectuer un petit job durant l'été.

La Bancarisation des jeunes

Si les adultes sont particulièrement bancarisés, les enfants suivent leur trace dès leur plus jeune âge. En effet selon des études menées par l'Institut de l'enfant et le magazine l'*Étudiant* :

• dès leur naissance, 35 % des jeunes détiennent un livret A.

• de 8 à 14 ans : 66 % des enfants possèdent un livret de Caisse d'épargne, 63 % en connaissent le montant exact qui selon eux, varie de 200 à 5 000 F. La moitié rêvent d'avoir un compte en banque.

• de 15 à 25 ans : le livret de Caisse d'épargne est une réalité pour près de 75 %. Le plan d'épargne-logement ou le compte-épargne attirent les plus âgés. Un compte bancaire est détenu par 48 % des jeunes.

Une autre enquête de l'Institut de l'enfant dresse un tableau des produits bancaires selon l'âge.

<table>
<tr><th></th><th>0 à 3 ans en %</th><th>4 à 10 ans en %</th><th>11 à 14 ans en %</th><th>15 à 17 ans en %</th><th>18 à 20 ans en %</th><th>21 à 24 ans en %</th></tr>
<tr><td>Livret d'épargne Ecureuil</td><td>34</td><td>31</td><td>41</td><td rowspan="2">66</td><td rowspan="2">71</td><td rowspan="2">77</td></tr>
<tr><td>La Poste</td><td>4</td><td>8</td><td>10</td></tr>
<tr><td>Livret bancaire</td><td>7</td><td>7</td><td>11</td><td>87</td><td>83</td><td>72</td></tr>
<tr><td>Compte chèque</td><td>/</td><td>/</td><td>/</td><td>15</td><td>62</td><td>88</td></tr>
<tr><td>Compte bancaire</td><td>/</td><td>/</td><td>/</td><td>14</td><td>63</td><td>76</td></tr>
</table>

Source : Institut de l'enfant

EN MARGE : UN PEU DE PSYCHOLOGIE

Face aux sous, quel est le comportement de votre enfant ?

L'Institut français de démoscopie a distingué cinq types de comportement des 15/24 ans face aux « petits sous » :

• **Les anti-accumulateurs jouisseurs** : 28 % (égalité filles et garçons) possèdent à 47 % un compte en banque. Dotés d'un bon bagage intellectuel, ces jeunes citadins profitent pleinement des revenus familiaux.

• **Les accumulateurs frileux** : 24 % (55 % des filles), peu de comptes en banque dans cette catégorie surtout féminine qui ressent un besoin de sécurité et de valorisation de l'épargne. Ce repli sur soi s'explique par le besoin d'accumuler.

• **Les aventuriers** : 14 % dont 66 % de garçons, forment la majorité des possesseurs de comptes en banque. Pour assouvir leur passion des sous, ils sont prêts à prendre des risques en fraudant, voire chipant.

• **Les économes voraces** : 16 % dont 62 % de garçons, font très peu confiance aux banques malgré leur forte attirance pour l'argent, signe de réussite sociale. D'appartenance rurale, ils préfèrent veiller sur leur « magot » à la maison.

• **Les désintéressés** : 18 % dont 62 % de filles possèdent peu de comptes en banque. Comme le sexe faible a le sens de la collectivité et de l'intérêt général, il se valorisera par des communications directes et concrètes.

2

SPÉCIAL ÉTUDIANT OU L'INDÉPENDANCE À PAS COMPTÉS

Livret d'épargne, compte bancaire, carte magnétique : tout au long de son adolescence, votre enfant s'est frotté aux premiers rouages de l'argent. Désormais il se retrouve sur les bancs de l'université ou d'une grande école. Face à des dépenses qui n'ont rien de comparable avec la période dorée du collège. Comment affronter cette nouvelle tranche de vie ?

S'il désire voler de ses propres ailes, où et comment chasser ces précieux sous qu'il n'est pas encore en mesure de gagner ? A côté des traditionnelles bourses accordées parcimonieusement par l'État, n'existe-t-il pas un droit au prêt pour tout étudiant digne de ce nom ? Autant de questions examinées dans ce chapitre, rédigé tout spécialement à l'attention de vos enfants majeurs.

LA FAC ET LE PORTEFEUILLE

Un budget étudiant, c'est du provisoire qui durera le temps de vos études supérieures. Sans doute quatre ou six ans, avant l'entrée dans la vie active. Reste qu'un étudiant a besoin d'environ 30 000 F par an pour suivre une année universitaire dans des conditions décentes (logement, nourriture, livres, etc.). Pour boucler ce budget, les enquêtes le prouvent (notamment celles effectuées par le magazine l'*Étudiant*), les parents interviennent largement.

La moitié des étudiants logent chez leurs parents. Mieux, 83 % d'entre vous se font financer par eux. Plus ou moins.

Toutes les combinaisons sont possibles. Avec une règle tacite assez répandue : les trois premières années sont prises en charge, avec souvent des petits jobs d'appoint (baby-sitting et extra du week-end). Ou une bourse, élèment central de l'aide financière de l'État aux étudiants. Le hic : seulement 16 % d'entre vous en bénéficient (avec un montant moyen de 12 500 F).

Ensuite l'équilibre s'inverse. Les jobs prennent le relais et les parents fournissent le complément... de moins en moins désiré. Surtout si vous avez quitté le domicile familial. Faisons les comptes : frais d'études + de nourriture + de logement, votre budget moyen peut facilement atteindre 45 000 F par an. Il est peut être temps d'aller frapper à la porte du crédit bancaire. A moins que vos parents l'aient déjà fait en ouvrant un plan d'épargne-crédit.

UNE SAGE PRÉCAUTION : LE PLAN D'ÉPARGNE-CRÉDIT

Mal connu du public en raison de la discrétion des banques à son sujet, le plan d'épargne-projet fonctionne sur le modèle de l'épargne-logement. L'épargne accumulée pendant des années, ouvre droit ensuite à un prêt dont le montant est proportionnel à celui des économies constituées. Ce prêt pourra servir à financer tous types de projets, dont les études.

Grâce à son taux relativement attractif, la formule d'épargne-crédit permet d'alléger les remboursements du prêt. Et donc de ne pas grever trop lourdement votre premier salaire.

Un exemple : le « compte épargne projet » du Crédit du Nord.

Ce contrat d'épargne-crédit permet de se constituer une épargne disponible et d'obtenir un prêt à un taux attractif garanti par contrat.

• **L'épargne** : à partir de 16 ans, vous choisissez un montant d'épargne de 200 F minimum. Des versements réguliers, représentent une bonne discipline pour vous constituer un capital.

• **La durée de l'épargne** : après les six premiers mois, vous pouvez suspendre des versements ou même effectuer des retraits sans clôturer le compte.

• **La date du projet** : entre 6 mois et 5 ans à compter de l'ouverture du compte. La banque ne demande aucun justificatif de l'utilisation des fonds (achat, voyage, etc.)

• **Le prêt** : d'un montant minimum de 2 400 F, il vous sera accordé dès que vous serez majeur en fonction du montant et de la durée d'épargne. Ainsi si vous avez épargné 6 000 F en un an, vous avez le choix entre :

– un prêt « normal » de 6 000 F sur un an à 6 % (montant et durée du prêt correspondant à ceux de l'épargne) ;

– un prêt « réduit » de 4 % avec deux options : soit 6 000 F sur six mois (montant du prêt égal à celui de l'épargne et durée de moitié), soit 3 000 F sur un an (la moitié du montant de l'épargne et durée égale à celle de l'épargne) ;

– un prêt « majoré » de 12 000 F sur un ou deux ans à 10 % (montant du prêt étant deux fois supérieur à celui de l'épargne et/ou une durée double à celle de l'épargne).

LA DÉBROUILLE DES ÉTUDES SUPÉRIEURES : LE PRÊT « ÉTUDES »

Si les lycéens sont courtisés par les banques, les étudiants – surtout ceux des universités scientifiques et des grandes écoles – le sont encore davantage. Pour un banquier, un prêt constitue inévitablement le point de départ d'une relation à long terme. Prêter, c'est fidéliser un client, futur cadre supérieur. D'où la tentative des banques de tendre la main à ces têtes pensantes avec le prêt « études ». Cette vague n'a pas vraiment touché les rives des universités. Le nombre d'emprunteurs reste limité : seulement 16 %

des étudiants. Plus précisément 6 % en premier cycle, 17 % en deuxième et 43 % en troisième cycle.

Si vous n'avez pas encore contracté un prêt « études », voici les grandes modalités de fonctionnement.

• **L'objet** : en théorie il est destiné à financer tout ou partie de vos études. En pratique, en l'absence de vérification, il peut servir à un globe-trotteur à assouvir sa passion des voyages...

• **Le montant moyen** se situe entre 10 000 et 15 000 F par an, ce qui correspond à une somme globale de 30 000 F, compte tenu des deux ou trois montants des remboursements annuels prévus par la banque.

• **Le taux** varie entre 8 et 10 % l'an. Par comparaison, le taux d'un prêt à la consommation se situe généralement entre 13 % et 15 %.

• **La durée totale du prêt** court du premier versement effectué par la banque sur votre compte au dernier remboursement de votre part. En fait, vous remboursez le prêt études, une fois que vous avez décroché votre premier emploi.

• **Une période de franchise** est comprise à l'intérieur de cette durée de prêt. En langage décodé, il s'agit d'une période pendant laquelle vous n'aurez rien à rembourser. Après cette franchise interviendra le remboursement du prêt et des intérêts.

• **Une franchise partielle** est pratiquée par certaines banques (BNP, Société générale...). Dans ce cas, les intérêts dus dès le commencement du prêt sont acquittés mensuellement. Le remboursement du capital intervient à la fin du différé.

Et n'oubliez pas :

– Pour choisir un prêt, examinez les conditions requises pour être bénéficiaire, le plafond de prêt, le taux du crédit et les modalités de remboursement.

– Avant de signer le contrat, la banque vous demandera de contracter une assurance équivalente à 0,165 % ou 0,535 % du montant du prêt. Et ce, pour pallier une éventuelle défaillance de votre part. Comme plusieurs précautions valent mieux qu'une, la caution de vos parents ou de toute personne solvable sera plus que bienvenue. En outre, vous devez ouvrir un compte dans la banque qui vous a fait crédit.

– Pas de mystère, pour accorder le crédit, le banquier va se fier à la bonne connaissance des proches du candidat à l'emprunt (vos parents par exemple) ou d'un cursus universitaire assuré de débouchés économiques significatifs.

UN PRÊT À LA LOUPE

• **Le Crédit Lyonnais**

– Ce crédit est accessible à toutes les formations type BTS (brevet de technicien supérieur), universitaires, grandes écoles, (écoles d'ingénieurs, écoles supérieures privées) et aux futurs professionnels libéraux : secteurs médicaux, juridiques, comptables...

– Limite d'âge : âge couramment admis pour le type d'études concerné.

– Montant : 10 à 15 000 F par année d'études. Ce montant varie selon la nature de la formation.

– Taux : de 8 à 9 % hors assurance. Conditions préférentielles dans le cadre d'accords avec une mutuelle ou ponctuels avec certaines écoles.

– Modalités de remboursement : une période de franchise couvre la durée des études et le service national le cas échéant. Durée maximum : 7 ans.

– Aucune pénalité n'est retenue en cas de remboursement anticipé.

– En général, la caution des parents est demandée. Interviennent également la durée et la qualité des études.

– Assurance obligatoire : couverture décès-invalidité totale et permanente à 0,16 % sur le capital restant dû. Ou la couverture décès invalidité totale et permanente plus incapacité de travail à 0,53 % sur le capital restant dû.

ATTENTION À L'ÉLITISME

Hélas vous n'êtes pas tous égaux devant les prêts étudiants. Les banques sont élitistes. En accordant ces crédits, elles investissent avant tout pour leur avenir (pas nécessairement le vôtre). Aussi préfèrent-elles les énarques aux licenciés de « psycho ». D'ailleurs, l'ensemble des grandes écoles a les honneurs (X, ENA, Les Mines, Centrale, HEC, ESSEC, INSEAD...). Avec un tel parchemin en préparation, aucune difficulté pour obtenir un emprunt. Si vous appartenez à ce gotha, vous obtiendrez sans doute des conditions préférentielles de taux et un plafond de prêt majoré, pouvant aller jusqu'à 100 000 F. Même réaction vis-à-vis des MBA (Master Business Administration) très en vue.

En dehors de ces secteurs privilégiés, tout dépend des études suivies. Les 2e et 3e cycles universitaires sont bien assez appréciés par les banques. Mais ceux de lettres et sciences humaines le sont moins que ceux de gestion et de droit.

Et vous l'avez deviné, si vous avez la malchance de n'être qu'en première ou seconde année universitaire, votre demande risque de se transformer en parcours du combattant. Patience et persévérance !

À SUIVRE : UN PRÊT D'ÉTUDES AIDÉ PAR L'ÉTAT

Une bonne nouvelle. Bien que le droit au prêt d'études pour tous les étudiants reste encore dans les limbes, le prêt destiné aux études devrait être revu et corrigé. En effet à compter de 1991, l'État devrait garantir partiellement les prêts octroyés par les banques aux étudiants. Cette garantie serait donnée d'une part sur des critères sociaux (revenus du foyer fiscal auquel est rattaché l'étudiant) et d'autre part sur des critères universitaires (au plus tôt la deuxième année du premier cycle). Et ce, pour éviter d'endetter des jeunes gens dont l'avenir économique reste incertain. Sur le terrain, cette garantie partielle par l'État devrait se traduire par un taux d'intérêt minoré d'un à deux points par rapport au marché.

Voici les principales modalités de ce nouveau système :

Vous (l'étudiant) solliciterez d'abord un prêt auprès d'une banque qui aura signé une convention avec l'État.

Cette convention prévoirait l'accès à un fonds de garantie, doté par l'État et éventuellement complété par prélèvement sur le montant des prêts versés, comme pour tout fonds de garantie mutuelle.

Le montant des prêts serait d'environ 40 000 F débloqués en trois parts égales sur trois années.

Le versement des fonds serait toutefois conditionné par la réussite aux examens.

Le remboursement débuterait soit au bout de 4 ans, soit à partir d'un âge donné (26 ou 27 ans).

La durée normalisée d'amortissement serait comprise entre 4 ans et 8 à 10 ans.

Le taux du prêt varierait en fonction de la durée du prêt.

EN CAS DE COUP DUR, POURQUOI PAS UNE RENTE ÉDUCATION ?

A première vue, on ne pense pas à la solution de l'assurance pour le financement des études. Pourtant elle fonctionne efficacement pour faire face à des dépenses d'études en cycle scolaire ou universitaire. Mais uniquement dans une situation extrême : c'est-à-dire en cas de décès ou d'invalidité de l'un ou l'autre de vos parents (père ou mère). Qualifiée de « rente-éducation », cette garantie méconnue fonctionne comme une assurance-décès « temporaire ».

Rappelez à vos parents le ba-ba du système pour les aider à prendre ou... à laisser :

• **Le principe** : le contrat rente-éducation vous permet de recevoir un revenu régulier en cas de décès ou d'invalidité de l'un de vos parents. Et ce, jusqu'à votre majorité. Voire jusqu'au terme choisi pour la fin de vos études, à condition que vous ne franchissiez pas le cap des vingt-cinq ans.

• **Les avantages** : une réelle tranquillité d'esprit. Quoiqu'il arrive, l'avenir professionnel est assuré. De plus vos parents désignent nommément le bénéficiaire à la signature du contrat. En cas de tutelle ou de remariage, ils ont la certitude que l'argent profitera bien à l'enfant bénéficiaire du contrat de rente-éducation.

• **Le coût** : ce type de contrat reste bon marché. Par exemple pour qu'un assuré (le parent) soit garanti du versement d'une rente mensuelle de 2 000 F pour un enfant de trois ans jusqu'à sa majorité, il devra débourser une prime annuelle de l'ordre de 1 000 F. Si le décès ou l'invalidité de votre père et/ou mère n'intervient pas d'ici votre majorité, ce contrat aura été alimenté à « fonds perdus »... et c'est tant mieux !

• **Comment fixer le montant de la rente ?** pour déterminer au plus juste la somme nécessaire à l'éducation de l'enfant,

Vos parents vérifieront auprès du service du personnel de leur entreprise les garanties dont bénéficierait le conjoint survivant. En effet d'une entreprise à l'autre, les couvertures en cas de décès peuvent changer.

• **La rente** : plus facile à gérer qu'un capital, pour un bénéficiaire mineur, elle pourra être versée une ou plusieurs fois par an, au choix de vos parents.

• **Une précaution** : la rente indexée, comme dans tout contrat à effet différé. Encore faut-il que les sommes versées dans dix ou quinze ans bénéficient du même pouvoir d'achat que lors de la souscription. Face au grignotage de l'inflation, deux possibilités :

– une revalorisation définie par un taux de croissance contractuel librement choisi entre l'assuré et la compagnie.

Attention, comme les cotisations sont indexées sur cette majoration, il faut pouvoir suivre financièrement ;

– une revalorisation définie par un indice extérieur. Par exemple l'indice Insee du coût de la vie, le taux du livret A... Probablement une solution plus sage que la précédente...

• **La fiscalité** : la cotisation versée au titre de la rente-éducation n'est pas déductible du revenu imposable. Sauf dans le cas où elle est constituée au profit d'un enfant handicapé.

La rente que vous percevrez, en cas de malheur, ne supporte pas de droit de succession dans la mesure où le bénéficiaire est désigné (sauf lorsque l'assuré a plus de 66 ans lors de la souscription du contrat). De plus, elle n'est pas imposable au titre de l'impôt sur le revenu, lorsque le contrat a été souscrit à titre facultatif. En revanche, une rente-éducation servie en application d'un régime de prévoyance obligatoire (au sein de l'entreprise) est imposable. Dans ce cas, le tarif d'un tel contrat est moins élevé, surtout si l'employeur participe aux cotisations.

L'AUTO-ÉCOLE DE LA BOURSE : LES CLUBS D'INVESTISSEMENT

– « Michelin, en baisse, Carrefour en hausse, l'or ne bouge pas... » ce commentaire n'est pas forcément réservé aux spécialistes. Caisse de résonance des événements économiques et politiques, le Palais-Brongniart (autrement dit la Bourse de Paris) est facilement accessible. Pour faire vos premiers pas dans cet univers feutré, il suffit d'appartenir à un club d'investissement (boursier). Vous pouvez entrer dans un club déjà constitué. Ou en former un avec des amis. Voici la marche à suivre pour créer un club :

• **Réunir** un groupe de personnes (cinq au minimum, vingt au maximum) attirées par le « boursicotage ».

• **Choisir** un intermédiaire agréé : banque ou société de bourse (ou ancienne charge d'agent de change).

• **Élaborer** des statuts. Un modèle type est disponible auprès de la Fédération nationale des clubs d'investissement (coordonnées à la fin de ce livre).

• **Adopter** les statuts, les signer et les remettre à l'intermédiaire financier.

• **Élire** le bureau avec un président, un trésorier et un secrétaire.

• **Effectuer** le versement initial (maximum 3 000 F).

• **Fixer** la date de la prochaine réunion mensuelle et éventuellement des suivantes.

Un club d'investissement est formé pour une durée de 10 ans. Chaque membre doit verser une mensualité comprise entre 50 F et 2 000 F. Comme le club bénéficie de la transparence fiscale, il n'est pas taxé. En revanche ses membres sont imposés à titre individuel sur les revenus des valeurs mobilières (avec un abattement de 8 000 F par personne et 16 000 F pour un couple) et sur les plus-values enregistrées en cas de retrait ou lors de la dissolution du club. En revanche, les plus-values réalisées dans le cadre de la gestion du club sont exonérées.

Depuis 1986, la vague des clubs d'investissement touche les grandes écoles et même les lycées. Pour créer un club composé d'enfants mineurs, la personne habilitée à passer les ordres de Bourse (le président) doit être un adulte dûment mandaté par chacun des parents des enfants concernés. Sur le plan fiscal les revenus mobiliers sont ajoutés à ceux des parents, sauf si le mineur, disposant de revenus ou d'une fortune personnelle, est imposé séparément sur leur demande.

EN BREF

- **En règle générale les banquiers ont tout spécialement confiance en la valeur des formations supérieures à vocation professionnelle et des grandes écoles. Ce qui explique sans doute leur refus sur des dossiers de type littéraire.**
- **Les taux pratiqués pour certaines catégories d'étudiants prouvent l'importance de cette clientèle aux yeux des établissements de crédit.**
- **Pour quelques centaines de francs de cotisation mensuelle, les études scolaires ou universitaires des enfants seront financées en cas de coup dur (décès ou invalidité de l'un des parents) par une rente-éducation.**
- **Les clubs d'investissement permettent aux novices d'appréhender les rouages de la Bourse. Leur adhésion est même ouverte aux mineurs.**

POUR BIEN CHASSER...

Solution d'appoint pour financer un budget étudiant, le « crédit études » des banques demande de bien évaluer vos possibilités de remboursement, lorsque l'opération se déroulera. Plus la franchise et la durée du prêt sont prolongées, plus les mensualités de remboursement seront élevées. Si possible, attendez la rentrée 1991 pour bénéficier des taux attractifs des nouveaux prêts garantis partiellement par l'État...

Les étudiants prêts à payer

Selon un sondage réalisé par l'IFOP en janvier 1990 auprès d'étudiants d'universités et d'IUT, et publié par l'*Express*, les étudiants disposent en moyenne de 2 237 F par mois. Cette somme varie avec l'âge : 1 635 F pour les 17-19 ans. Et 3 905 F pour les 25 ans et plus. Les étudiants vivant chez leurs parents (40 %) disposent de beaucoup moins d'argent (1 355 F) que ceux propriétaires de leur logement (3 845 F). Les étudiants d'IUT sont les moins « riches » 1 314 F.

Les études (livres, fournitures, matériel, droits d'inscription) et les loisirs constituent les deux postes principaux de leur budget. Leurs sources de revenus ? Les parents et la famille (70 %), les petits boulots (33 %), une bourse d'études (18 %), un travail à plein temps (8 %), un emprunt bancaire (2 %).

L'argent étudiant : mission impossible ?

Selon une enquête réalisée pour l'*Étudiant* en février 1989

– 74 % des étudiants ont un soutien de leurs parents, 26 % se prennent seuls en charge.

– 40 % des étudiants doivent travailler pour poursuivre leurs études, et 25 % plus d'une journée par semaine.

– Pour ceux qui n'empruntent pas, soit 84 %, 7 % ne l'ont pas fait à cause d'un refus de la banque, ce qui représente 100 000 étudiants.

– Si un emprunt était possible, deux tiers emprunteraient, soit environ 800 000 étudiants. Le prêt moyen s'établirait autour de 12 500 F annuels.

Histoire de taux...

Tous ceux que nous vous indiquons sont ceux en vigueur aujourd'hui. Mais souvent les taux varient... ne nous en veuillez pas !

EN MARGE : LE PRÊT ÉTUDIANT SUR LE TERRAIN

D'accord le prêt étudiant c'est pratique et ça allège les soucis. Encore faut-il vraiment savoir si vous devez casser un peu, beaucoup ou follement votre tirelire pour le remboursement. Deux exemples vécus (*)

- **1er cas :** Patrice prépare un DUT en électronique. Afin de financer ses études, il demande un prêt qu'il souhaite commencer à rembourser après son service militaire, soit après une période de franchise de 3 ans. Il obtient un prêt sous forme d'un décaissement unique de 20 000 F d'une durée totale de sept ans (trois années de franchise, quatre années de remboursement) au taux de 9,03 % assurance comprise. En période de franchise, Patrice commencera à verser une partie des intérêts, soit 150,50 F par mois. Après son service militaire, il remboursera son prêt en 48 mensualités de 497,99 F. Au total, son prêt lui aura coûté en intérêt 9 321,52 F.
- **2e cas :** Anne entre en 3e année d'études de médecine pour faire face aux frais de location de son studio, elle demande un prêt d'études à décaissements échelonnés mensuels sur 3 ans d'un montant total de 40 000 F. Son entrée en internat devrait ensuite lui permettre de commencer à rembourser son prêt sans problème. Toutefois, pour en être certaine, elle demande en plus une franchise totale d'une durée d'un an.

Elle obtient donc un prêt de 40 000 F au taux de 8,03 % assurance comprise sur huit ans dont trois années de décaissement, (une de franchise et quatre de remboursement).

Anne remboursera son prêt en 48 mensualités de 1 218 F. Au total son prêt lui aura couté en intérêt 18 464 F. Dur. Dur.

(*) Ces exemples ont été réalisés avec le concours de la Société générale

II

PREMIERS PAS EN SOLO... ET PREMIERS PLACEMENTS

1

LES RÈGLES D'OR DE L'APPRENTI ÉPARGNANT

Fraîchement émoulu de l'univers étudiant, vous faites vos premiers pas dans la vie active. Fini les emplois du temps relax, agrémentés de savoureuses séances de cinéma... Coupé du cordon familial, la dure réalité commence. Avec son cortège de contraintes : le temps compté, le travail... Et ses avantages : l'indépendance, la faculté de gagner sa vie.

Immergé dans le monde des adultes responsables et fiers de l'être, les premiers jobs occasionnels ou réguliers arrivent. Les premiers sous tant désirés, aussi... avec la fringale de dépenses, il faut bien apprendre à conjuguer vos sous au futur. Voici les bonnes pistes à suivre.

1. FAITES TRAVAILLER VOTRE ARGENT

C'est indispensable pour ne pas le perdre en partie. A la différence d'un beau meuble ancien qui ne bouge pas, voire s'apprécie avec le temps, les sous se déprécient d'années en années. Et donc, de jours en jours.

Prenons aujourd'hui une somme de 10 000 F. Rien de comparable avec 10 000 F il y a dix ans. Entre-temps, l'inflation (traduisez schématiquement la hausse des prix) est passée par là pour rogner cette épargne. Au fur et à mesure que les prix grimpent, le pouvoir d'achat de la monnaie ne cesse de s'user ou de s'éroder. C'est ce qu'on appelle l'érosion monétaire.

Un franc de 1989 a un pouvoir d'achat inférieur à un franc de 1979. Selon les tables financières permettant de comparer dans le temps le pouvoir d'achat du franc, il vaut tout simplement deux fois moins !

D'ailleurs pour étudier les variations des flux financiers, les économistes utilisent les « francs constants » qui prennent en compte l'inflation. Et non les francs « courants » (voir encadré).

Placer votre argent pour obtenir au moins un maintien en francs constants, telle doit être votre préoccupation première. Ainsi l'épargne ne fondra pas sous l'effet de l'inflation, même mesurée (3,6 % en 1989). Exemple un placement à la Caisse d'épargne au taux de 4,5 % procure un rendement réel d'à peine 1 % seulement, compte tenu d'un taux d'inflation de 3,6 %.

2. EFFECTUEZ DES VERSEMENTS RÉGULIERS : À CHAQUE ANNÉE SUFFIT SA PEINE

Seule une certaine discipline d'épargne permet d'amasser les sous. Autrement ils risquent de s'évanouir sous l'effet de dépenses non contrôlées. Les spécialistes de l'économie sociale sont formels : dans tout budget sérieux, l'épargne ne se calcule pas après déduction des dépenses. Au contraire elle se détermine plus en amont, c'est-à-dire en fonction des ressources (salaires et autres).

Cela étant, inutile de tomber dans l'excès inverse en vous fixant des objectifs impossibles à atteindre. Cela vous découragerait à la longue. Trouvez un juste milieu entre un budget contrôlé, et un budget draconien.

Dans ce délicat exercice d'équilibriste, n'oubliez pas un point capital : la durée. Comme les petits ruisseaux font les grandes rivières, ne désespérez pas si vous ne disposez pas d'un capital important à placer d'un seul coup. A chaque année, suffit sa peine. Sous l'effet magique de la capitalisation illustré par l'effet « boule de neige », en ne plaçant chaque année que 1 000 F à 9 % pendant dix ans, vous obtiendrez un capital de 20 000 F la douzième année. Il faut malgré tout attendre huit bonnes années pour qu'une somme de 10 000 F placée en une seule fois à 9 % parvienne à ce même résultat. A la roue de la fortune, il y en a pour toutes les bourses...

3. PRIORITÉ À LA DISPONIBILITÉ

Qualifiée encore de liquidité, la disponibilité d'un placement se définit comme la possibilité de le « liquider ». Autrement dit de le transformer en espèces.

Mais cette définition pêche par imprécision. Prise au pied de la lettre, elle signifierait que tous les placements sont liquides. Ainsi proposée seulement à moitié prix, une maison d'un million, trouverait preneur immédiatement. Même s'il est un peu excessif, cet exemple met l'accent sur le prix du marché. D'où une définition plus précise de la disponibilité : cette notion traduit la possibilité de revendre rapidement votre bien au prix du marché. En matière de placements, la liquidité présente plusieurs degrés :

- **immédiate,** lorsque la liquidation peut s'opérer dans l'heure ou dans la journée. Par exemple un portefeuille d'obligations ou d'actions ;
- **moyenne,** quand vous pouvez récupérer votre argent dans les trois mois. Par exemple de l'immobilier détenu sous forme de parts de SCPI (sociétés civiles de placement immobilier) ;
- **faible** au-delà de trois mois. Par exemple un bien immobilier ou foncier situé en province...

Tant que votre capacité reste faible et vos projets à moyen terme incertains, la disponibilité présente l'avantage de la souplesse. Même si elle se traduit par quelques points en moins de rendement. A noter : dès que votre épargne sera affectée à un projet – par exemple l'achat d'un logement –, vous pourrez effectuer un placement un peu moins liquide.

En bref

- **A cause de la hausse des prix, le pouvoir d'achat de la monnaie ne cesse de s'éroder. Toutefois cette dégradation varie chaque année en fonction du taux d'inflation.**
- **Seule une discipline d'épargne permet de mettre chaque mois des sous de côté. Encore faut-il les faire travailler pour préserver leur valeur en « francs constants ».**
- **La disponibilité traduit la possibilité de revendre rapidement son bien au prix du marché. Selon le type de placement, elle peut être immédiate, moyenne ou faible.**

POUR BIEN CHASSER...

Apprenti épargnant, pour amasser vos premiers sous, faites les travailler afin de maintenir au moins leur pouvoir d'achat en francs constants, c'est-à-dire compte tenu de l'inflation. Les francs d'aujourd'hui ne se comparent pas avec ceux de nos parents...

Comme les petits ruisseaux font les grandes rivières, à chaque jour suffit sa peine. Effectuez des versements réguliers qui s'opéreront en douceur.

Enfin en l'absence d'un projet bien précis, privilégiez la disponibilité, quitte à faire un sacrifice sur la performance du placement.

Fractionnement ou pas ?

Raisonner en termes de liquidité implique de s'interroger sur l'éventuel fractionnement du placement. S'il est possible de vendre 20 actions une à une, un immeuble ou un appartement se vend en totalité. On le constate très facilement : une vente fractionnée permet de faire fructifier la partie qui n'a pas été liquidée. Et, surtout dans le cas de biens faisant l'objet d'une cotation (boursière par exemple), d'étaler la liquidation. Donc de ne pas tout sacrifier en période défavorable. Dans l'univers des placements, le fractionnement présente l'avantage de limiter les risques.

Un sou n'est plus un sou

L'inflation, aussi modeste soit-elle, érode toujours la valeur du franc. Ce qui signifie qu'un franc d'hier n'aura jamais la valeur d'un franc d'aujourd'hui. Pour vous aider à faire la conversion, voici un tableau établi par l'INSEE et indiquant l'évolution du pouvoir d'achat du franc à travers les âges. Ces références désormais officielles sont bien utiles lorsqu'il faut revaloriser une pension alimentaire ou vérifier le maintien du pouvoir d'achat de votre fiche de paie. Le calcul est simple : prenez dans le tableau ci-dessous le coefficient de transformation de l'année qui vous intéresse. En le multipliant ensuite par la somme, exprimée en francs, de l'année en question, vous obtiendrez le montant en francs d'aujourd'hui.

Exemple : 500 francs de 1950 valent 4,15 francs de 1914 (le coefficient de transformation est de 0,0083) ; 27,5 francs en 1938 (avec un coefficient de 0,055) et 59 F en 1989 avec un multiplicateur de 0,118. A vos calculettes !

Année	Coefficient de transformation en francs de			Année	Coefficient de transformation en francs de		
	1914	1938	1989		1914	1938	1989
1901	1,15	7,69	16,38	1946	0,024	0,163	0,348
1902	1,15	7,69	16,38	1947	0,016	0,110	0,233
1903	1,15	7,69	16,38	1948	0,0104	0,069	0,147
1904	1,15	7,69	16,38	1949	0,0091	0,061	0,130
1905	1,15	7,69	16,38	1950	0,0083	0,055	0,118
1906	1,25	8,33	17,74	1951	0,0072	0,048	0,102
1907	1,15	7,69	16,38	1952	0,0064	0,042	0,091
1908	1,15	7,69	16,38	1953	0,0065	0,043	0,092
1909	1,15	7,69	16,38	1954	0,0065	0,043	0,092
1910	1,15	7,69	16,38	1955	0,0064	0,042	0,091
1911	1,00	6,67	14,19	1956	0,0062	0,041	0,087
1912	1,00	6,67	14,19	1957	0,0060	0,040	0,085
1913	1,00	6,67	14,19	1958	0,0052	0,035	0,074
1914	1,00	6,67	14,19	1959	0,0049	0,033	0,069
1915	0,83	5,56	11,83	1960	0,472	3,15	6,70
1916	0,75	5,00	10,65	1961	0,457	3,05	6,48
1917	0,63	4,17	8,87	1962	0,436	2,91	6,19
1918	0,48	3,23	6,87	1963	0,415	2,77	5,90
1919	0,39	2,63	5,60	1964	0,403	2,69	5,72
1920	0,28	1,89	4,02	1965	0,392	2,61	5,56
1921	0,32	2,17	4,63	1966	0,380	2,53	5,39
1922	0,33	2,22	4,73	1967	0,368	2,45	5,23
1923	0,31	2,04	4,34	1968	0,351	2,34	4,99
1924	0,27	1,79	3,80	1969	0,0330	2,20	4,68
1925	0,25	1,67	3,55	1970	0,313	2,09	4,44
1926	0,19	1,27	2,69	1971	0,296	1,98	4,20
1927	0,18	1,22	2,60	1972	0,279	1,86	3,96
1928	0,18	1,22	2,60	1973	0,260	1,74	3,69
1929	0,17	1,15	2,45	1974	0,229	1,53	3,25
1930	0,17	1,15	2,45	1975	0,205	1,37	2,91
1931	0,18	1,19	2,53	1976	0,186	1,24	2,65
1932	0,19	1,30	2,76	1977	0,170	1,14	2,42
1933	0,20	1,35	2,88	1978	0,156	1,04	2,22
1934	0,21	1,41	3,00	1979	0,141	0,94	2,00
1935	0,23	1,52	3,23	1980	0,124	0,83	1,77
1936	0,21	1,43	3,04	1981	0,110	0,73	1,56
1937	0,17	1,14	2,42	1982	0,098	0,66	1,40
1938	0,15	1,00	2,13	1983	0,090	0,60	1,28
1939	0,14	0,93	1,99	1984	0,084	0,56	1,19
1940	0,119	0,79	1,69	1985	0,079	0,53	1,13
1941	0,101	0,68	1,44	1986	0,077	0,52	1,10
1942	0,084	0,56	1,20	1987	0,075	0,50	1,06
1943	0,068	0,45	0,963	1988	0,073	0,49	1,04
1944	0,056	0,37	0,789	1989	0,071	0,47	1,00
1945	0,037	0,249	0,531				

2

N°1 AU HIT PARADE DE L'ÉPARGNE LIQUIDE

Un sou est un sou. Placé, il peut fructifier et vous en procurer d'autres. Comme vous venez de prendre la ferme résolution de placer vos premières économies, le chemin à emprunter comporte deux voies. L'une, traditionnelle, consiste à utiliser comme tirelire les classiques livrets d'épargne défiscalisés. L'autre, plus osée, revient à placer vos sous sur un compte chèque rémunéré.

Si vous optez pour l'épargne sur livret défiscalisée, vous avez le choix entre toute une gamme d'instruments : le livret A des Caisses d'épargne, le livret bleu du Crédit mutuel, le Codevi. Et sous conditions de ressources, le livret d'épargne populaire.

LE GRAND CLASSIQUE : LE LIVRET A DES CAISSES D'ÉPARGNE

Ce grand classique doit sa popularité à son ancienneté, à l'importance du réseau d'agences des caisses, à son aspect familial et enfin à son rôle pédagogique. Un seul livret par personne, mais chaque membre de votre famille peut en détenir un, y compris chacun de vos enfants mineurs. Dès sa naissance, votre enfant peut être titulaire d'un livret A sur lequel vous – ou ses grands-parents – effectuez les opérations jusqu'à sa majorité ou son émancipation.

• **Le plafond de dépôt** (depuis le 1er mai 1990) a été porté à 90 000 F de versements. Toutefois cette somme peut être dépassée par l'effet des intérêts capitalisés, s'ajoutant au capital.

• **Le taux de rémunération** fixé par le ministère des Finances, s'élève actuellement à 4,5 % nets d'impôts.

• **La disponibilité** est totale : à vous de définir les versements et retraits, qu'ils soient importants ou minimes.

• **La rémunération fonctionne** par quinzaines. Par conséquent une petite gymnastique s'impose pour faire travailler au mieux vos sous.

Attention : Le livret A n'est pas un produit d'épargne « banalisé » : il reste le monopole des Caisses d'épargne Écureuil ou des PTT, seuls organismes où vous pouvez en ouvrir un.

LE LIVRET BLEU DU CRÉDIT MUTUEL

C'est le frère jumeau du livret A de la Caisse d'épargne. Même plafond de dépôts fixé à 90 000 F. Même taux de rémunération. Même exonération d'impôt, pour les intérêts.

Seule différence : l'émetteur, à savoir le Crédit mutuel.

• **Haro sur les livrets :** il n'est plus possible de placer 180 000 F à 4,5 % en franchise d'impôt. En effet une décision administrative intervenue en septembre 1979, vous interdit de détenir simultanément un livret A de la Caisse d'épargne et un livret bleu du Crédit mutuel. Compte tenu de leurs avantages fiscaux, il faut faire le choix entre l'un ou l'autre, ce qui limite à 90 000 F par personne, le montant de l'épargne placée à 4,5 % nets d'impôts.

• **A noter une exception** : si vous déteniez un livret A et un livret bleu avant la date fatidique de septembre 1979, votre percepteur ne peut rien vous reprocher.

LE PETIT DERNIER : LE CODEVI

A la différence du livret A ou du livret bleu, le CODEVI ou compte pour le développement industriel est un produit d'épargne défiscalisée banalisé, c'est-à-dire distribué par les banques, les caisses d'épargne ou les bureaux de poste.

• **Le plafond des dépôts** est limité à 10 000 F.

• **Le taux de rémunération** est identique à celui du livret A ou du livret bleu, soit actuellement 4,5 %. Les intérêts échappent à l'impôt.

• **La disponibilité** est totale, mais les retraits ne sont possibles qu'au guichet de la succursale bancaire ou du bureau de Caisse d'épargne où votre compte a été ouvert.

• **Pour ouvrir un CODEVI,** vous devez avoir tout naturellement votre domicile fiscal en France, et être contribuable.

D'ailleurs la réglementation est stricte « il ne peut être ouvert qu'un compte par contribuable et un pour le conjoint de celui-ci ». Si vous et votre conjoint détenez un compte joint, le plafond de versement est porté à 20 000 F.

LE « BASIQUE » : LE LIVRET D'ÉPARGNE POPULAIRE

Vous pouvez en ouvrir un, si l'impôt sur le revenu que vous avez payé ne dépasse pas un certain plafond. Pour l'année 1991, ce seuil a été fixé à 1 672 F (imposition que vous assumerez cette année). Sur ce livret vous pouvez verser une somme maximale de 30 000 F.

Le taux de rémunération des dépôts sur le LEP (livret d'épargne populaire) prend en compte :

• **un intérêt de base** fixé en ce moment à 5,5 % calculé par quinzaine et capitalisé annuellement ;

• **une « prime »** égale à la différence entre les taux d'intérêt du LEP et le taux d'inflation. Elle ne joue que sur les sommes déposées restées stables pendant au moins six mois.

Fiscalement, les intérêts et la prime capitalisés au 31 décembre de chaque année sont totalement exonérés.

L'argent déposé sur un LEP est disponible à tout moment.

LE PLUS FUTÉ : LE COMPTE CHÈQUE RÉMUNÉRÉ

Si la rémunération des comptes à vue (comptes-chèques) reste interdite, il existe de nombreuses formules astucieuses aboutissant au même résultat.

• **La réglementation** : depuis le 22 décembre 1989, le Comité de réglementation bancaire a officiellement annoncé que « les virements automatiques d'un compte à vue vers un compte sur livret » auparavant tolérés, étaient désormais autorisés. A condition cependant qu'ils n'aient pas pour effet de « rendre débiteur le compte à vue ». Si vous (le titulaire) êtes bénéficiaire d'une autorisation de découvert, ce taux ne saurait être « inférieur à celui pratiqué usuellement par l'établissement ».

• **un compte** qui rapporte : même si l'interdiction de la rémunération des dépôts subsiste, les banquiers rivalisent d'imagination pour interpréter les textes, afin de faire fructifier votre compte courant.

Dans l'optique du placement de vos premiers sous, les produits s'apparentant à une gestion de fonds en attente d'être placés (et demandant un ticket d'entrée élevé d'au moins 50 000 F) ne seront pas retenus. Pour faire votre choix entre la gamme de produits visant à rémunérer une trésorerie courante, retenez cinq critères : le support d'épargne, la rémunération, les frais, le versement initial et les particularités. Plus précisément :

– le support d'épargne : il s'agit soit d'un livret d'épargne, d'un compte sur livret ou de parts de SICAV ou de fonds commun de placement. Certes les livrets d'épargne livrets A et bleu, CODEVI, livret d'épargne populaire, livret d'épargne logement sont défiscalisés. Mais certains sont soumis à la règle des quinzaines (voir en marge). En se basant sur un rendement annuel de 4,5 % l'an, la rémunération par quinzaine par exemple sur un livret A ressort à 0,17 % ! Dans cette catégorie sans risque, vous avez le choix notamment entre l'Épargne Déclic de la Société générale, le libre-service de l'Écureuil, Postépargne de la Poste, le Compte actif du Crédit mutuel.

• **Attention** si le compte rémunéré est adossé à un compte sur livret, comme le prévoit le compte Déclic de la Société générale, vous supporterez un prélèvement libératoire de 37 % sur les intérêts.

– Dans l'autre formule, le compte est adossé à une SICAV ou à un Fonds commun de placement (FCP) court terme. D'où une meilleure performance. En se basant sur un hypothèse basse d'un rendement annuel de 8 %, la rémunération par quinzaine ressort à 0,30 %. Mais la vérité des prix doit tenir compte de la fiscalité des gros contribuables : le régime d'imposition des plus-values sur les valeurs mobilières pour les parts de SICAV et FCP s'applique dès que le total des cessions annuelles de parts dépasse un certain montant (308 000 F cette année). Un taux de rendement de 8 % ressort à 6,64 % nets d'impôts sur les plus-values (taxation à 17 %).

Pour placer vos liquidités en parts de Fonds commun de placement ou de SICAV, vous avez notamment le choix entre le compte Optimal de Cortal, le Compte Étoile de la Caixabank-CGIB, l'« Épargne Libre » de Carrefour.

La rémunération dépendra bien évidemment du support d'épargne. Un livret d'épargne servira un rendement de 4,5 %. Une SICAV ou un FCP court terme, davantage.

Renseignez-vous sur le montant des parts de SICAV ou de FCP dans lesquelles le compte rémunéré est investi. Plus le montant de la part est faible, moins vous avez de reliquat d'épargne non rétribué. Aussi, des montants de l'ordre de 200 F sont-ils préférables à des montants supérieurs.

– Les frais : certaines banques n'en prélèvent aucun. D'autres au contraire en retiennent soit par trimestre, soit par an. parfois jusqu'à 400 F annuels. Enfin des frais de gestion et des droits d'entrée peuvent être instaurés. Ayez l'œil !

– Le versement initial : son montant varie selon les banques. Le plus faible (750 F) est exigé par la Poste dans le cadre de Postépargne.

– Les particularités : selon le compte, vous aurez droit ou non à un découvert. Et à un compte chèques. Plus la banque dispose de guichets, plus grandes seront vos facilités pour effectuer des retraits d'argent.

EN BREF

- **Comme le livret A, le livret bleu est un produit d'épargne défiscalisé non banalisé. Ils restent le monopole d'organismes spécialisés : Caisses d'épargne et Crédit mutuel.**
- **A la différence du livret A et du livret bleu, le CODEVI est distribué par toutes les banques.**
- **Sur un livret A de la Caisse d'épargne ou sur un livret bleu, vous pouvez verser 90 000 F rémunérés actuellement à un taux de 4,5 % nets d'impôts.**
- **Sur un CODEVI, vous (et si vous êtes majeur exclusivement) pouvez verser 10 000 F rémunérés à un taux de 4,5 % nets d'impôts.**
- **Sur le Livret d'épargne populaire, vous pouvez verser 30 000 F rémunérés au moins à un taux de 5,5 % nets d'impôts.**
- **Faites rémunérer vos comptes en examinant soigneusement le support d'épargne, la rémunération, les frais, le versement initial et les éventuelles particularités.**

POUR BIEN CHASSER...

Surtout ne laissez pas dormir vos sous même s'ils sont sur un compte à vue. Vous vous priveriez de ce qui vous revient de droit. Pour réveiller cet argent qui dort, ouvrez un compte rémunéré. Si vous ne détenez aucun portefeuille boursier, optez pour un compte adossé à valeurs mobilières gérées collectivement (FCP, SICAV). Mais utilisez votre compte courant pour régler les achats importants. Sinon vous risqueriez de tomber sous le coup de l'imposition des valeurs mobilières.

France et Irlande : lanternes rouges de l'Europe de la rémunération

La France et l'Irlande restent aujourd'hui les seuls pays à interdire la rémunération des dépôts. Chez tous nos autres voisins, le mouvement de déréglementation est déjà largement engagé en Europe, comme le révélait une étude du Centre d'information sur l'épargne et le crédit, une revue publiée par la Compagnie bancaire. En Grande-Bretagne, les fonds déposés sur les comptes à vue peuvent travailler. En RFA aucun règlement n'interdit de rémunérer les dépôts, ni de facturer les services bancaires. En Italie la rémunération est libre. En Espagne, la rémunération des comptes courants et la facturation des opérations s'est généralisée. En Belgique, les dépôts à vue sont rémunérés. Ne rêvez quand même pas trop !

Une rémunération des dépôts s'accompagne généralement d'une facturation des services : tenue de compte, chèques, etc.

Le match comptes rémunérés contre SICAV monétaires

Dans un compte rémunéré, vous recherchez avant tout la souplesse et l'accessibilité. A travers des supports bancaires classiques ou des supports de gestion de patrimoine (SICAV ou FCP de trésorerie), ce produit doté d'un chéquier vous permet d'effectuer des dépenses immédiates. Au contraire en plaçant votre épargne dans une SICAV monétaire (appelée aussi SICAV de trésorerie), vous devrez vendre des actions et attendre que votre compte soit crédité pour régler des achats.

Autres inconvénients des SICAV de trésorerie : les droits d'entrée et de sortie imposés par certaines banques pour décourager les allers et retours émanant de personnes physiques (vous et moi). Et freiner l'hémorragie des comptes de dépôt (qui assurent aux banquiers des ressources gratuites).

LES LIVRETS D'ÉPARGNE

Fiscalité	d'excellente à moyenne
Liquidité	totale
Rentabilité	médiocre
Sécurité	totale

EN MARGE : SUR LES LIVRETS, LES SOUS TRAVAILLENT PAR QUINZAINE

Avant d'effectuer des versements ou des retraits sur un livret, ayez l'œil rivé sur le calendrier. En effet le calcul des intérêts vit au rythme des quinzaines.

- **Le principe** : tout versement porte intérêt à compter du premier jour de la quinzaine qui suit celle où il a été effectué. inversement, tout retrait est comptabilisé, pour le calcul des intérêts, au dernier jour de la quinzaine qui précède celle où il est effectué.
- **Un exemple** : un versement effectué le 1er juin porte intérêts à compter du 16 juin, tout comme un versement effectué le 15. Résultat : toute somme déposée entre le 1er et le 15 d'un mois ne commence à produire des intérêts qu'à partir du 16.

Tout retrait du 1er juin est comptabilisé comme effectué le 31 mai, tout comme celui n'intervenant que le 15 mai. Résultat : toute somme retirée entre le 16 et le 30 ou 31 cesse de produire des intérêts à compter du 16.

• **Un conseil :** pour gérer les mouvements sur votre livret, vous gagnerez des quinzaines en effectuant vos dépôts avant le 16 du mois ou avant le 1er du mois suivant. Pour ne pas perdre de quinzaines, effectuez vos retraits soit le 1er soit le 16 d'un mois. Mieux vaut réaliser un retrait le 16 du mois que le 15 pour éviter de perdre une quinzaine d'intérêts.

• **Le résultat annuel :** les établissements gérant les dépôts sur livrets considèrent qu'une année civile équivaut à vingt-quatre quinzaines. Le 31 décembre de chaque année, ils calculent la somme des intérêts positifs et celle des intérêts négatifs. La différence entre ces deux sommes correspond au montant final des intérêts de l'année considérée.

3

POSEZ VOTRE PREMIÈRE BRIQUE

Vous vivez encore chez vos parents. Ou volez de vos propres ailes en louant un toit. Peu importe. Votre première priorité : devenir propriétaire de votre sweet home... Bien sûr vous pouvez jouer pendant des années à la fourmi pour accumuler une épargne qui vous ouvrira la porte de l'accession à la propriété. Mais vous pouvez aussi marcher, le porte-monnaie plus léger, sur le chemin privilégié de l'épargne-logement.

Bien rodé depuis un peu plus de vingt ans, ce dispositif franco-français s'articule autour de deux grandes phases : tout d'abord l'épargne, ensuite le prêt. Il se décline en deux formules : le compte d'épargne-logement et le plan d'épargne-logement.

Ces deux produits peuvent être ouverts – simultanément ou non – auprès d'une banque ou d'une Caisse d'épargne des PTT ou du réseau Écureuil. Quel que soit le réseau retenu, leurs caractéristiques sont parfaitement identiques.

COMPTE ET PLAN : DEUX DEMI-FRÈRES DE BONNE FAMILLE

Le compte, comme le plan, s'apparente à une tirelire qui rapporte. Certes les deux produits ne font pas des miracles en matière de rétribution de l'épargne. Mais la sous-rémunération des dépôts – pendant la phase d'épargne – est destinée à compenser la sous-tarification des crédits pendant la phase de prêt.

• **Le principe** : aujourd'hui vous versez de l'argent qui travaillera à un taux d'intérêt connu à l'avance. En même temps vous recevez un engagement contractuel ferme de prêt immobilier accordé à un taux également connu plusieurs années à l'avance. L'État soutient le dispositif en accordant – dans certains cas – une prime d'épargne.

• **L'objet** : l'épargne-logement vous permet de constituer l'apport nécessaire à l'achat d'une maison ou d'un appartement, la construction ou encore la réparation, la rénovation, l'agrandissement, l'aménagement, l'équipement de votre logement actuel ou la réalisation de travaux d'économies d'énergie.

Ce dispositif concerne deux grands types de logement : votre résidence principale (que vous l'occupiez ou que vous la donniez en location). Et depuis la loi du 21 mai 1985, l'acquisition d'une résidence secondaire neuve.

LE COMPTE D'ÉPARGNE-LOGEMENT : COMME ON VEUT, QUAND ON VEUT

Au bout d'une période d'épargne d'au moins dix-huit mois, le Compte d'épargne logement (CEL) vous procurera des intérêts, une prime et un prêt. Il fonctionne très simplement :

– vous faites un dépôt initial de 750 F minimum,

– ensuite vous versez ce que vous voulez (minimum 150 F à chaque fois) quand vous le désirez,

– vous pouvez retirer de l'argent de votre livret, quand vous le désirez, à condition d'y laisser toujours au moins 750 F,

– le total des sommes figurant sur un livret ne doit jamais excéder 100 000 F, intérêts non compris,

– votre épargne travaille actuellement au taux de 2,75 % exonéré d'impôt. Le montant des intérêts acquis servira de base pour le calcul du prêt,

– à ces intérêts s'ajoute, si vous empruntez, une prime d'épargne égale aux 5/11e du montant des intérêts ayant servi à déterminer le montant du prêt. Cette prime versée par l'État est exonérée d'impôt. Elle est plafonnée à 7 500 F par opération immobilière,

– 18 mois après votre premier versement et si vous avez acquis au moins 500 F d'intérêt, 250 F en cas de travaux ou 150 F pour des travaux concernant les économies d'énergie, vous pouvez bénéficier d'un prêt principal au taux de 4,25 %, hors assurance,

– le hic : le plafond du prêt lié au CEL est limité à 150 000 F. Ce n'est pas gros mais ça peut quand même vous permettre de poser votre première brique.

LE PLAN D'ÉPARGNE-LOGEMENT : RIGIDE, MAIS EFFICACE

En principe, avec au moins cinq ans d'épargne disciplinée vous obtiendrez des intérêts, une prime d'épargne et pourrez demander un prêt pour réaliser votre rêve immobilier.

• **Le déroulement du PEL**

– Vous faites un dépôt initial de 1 500 F minimum.

– Vous fixez vous-même le montant des versements suivants et leur périodicité : avec un minimum 3 600 F au total sur un an, c'est-à-dire 1 800 F tous les six mois, ou 900 F par trimestre, ou encore 300 F chaque mois. Bien entendu il est parfaitement possible de verser davantage sans toutefois dépasser la limite du plafond des dépôts (300 000 F).

– Pendant cinq ans, voire davantage, l'épargne sera rémunérée en franchise d'impôt. Taux : 6 % par an jusqu'à 40 000 F d'intérêt acquis. Les 3/4 de ce montant soit au maximum 30 000 F représentent les intérêts proprement dits, qui serviront à déterminer le montant de votre prêt. Le quart restant correspond à la prime d'épargne versée par l'État et limitée à 10 000 F. Au-delà de 40 000 F les intérêts tombent à 4,62 % et servent également au calcul du prêt.

– A la fin de chaque année, les intérêts sont intégrés au capital et deviennent à leur tour productifs d'intérêts, eux-mêmes nets d'impôt.

– La prime d'épargne est versée en fin de plan, lorsque vous reprendrez possession de l'ensemble de votre avoir résultant des sommes épargnées, des intérêts et de la prime.

– Pour les plans souscrits à compter du 16 mai 1986, le prêt est accordé à un taux de 6,32 % hors assurance.

– Attention, pendant toute la durée du PEL, impossible d'effectuer un retrait.

– Mais possibilité de sortir au bout de trois ou quatre ans avec une réduction de 50 % ou 25 % du montant de la prime.

– Possibilité de prolonger la phase au-delà des cinq ans, par période d'au moins un an.

• **Cinq ans d'attente, 6 % garantis :**

Le PEL n'est pas seulement un produit d'épargne pour financer un logement. Il peut devenir un placement financier sans risques et d'un rendement moyen, car à la différence du livret d'épargne logement, le plan permet de décrocher la prime d'État, même si vous ne demandez pas un prêt. Par le jeu de cette fameuse prime, le rendement d'un PEL souscrit à compter du 16 mai 1986 atteint 6 % net d'impôt. Ce score supérieur à celui du taux du livret A peut être obtenu à condition d'optimiser votre PEL en jouant habilement sur deux facteurs déterminants : l'apport initial et les versements périodiques. Verser une somme modique à l'ouverture entraînera un important effort d'épargne tout au long des cinq ans. En revanche un apport initial conséquent vous permettra de verser régulièrement des sommes modestes. Dans tous les cas de figure, l'investissement global reste important.

Un exemple pour illustrer : vous optez pour la formule des versements mensuels. Au bout de cinq ans, votre PEL sera alimenté par soixante versements. Dans l'hypothèse de versements mensuels de 2 300 F il suffira de verser 51 500 F lors de la souscription du plan. Au bout de votre parcours, vous aurez déboursé 189 500 F pour obtenir 40 000 F d'intérêts, prime d'État comprise. Un conseil : avant d'ouvrir un PEL dans une optique de placement, demandez à votre banquier différentes simulations pour l'optimiser.

• Mais gare aux pénalités

Que le PEL soit ouvert en vue d'un placement financier ou d'une acquisition immobilière, retenez que les sorties anticipées coûtent cher. Or il est fréquent d'ouvrir un PEL et de saisir une opportunité immobilière avant les cinq ans fatidiques.

En résiliant votre Plan au cours de la quatrième année, la prime d'épargne subit une réduction de moitié, avec un maximum de 5 000 F. En cas d'interruption au cours de la cinquième année, la prime d'épargne est diminuée du quart et limitée à 7 500 F. Dans les deux cas, les avantages de la formule du PEL vous restent acquises.

En revanche, une résiliation MOINS DE TROIS ANS après la date du versement initial entraîne la perte du bénéfice du droit à prêt et de la prime d'épargne. Les intérêts calculés sur les sommes déposées remises à votre disposition, font l'objet d'une nouvelle évaluation.

– Si la résiliation intervient moins de deux ans après la date du versement initial, le banquier retient le taux d'intérêt applicable en matière de compte ou de livret d'épargne-logement à la date de résiliation.

– Si la résiliation intervient au cours de la troisième année, les intérêts sont décomptés au taux contractuel (4,5 %) mais vous perdez vos droits à prêt et la prime. Seule échappatoire pour obtenir un prêt : demandez la transformation de votre plan en livret d'épargne-logement.

• Possibilité de jouer les prolongations

Arrivé à échéance de votre contrat, vous pouvez jouer les prolongations. Vous disposez d'un délai de six mois pour rempiler pour une durée calculée en année pleine.

Attention : si vous avez atteint le montant maximum de la prime, la rémunération de votre épargne tombera à 4,62 %.

Au terme du plan vous avez donc le choix entre plusieurs solutions :

– retirer simplement votre capital, pour en profiter ou pour réouvrir un autre plan ;

– proroger d'un ou deux ans ;

– ou faire valoir vos droits à prêt.

A partir de la date de retrait des fonds, vous disposez d'un délai d'un an pour solliciter un prêt. Au-delà, vous perdez tous vos droits.

COMPTE OU PLAN : LE BON CHOIX

Comment choisir entre les deux formules d'épargne logement. C'est une question de temps, de possibilités financières, de rentabilité et de préférence personnelle. Pour éclairer votre décision, nous vous avons concocté un petit mémo :

Ouvrez un CEL, si vous recherchez

• un projet immobilier à réaliser, au minimum au bout de dix-huit mois ;

• une épargne libre, sans aucune cadence de versement ;

• la disponibilité de votre épargne, avec la possibilité d'effectuer des retraits quand bon vous semble ;

• un prêt d'épargne-logement au taux le plus bas.

Ouvrez un PEL, si vous recherchez

• un projet immobilier à réaliser, au minimum au bout de cinq ans ;

• une épargne régulière respectant un certain montant annuel de versement, donc des contraintes ;

• un prêt plus important ;

• uniquement un placement à moyen terme de votre épargne.

Si le bloquage de cette épargne ne vous fait pas peur financièrement et... psychologiquement

ET POURQUOI NE PAS LES MARIER ?

Dès qu'il s'agit d'une acquisition de logement, mieux vaut souscrire un plan et un livret. Au mieux ces deux systèmes d'épargne vous procureront un prêt dans une limite globale de 400 000 F. En province, une telle enveloppe peut financer la totalité ou une bonne partie de votre acquisition. En région parisienne, vu les prix du mètre carré, c'est plus limité. Mais cela vous constituera au moins votre apport personnel. Toujours ça de gagné...

Associer plan et livret vous donne une certaine souplesse pour obtenir le maximum d'intérêts. Le plan oblige à une épargne régulière. Le CEL permet de faire des versements irréguliers en fonction de vos rentrées d'argent prévues ou non.

Enfin n'oubliez pas que l'épargne-logement n'est utilisable que pour un bien immobilier situé en France. Pas question donc d'y avoir recours pour une acquisition à l'étranger.

LE PRÊT D'ÉPARGNE-LOGEMENT : LA RÉCOMPENSE APRÈS L'EFFORT

Que vous ayez ouvert un CEL ou un plan d'épargne-logement, votre effort d'épargne sera récompensé à terme par un prêt « contractuel », c'est-à-dire que votre établissement financier ou bancaire s'engage à vous l'accorder.

• **Son montant** : calculé en fonction des intérêts produits par votre épargne et de la durée de remboursement choisie, il tient compte également de vos capacités de remboursement. En tout état de cause, il est limité à 400 000 F pour un PEL.

Et à 150 000 F pour un CEL.

• **Sa durée** : elle varie entre 2 et 15 ans.

• **Son taux** : fixé par les pouvoirs publics, il se situe à 6,32 % (hors assurance) pour un plan. Et à 4,25 % (hors assurance) pour un CEL.

• **Son remboursement** : il s'effectue par mensualités ou trimestrialités constantes (selon les établissements). Le remboursement par anticipation est toujours possible.

Au coût du crédit peuvent s'ajouter des frais de dossier ainsi que des frais d'hypothèque.

Mais soyons réalistes. Il est fréquent que les prêts accordés au titre de l'épargne-logement ne couvrent pas la totalité d'un investissement. Vous devrez alors demander, si tel est votre cas, un « prêt complémentaire à l'épargne-logement » dont les conditions dépendent de chaque établissement prêteur. Bien qu'elles se rapprochent des conditions des prêts classiques, certains organismes financiers et bancaires ont le souci de consentir des prêts complémentaires à l'épargne-logement à des conditions préférentielles. À vous de voir et de prendre ou de laisser.

Lorsque les remboursements d'épargne-logement sont constants, votre banquier peut parfaitement convenir d'un barème progressif pour le prêt complémentaire, ou de toute autre formule avec franchise partielle ou totale pour organiser au mieux vos charges de remboursement. À vous de négocier.

LA STRATÉGIE DE L'EMPRUNTEUR FUTÉ

Pour devenir un emprunteur futé, vous avez tout intérêt à cumuler les droits à prêt. En matière d'épargne-logement, faire preuve d'esprit de famille, présente encore un certain intérêt. Mais ne rêvez pas : dans le meilleur des cas, votre prêt ne pourra excéder le seuil fatidique des 400 000 F.

La marche à suivre :

• **Si vous avez des enfants,** ouvrez leur systématiquement un PEL ou un CEL ne serait-ce que pour prendre date.

• **Lorsque votre projet immobilier prend forme,** faites le tour de la famille pour collecter les droits à prêt. En effet il est possible de cumuler vos intérêts avec ceux produits par les livrets ou plans des membres de votre famille. C'est le cas pour :

– votre conjoint ;

– vos ascendants, descendants, frères, sœurs, oncles, tantes, neveux ou nièces et ceux de votre conjoint ;

– les conjoints de vos frères, sœurs, ascendants et descendants et ceux de votre propre conjoint.

Cette « récolte » familiale des droits à prêt nécessite :

– que les plans soient tous venus à terme, qu'un des comptes soit ouvert depuis 18 mois au moins et les autres, depuis 12 mois. Si vous détenez un PEL, il suffit que les CEL aient 12 mois ;

– et évidemment, que les intéressés soient d'accord pour cette opération. Dans la pratique, ils ne vous cèdent que les droits à prêt et peuvent conserver les intérêts. Cette manœuvre n'est pas à sens unique : vous pouvez également céder vos droits à prêt à un membre de votre famille.

Attention, quelque soit le cas de figure (vous empruntez ou un de vos parents emprunte), retenez qu'un tour de vis a été donné au système des cumuls, depuis le 3 mars 1982.

Désormais le bénéficiaire d'une cession de droits à prêt doit être lui-même titulaire de droits à raison de son propre effort d'épargne. Finie donc la possibilité de bénéficier des droits à prêts des parents, sans avoir préalablement mené à terme un compte ou un plan.

Autre restriction : Pour bénéficier d'une cession de droits à prêts acquis sur un plan, l'emprunteur doit être lui-même titulaire d'un Plan d'épargne-logement. Résultat : si vous avez souscrit un Compte d'épargne-logement, impossible de cumuler vos droits avec ceux provenant d'un plan détenu par un parent. En revanche, si vous avez un plan, il est possible de cumuler vos droits avec ceux provenant d'un compte détenu par un parent. Pas simple !

Attention : en cas de cumul de plans ou de comptes et de plans, le plafond de prêt maximal autorisé est bel et bien fixé à 400 000 F. Prenons un exemple : vous avez ouvert à votre nom et à ceux de votre conjoint et fils, trois Comptes et trois Plans d'épargne-logement, qui viennent d'arriver à terme. Si vous êtes sur le point d'acquérir une villa de 1,5 million de F, vous ne pourrez obtenir au titre de l'épargne-logement qu'un crédit de 400 000 F. Et ce, même en montant un financement à trois. En vertu de la réglementation et d'une circulaire du 8 juillet 1985, les crédits accordés dans le cadre de l'épargne-logement, se rapportent à un projet immobilier précis. En langage décodé, peu importe le nombre de personnes participant à son financement et le lien juridique de leurs apports (indivision par exemple), il ne sera accordé qu'un prêt maximal de 400 000 F par logement.

Dernier conseil, il est préférable d'effectuer les versements les 14 ou les 30 du mois, les intérêts sur les sommes en question courent à compter des 16 ou 1er du mois suivant.

En bref

- **Le Prêt d'épargne-logement est un droit contractuel. Votre banque ne peut donc pas s'y soustraire, sauf en cas d'insolvabilité de votre part. En particulier elle ne peut prendre prétexte ni de votre âge, ni de l'état de vos ressources pour vous refuser tout ou partie du droit à prêt que vous avez acquis.**
- **Le PEL ou Plan d'épargne-logement requiert au moins cinq ans d'épargne. Chaque membre d'une famille, y compris les enfants peut en ouvrir un.**
- **Le CEL ou Compte d'épargne-logement, qualifié aussi de « livret d'épargne logement » par les banquiers, requiert 18 mois d'épargne. Chaque membre d'une famille, y compris les enfants peut en ouvrir un.**
- **Pour cumuler les droits à prêts, ouvrez un plan ou (et) un compte au nom de chacun de vos enfants.**
- **Il est toujours possible de transformer un Plan d'épargne-logement en livret. Dans ce cas, le taux en vigueur à la date de la transformation sera applicable à l'ensemble des dépôts.**
- **Associer un plan et un livret ne permet pas de cumuler les plafonds de prêt. Au mieux, vous avez droit à une enveloppe de 400 000 F.**

POUR BIEN CHASSER...

En l'absence d'un projet immobilier à court terme, conservez malgré tout un Livret ou un Plan d'épargne-logement afin de prendre date, quitte à laisser le minimum de dépôt dessus. (750 F sur un livret et 3 600 F par an sur un plan).

Si au contraire vous désirez acheter rapidement, saturez rapidement vos plan et livret. Ouvrez-en un à chacun de vos enfants. Et faites le tour de la famille pour obtenir un transfert des droits à prêt.

Un bonus pour les familles : la prime d'épargne majorée

Si vous supportez une charge de famille, vous avez droit à une majoration de la prime d'épargne. Ce bonus est accordé à tout souscripteur d'un plan, chargé de famille et contractant un prêt pour son habitation personnelle (principale ou secondaire). Cette majoration de prime est égale à 10 % : (par personne à charge et dans la limite de 1 000 F pour chacune d'elle) du montant des intérêts acquis par le titulaire du plan, ou de son conjoint. Une seule majoration de prime est versée quel que soit le nombre de plans.

Avec un PEL ou un CEL : vous ne pouvez pas faire n'importe quoi

Vous désirez faire un lifting intérieur de votre appartement. Notamment changer les tissus muraux et les moquettes. Aucune illusion à avoir, ce n'est pas possible avec l'épargne-logement : les « travaux de menu entretien » sont exclus. En effet un arrêté du 15 mars 1976 définit la nature des travaux susceptibles de donner lieu à l'attribution de Prêts d'épargne-logement. Il s'agit de tous les travaux ayant pour objet la création de surfaces habitables nouvelles ou de logements nouveaux ou d'annexes, notamment par surélévation, extension, aménagement ou division de locaux existants, la modernisation, la conservation, l'assainissement, l'équipement et l'amélioration du confort des logements et des conditions de vie et de sécurité de leurs occupants, à l'exclusion des travaux de menu entretien.

Cette énumération a été complétée par un arrêté du 27 avril 1982 relatif aux travaux ayant spécifiquement pour objet d'économiser l'énergie.

Les générations de plans

Les caractéristiques des PEL varient en fonction de leur date d'ouverture. Les taux de rémunération de l'épargne et du prêt ont été revus et corrigés à maintes reprises par les pouvoirs publics. Tant que vous n'avez pas atteint le plafond de la prime d'épargne. Vous gardez le taux en vigueur lors de la signature du contrat. En cas d'utilisation du droit à prêt le taux d'emprunt correspond à celui pratiqué à la date d'ouverture. Quelle génération de PEL avez-vous souscrit ?

	EPARGNE Taux		PRET Taux
	hors prime	rendement actuariel maximal	hors assurance
plans ouverts entre le 15.6.1983 et le 15.7 1984	6,30 %	10 %	8 %
entre le 16.7 1984 et le 30.6.1985	5,30 %	9 %	7 %
entre le 1.7.1985 et le 15.5. 1986	4,75 %	7,5 %	6,45 %
depuis le 16.5.1986	4,62 %	6 %	6,32 %

EN MARGE : DU BON USAGE D'UN COMPTE...

Vous avez ouvert un Compte d'épargne-logement en effectuant un versement initial de 25 000 F. Après avoir réalisé sur une période de deux ans, 24 versements mensuels de 1 500 F, vous souhaitez utiliser vos droits à prêt pour effectuer, par exemple des travaux.

Total des versements = versement initial de 25 000 F + 24 versements mensuels de 1 500 F, soit 25 000 F + 36 000 F.

Ces 61 000 F de versement vous procurent des droits à prêt de 2 406 F et en prime d'État (1 093 F).

• **Si vous empruntez sur trois ans,** vous aurez droit à un prêt d'un montant de 85 200 F accordé à un taux de 4,25 %. D'où des mensualités de 2 523 F. Pour cet emprunt, vous réglerez 5 659 F d'intérêts (hors assurance).

• **Si vous empruntez sur cinq ans,** vous aurez droit à un prêt de 51 200 F. D'où des mensualités de 947 F. Pour cet emprunt, vous réglerez 5 660 F d'intérêts (hors assurance).

(Simulation établie avec le concours du Crédit du Nord)

... OU D'UN PLAN D'ÉPARGNE-LOGEMENT

Pour constituer un bel apport personnel en vue de l'acquisition de votre résidence personnelle, vous ouvrez un Plan d'épargne-logement, et démarrez par un versement initial de 20 000 F. Puis, pendant cinq ans, vous effectuez un versement mensuel de 1 500 F.

Total des versements = versement initial de 20 000 F + 60 versements mensuels de 1 500 F, soit 20 000 F + 90 000 F . Ces 110 000 F de versement vous procurent des droits à prêt de 16 026 F et une prime d'État de 5 342 F .

• **Si vous empruntez sur cinq ans,** vous aurez droit à un prêt d'un montant de 336 000 F accordé à un taux de 6,32 %. D'où des mensualités de 6 518 F. Pour cet emprunt, vous réglerez 55 100 F d'intérêts (hors assurance).

• **Si vous empruntez sur huit ans,** vous aurez droit à un prêt de 206 800 F. D'où des mensualités de 2 732 F. Pour cet emprunt, vous réglerez 55 488 F d'intérêts (hors assurance).

(Simulation établie avec le concours du Crédit du Nord).

4

ENTREPRENEUR EN HERBE : VOTRE ÉPARGNE

La rage d'entreprendre vous démange. Pour vous mettre le pied à l'étrier, les pouvoirs publics ont fait un geste symbolique en créant le Livret d'épargne entreprise. Vu les sommes mises en jeu, cette formule s'adresse en réalité aux artisans.

LE PRINCIPE

Comme l'épargne-logement, le LEE (Livret d'épargne entreprise) associe la délivrance d'un prêt à la constitution d'une épargne préalable auprès d'une banque. Et succède en vertu de la loi du 8 juillet 1984, au livret d'épargne des travailleurs manuels. Vous pouvez recourir au LEE pour financer la création ou la reprise d'une entreprise, quels qu'en soient la forme juridique ou le secteur d'activité.

LE FONCTIONNEMENT

• **Pour ouvrir un LEE,** il suffit de verser initialement 5 000 F au minimum. Et de vous engager à effectuer des versements réguliers mensuels, trimestriels ou semestriels, d'un montant annuel minimum de 3 600 F. En tout état de cause, les sommes déposées sur ce livret ne peuvent dépasser 200 000 F, intérêts capitalisés non compris.

• **Le taux de rémunération** de l'épargne ne peut excéder 75 % du taux de livret A de la Caisse d'épargne. Les intérêts échappent à l'impôt.

• **La durée :** fixée à deux ans minimum, elle peut être prorogée, par tacite reconduction, par période d'un an, dans la limite de cinq ans. Comme l'épargne est indisponible pendant la durée du contrat, toute résiliation pendant la durée minimale de deux ans, entraîne une perte des droits à prêt et de l'exonération fiscale des intérêts. Si le contrat est résilié après la période minimale de deux ans, les droits acquis jusqu'à la date du dernier renouvellement du contrat, sont maintenus.

• **Les formalités :** pour ouvrir un LEE dans une banque, vous devez être domicilié en France. Attention, chaque foyer fiscal n'a droit qu'à un seul Livret d'épargne entreprise. Impossible par conséquent, que vous et votre conjoint en ouvrent un.

APRÈS L'ÉPARGNE, LE PRÊT

• **Au bout des deux ans,** voire des cinq ans d'indisponibilité des fonds, vous (le titulaire) pouvez obtenir un prêt pour financer un projet d'entreprise ou de reprise d'entreprise.

• **Le montant** et la durée maximum des prêts sont fixés de sorte que le total des intérêts à payer par l'emprunteur soit égal au total des intérêts acquis, calculé à la date de mise à disponibilité des fonds, multiplié par un coefficient de 1,6. La durée doit être comprise entre 2 et 15 ans.

• **Le taux d'intérêt maximal de ces prêts est :**

– soit fixe et égal à celui des LEE majoré de 3,5 points ;

– soit révisable et égal à un taux de référence fixé par arrêté, majoré de 3 points.

• **En cas de renonciation au prêt,** vous (le titulaire) recevez une rémunération égale à 30 % des intérêts acquis.

Mais attention cette rémunération complémentaire prévue en cas de refus d'octroi de prêt ou de renonciation écrite du souscripteur ne bénéficie pas de l'exonération fiscale. Elle est donc imposable à l'impôt sur le revenu.

EN BREF

- **Le LEE (livret d'épargne-entreprise) s'articule autour d'une phase d'épargne et d'une phase de prêt.**
- **Pendant la période d'épargne, les sommes placées sont indisponibles.**
- **Le montant du prêt dépend de celui des intérêts acquis par le titulaire du LEE.**
- **Seul attrait du LEE : le taux d'intérêt du prêt nettement inférieur à celui du marché libre.**
- **Mais vu les sommes mises en jeu – dépôt maximal de 200 000 F (intérêts non compris) – le LEE est surtout utilisé pour le financement d'activités artisanales.**

POUR BIEN CHASSER...

Si vous voulez acheter ou créer une PME, ouvrez dès que possible un LEE. Et si possible, faites-en ouvrir un dans votre famille pour bénéficier de leurs droits à prêt.

En revanche, si vous désirez passer la main de votre fonds de commerce artisanal ou autre, ouvrez suffisamment tôt (au maximum cinq avant la vente), un LEE. Vous pourrez ainsi céder les droits à prêt au repreneur.

Faites le plein des droits à prêt

A l'instar de l'épargne-logement, vous pouvez bénéficier de la cession des droits à prêt d'un ou des membre (s), de votre famille (conjoint, ascendants, descendants, oncles, tantes, frères, sœurs, neveux et nièces. Et ceux de votre conjoint. Ou encore les conjoints de ses frères, sœurs et descendants).

A la différence de l'épargne-logement, le LEE prévoit un cas de figure supplémentaire : lorsque le vendeur d'une entreprise est titulaire d'un LEE, il peut céder ses droits à prêt à son acheteur.

Le LEE sous le projecteur

Compte tenu de sommes d'épargne et du montant de prêt accordé, le LEE présente un intérêt mineur. Jugez un peu.

Vous effectuez un versement initial de 192 800 F. Puis épargnez au rythme de 300 F par mois pendant deux ans, soit vingt-quatre mois. Ce qui revient à saturer le LEE avec 200 000 F. Au bout de deux ans, votre LEE affiche 12 012 F d'intérêts acquis qui vous permettent d'emprunter une somme de 110 500 F, remboursable sur cinq ans. Compte tenu d'un taux d'intérêt de 6,5 % majoré d'une assurance de 0,54 %, vous réglerez pendant 60 mois, une mensualité de remboursement de 2 190 F.

(Source Crédit Lyonnais).

III

VOTRE ENTRÉE DANS LA VIE ACTIVE À PLEINES DENTS

1
MAINTENANT, VOLEZ DE VOS PROPRES AILES

Première étape financière de l'existence : les débuts dans la vie active. Ils se caractérisent par des besoins et moyens bien spécifiques.

Côté besoins, la liste des dépenses en vue impressionne les plus raisonnables... En l'absence d'un toit financé en partie ou en totalité par vos chers parents, il faudra trouver un logement et probablement l'aménager intérieurement. Autre poste de dépenses quasiment indispensable aujourd'hui : pour être libre de vos mouvements : un véhicule à deux ou quatre roues.

Côté ressources, le bilan patrimonial fait plutôt triste figure avec un salaire de débutant. Sans commune mesure avec celui d'un actif breveté. Même bardé de diplômes votre employeur vous demandera de faire vos preuves pendant deux ou trois années de purgatoire... Voilà pour la vie professionnelle.

Sur le plan de la vie privée – bague au doigt ou pas – vous recherchez une certaine sécurité familiale et financière.

Pour y parvenir, pas de miracle. Malgré une capacité d'endettement apparemment nulle, partez à la chasse aux sous en respectant trois grandes règles d'or.

VIVE L'INVESTISSEMENT

Transformez le plus souvent possible des dépenses de consommation pure en investissement. Par nature la consommation s'évanouit, à la différence de l'investissement qui subsiste contre vents et marées. Mieux, lorsqu'il est judicieux, il se valorise.

En appliquant ce raisonnement au logement, vous comprendrez très vite qu'en location vos loyers partent en fumée et ne contribuent nullement à la constitution d'un patrimoine immobilier. Au contraire, l'acquisition (dans certains cas, elle ne se révèle guère plus coûteuse que la location) permet de bâtir un patrimoine investi dans la pierre.

Dès que vous avez défini un objectif, mettez tout en œuvre pour l'atteindre. Et faites de l'épargne, l'alliée de vos projets. Notamment en virant le solde de votre livret A de Caisse d'épargne sur un livret d'épargne-logement. Et (ou) en demandant aux membres de votre famille, qu'ils transfèrent leurs droits à prêt. L'objectif à atteindre : investir très tôt (même modestement) pour vous loger. Par exemple dans une chambre de bonne à rénover ou à aménager. Une astucieuse manière d'entrer dans l'immobilier par la petite porte. Par la suite, trois ou cinq ans après, songez à acquérir un logement mieux adapté à vos besoins. Cette seconde opération est facilitée par la revente de la première acquisition qui permet de compléter le financement. Une troisième opération pourra même être envisagée ultérieurement. A vous donc, de mener en matière immobilière, une politique de « marchepied ».

UN EMPRUNT JUDICIEUX ET RIEN D'AUTRE

A moins de disposer de ressources exceptionnelles, tout investissement important se finance généralement par endettement. Vous contractez un emprunt que vous vous engagez à rembourser sur une longue période. Le plus souvent quinze ans. Bien entendu le montant du prêt est fonction de vos ressources. Pour ce faire, les financiers calculent votre « capacité d'endettement ». En principe elle ne doit pas excéder le tiers de vos ressources nettes. Mais cette capacité peut être entamée par d'autres emprunts, même de nature différente. Un crédit à la consommation pour financer votre voiture, un autre pour vous offrir une caméra vidéo, une carte de crédit permanent dans une grande surface... autant de postes réduisant votre capacité d'endettement de futur candidat à l'emprunt. Aujourd'hui vous êtes obligé de jouer cartes sur table : depuis l'application de la loi Nieirtz sur le surendettement, les banques épluchent attentivement tous les dossiers...

Malgré les tentations (« un crédit, c'est facile, il faut juste signer ») ne perdez pas de vue votre objectif prioritaire. Face à cette possibilité de prêt, interrogez-vous sur son opportunité. Et restez, ferme, si elle n'entre pas dans votre stratégie. A cet égard, la gestion de patrimoine exige de concentrer ses efforts sur un objectif prioritaire. Compte tenu de votre capacité d'épargne actuelle, disperser vos sous dans de multiples projets ne vous mènerait à rien.

Moralité : n'empruntez pas à la légère.

LA PRÉVOYANCE : CLEF DE LA SÉRÉNITÉ FINANCIÈRE

D'accord vous êtes jeune, beau, intelligent et en pleine santé. L'âme sœur également. Mais avez-vous pensé à ses lendemains en cas de coup dur ? Moyennant quelques centaines de francs mensuels, protégez ceux que vous aimez en souscrivant une assurance décès pure.

En vertu de cette assurance temporaire, la société d'assurance paie un capital au décès de l'assuré, à condition que le décès de l'assuré survienne avant une date déterminée. Par exemple, avant 5, 10 ou 20 ans.

Les tarifs des assureurs sont déterminés en fonction de l'âge de l'assuré. Plus l'on est jeune, plus le risque décès est faible. D'où la modicité des primes ou cotisations à verser à la compagnie. Par exemple pour un capital d'un million de francs, le coût annuel d'une assurance temporaire décès pour un homme de 28 ans (non fumeur) tourne autour de 1 400 F. En cas de décès de l'assuré (Jacques), le capital est versé au bénéficiaire (Isabelle) hors droits de succession. En cas d'invalidité seconde ou troisième catégorie de la Sécurité sociale, le capital est versé à l'assuré lui-même.

S'assurer contre le risque « décès » lorsqu'on débute dans la vie active, ne coûte pas cher, et garantit au foyer un capital sans commune mesure avec la dépense (en cas de décès ou d'invalidité totale). En accomplissant cet acte de prévoyance élémentaire, vous ne faites pas un placement : les primes sont versées à « fonds perdus ». Aux yeux de l'assureur, si l'assuré est vivant à la date d'expiration du contrat, il n'a droit à rien. Le risque assuré n'étant pas survenu, l'assureur est délié de toute obligation, les primes encaissées lui restent acquises (primes payées à fonds perdus).

A votre âge, inutile de songer à une assurance « en cas de vie ». De tels contrats ont essentiellement pour objet de constituer un capital retraite. Même les contrats d'assurance mixte (mi-retraite, mi-décès) sont à déconseiller du fait de leur cherté.

De plus ils ne correspondent pas réellement aux besoins de jeunes débutants dans la vie active.

En bref

- Malgré une capacité d'épargne réduite, il est toujours judicieux de transformer le plus souvent possible, des dépenses de consommation pure en investissement.
- Une fois l'objectif défini, faites de l'épargne l'alliée de vos projets.
- Dans le domaine immobilier, la politique du marchepied permet de réaliser des opérations d'acquisition successives.
- L'assurance décès temporaire répond tout particulièrement aux besoins de jeunes ayant des responsabilités familiales.

POUR BIEN CHASSER...

Adoptez la politique de la boule de neige, c'est-à-dire réalisez des investissements immobiliers successifs financés par des emprunts d'une durée aussi courte que possible. En effet les courtes durées permettent à la fois de cumuler beaucoup d'emprunts au cours d'une existence et d'effectuer plusieurs investissements. Pour parer aux coups durs, souscrivez une assurance temporaire décès en prenant soin de bien désigner le bénéficiaire. Ce type de contrat est utile si votre conjoint ne travaille pas ou si vous avez des enfants à élever.

L'assurance-décès, un complément pour l'autre

Si votre épouse ne travaille pas et n'a pas de biens personnels, l'assurance décès permet de lui donner plus que le maximum autorisé par la loi ; vous souscrivez sur sa « tête » une assurance afin que les règles techniques de liquidation de communauté et de dévolution successorale la défavorisent moins.

L'assurance-décès temporaire : quelle fiscalité ?

Les primes versées dans le cadre d'un contrat d'assurance-décès temporaire ne sont assorties d'aucune réduction d'impôt. Ce n'est guère pénalisant compte tenu de l'avantage de ce contrat au regard des droits de succession : le capital versé au décès de l'assuré à un bénéficiaire désigné dans le contrat, échappe tout à fait légalement aux droits de succession.

L'inflation, facteur d'enrichissement ?

L'inflation peut constituer un facteur d'enrichissement. Si la monnaie perd son pouvoir d'achat, il est possible, en empruntant, de s'enrichir par l'inflation. Pour obtenir cet effet d'enrichissement, la tactique consiste à :

- emprunter, car l'inflation diminuera la dette ;
- transformer immédiatement les sous amassés, en bien durable non sujet à dépréciation.

Bien entendu, il faut comparer le taux d'intérêt du prêt et la dépréciation effective du pouvoir d'achat. Et tenir compte du revenu de l'immeuble acheté (loyer que vous recevez ou dépense de logement que vous évitez). Ce revenu, le loyer encaissé (ou économisé), est en constante augmentation. Par conséquent, l'inflation exerce une incidence à deux niveaux :

- sur le revenu : le loyer (reçu ou non déboursé) progresse, alors que l'intérêt stable est payé en monnaie dépréciée ;
- sur le capital : la valeur immobilière acquise augmente, alors que votre dette est stable.

2

CHASSEZ POUR LOUER

55 %, c'est la proportion actuelle des Français propriétaires de leur logement. Mais vous, vous préférez appartenir aux 45 % restant (les locataires). Et faire travailler vos sous dans la pierre, la Bourse et autres tirelires actives. Qu'à cela tienne, vous avez sans doute vos raisons.

LE CREDO DE LA LOCATION

Même si vous avez conscience que les loyers partent en fumée vous ne désirez pas acquérir votre résidence principale. Probablement entrez-vous dans l'un des cas de figure suivants :

- **Occupant à titre gratuit.** Cette situation rêvée est plus fréquente qu'on ne le pense. Grâce à la mansuétude d'un parent, d'un ami de la famille, le poste logement se limite alors dans un budget aux simples frais d'occupation : EDF - GDF, assurance, téléphone, taxe d'habitation. Exit la lourde charge du loyer. D'où une belle marge de manœuvre pour chasser très facilement des sous.

• **Location régie par la loi de 1948.** Votre loyer pour un trois pièces situé dans un immeuble « haussmanien » à Paris fait rager votre voisin assujetti à un loyer libre. Inutile de vous priver d'une telle rente de situation tant qu'elle peut durer.

• **Location libre.** En situation d'attente, vous ignorez encore sous quels cieux vous amènera votre profession.

Apôtre de la mobilité, pourquoi acheter aujourd'hui à Toulouse, si demain vous êtes muté à Nice ?

En revanche si vous êtes déjà fixé sur le plan professionnel, la location peut vous paraître l'unique solution pour habiter où vous désirez. Exigeant sur la localisation ou (et) la superficie de votre sweet home, pas question de faire des sacrifices. C'est dans doute plus agréable pour un Parisien d'être locataire rue Saint Dominique, à deux pas des Invalides, que d'être propriétaire à Belleville. Dans les métropoles de province, le centre ville présente aussi plus d'attrait que la périphérie.

LA TACTIQUE À SUIVRE

Cependant pour éviter le cercle vicieux de la location : « Je n'achète pas car je n'ai pas les moyens de constituer un apport personnel... » leitmotiv des éternels locataires, réalisez un placement afin de démarrer l'édification de votre patrimoine. A côté du poste loyer dans votre budget, il faut donc prévoir un poste épargne. Autrement vous ressemblerez à la cigale...

Les possibilités d'investissement ne manquent pas : immobilier, Bourse. Des solutions différentes en termes de risque, rentabilité, et liquidité.

• **Le risque** : il n'existe pas de placement sans risque, mais il y a des placements plus risqués que d'autres. De fait la notion de sécurité résulte de la péréquation des principaux risques encourus : risque monétaire (inflation), politique (par exemple le blocage des loyers), économique (récession).

• **La rentabilité** mesure la performance du placement en combinant deux critères : le revenu et la variation du capital. Le revenu représente le fruit du capital par exemple le loyer d'un appartement, le dividende d'une action, le coupon d'une obligation...

Quant à la variation du capital, elle s'exprime en plus-value lorsque le capital s'apprécie. Ou au contraire en moins-value, lorsque le capital se déprécie.

Rendement et plus-value déterminent la rentabilité. Un investissement de 1 000 F procurant au bout d'un an, un revenu de 100 F et une plus-value de 20 F dégage une rentabilité brute de 120 F. Généralement un placement axé sur le rendement procurera peu de plus-value. Et vice versa.

En outre, la rentabilité est inversement proportionnelle à la sécurité. Pas de merveilles à escompter avec le livret A de la Caisse d'épargne. Au contraire la Bourse peut grimper, comme chuter...

• **La liquidité** est, nous l'avons vu, la possibilité de revendre rapidement, sans pour autant devoir céder son bien à un prix inférieur à celui du marché.

QUAND LE LOCATAIRE A UN LOCATAIRE...

Oui, vous avez bien lu. Cette situation est tout à fait plausible. Même étant locataire de votre résidence principale, rien ne vous empêche d'être propriétaire-bailleur. Dans ce cas, achetez un logement, de préférence neuf. Et ce, afin d'obtenir deux avantages fiscaux non négligeables.

• **A l'achat**, un logement neuf permet de bénéficier de certains avantages fiscaux liés à la l'ex-loi Méhaignerie devenue Mermaz. En tant que contribuable-investisseur, vous aurez droit aux bontés du fisc, à savoir une réduction d'impôt équivalente à 10 % du prix de revient du logement dans la limite de 300 000 F pour une personne seule, et de 600 000 F pour un couple marié. D'où une réduction d'impôt égale à, respectivement 30 000 F et 60 000 F.

Attention, cette réduction d'impôt ne sera accordée qu'une seule fois entre le 1er janvier 1990 et le 31 décembre 1992. Concrètement elle est étalée sur deux ans, à raison de la moitié des limites précitées la première année et au solde la seconde année (voir *En marge*).

Par ailleurs, vous avez droit à un autre avantage fiscal : la déduction forfaitaire de 25 % – pendant dix ans – sur le montant des loyers déclarés. Contre 10 % seulement dans le régime de droit commun. Acheter ou faire construire un logement neuf ou réhabilité neuf destiné à la location au titre de résidence principale, cet investissement locatif est béni par le fisc, à condition de respecter certaines contraintes.

– vous devez vous engager à donner ce logement nu en location à un occupant qui en fera sa résidence principale ;

– vous devez signer un bail d'au moins six ans ;

– le logement ouvrant droit à cette réduction ne doit encore avoir fait l'objet d'aucune utilisation.

• **Exonération de la plus-value** : mais surtout, la première vente d'un logement – neuf ou ancien – est assortie sous certaines conditions d'une exonération des plus-values. Mal connue du public, cette mesure mérite toute l'attention. Aux yeux du fisc, si vous vendez un logement autre que votre résidence principale, vous échappez à la taxation des plus-values immobilières dès lors que le vendeur (vous ou votre conjoint) n'est pas propriétaire de sa résidence principale, directement ou par personne interposée. Autre condition exigée la vente doit porter sur un logement que vous aviez acquis au moins cinq ans auparavant.

Ainsi par exemple, vous achetez un petit 2 pièces destiné à la location le 28 juillet 1990 à un prix de 500 000 F. Il faudra attendre au moins le 29 juillet 1995, pour le revendre et empocher une plus-value nette d'impôt.

LES BONNES PISTES

En termes de rendement, l'immobilier d'habitation détenu en direct ne fait pas de miracle. Environ 4 à 6 % bruts par an. Pour améliorer ce score, pistez les bonnes voies :

• **Si votre dossier passe juste** (vous empruntez à 10 % pour financer un investissement locatif dégageant un rendement de l'ordre de 5 %, pensez à l'épargne-logement. Grâce à ses conditions préférentielles, les mensualités de remboursement baisseront.

• **S'il passe « haut la main »**, jouez à fond l'effet de levier du crédit. Les intérêts des emprunts des propriétaires-bailleurs sont intégralement déductibles des revenus fonciers. Une occasion à saisir si vous êtes fortement imposé.

• **Sélectionnez le locataire.** Tout impayé pèserait sur la performance de cet investissement locatif. Si l'assurance contre les impayés couvre ce genre de risque, son coût est non négligeable.

• **Pour réduire le risque d'impayé,** mieux vaut éviter l'investissement en studio. Les petites surfaces attirent généralement une clientèle moins stable. De plus, dans le cadre de la loi Méhaignerie, trop de studios ont été vendus à des investisseurs.

COMMENT ÉTABLIR UN CONTRAT DE LOCATION ?

Le contrat peut être établi sous « seing privé », directement entre le propriétaire et le locataire, ou éventuellement par l'intermédiaire d'un professionnel. Il est fait en deux exemplaires, tous les deux signés par le propriétaire et le locataire. Chacun reçoit un exemplaire.

Le contrat peut être aussi établi par un notaire. C'est alors un « bail notarié ».

Officier ministériel, le notaire vous délivrera une copie exécutoire du bail, qui établira votre créance vis-à-vis de votre locataire. En cas d'impayés, vous présenterez directement cette copie exécutoire pour faire délivrer un commandement de payer par voie d'huissier.

LE CONTRAT DE LOCATION À LA LOUPE

La loi rend obligatoire l'établissement d'un contrat de location écrit. Que vous donniez une location un logement neuf ou ancien, voici les règles du jeu :

LA SIGNATURE DU CONTRAT

• **Les clauses obligatoires.** Le contrat doit obligatoirement préciser :

– Sa date d'effet c'est-à-dire la date à laquelle le contrat commence à s'appliquer.

– La durée pour laquelle le contrat est conclu.

– La consistance de la chose louée ou la description du logement et des annexes qui sont éventuellement louées en même temps (garage, jardin, autres).

– La désignation des « parties privatives » ou des locaux et des équipements dont l'usage est exclusivement réservé au locataire.

– L'énumération des « parties communes » ou des locaux, équipements et accessoires d'un immeuble collectif ou d'un lotissement qui font l'objet d'un usage commun par les résidents, et auxquels le locataire a accès.

– La destination de la chose louée ou l'usage qui sera fait des locaux : habitation ou usage mixte d'habitation et d'exercice d'une profession.

– Le loyer et les dates de paiement du loyer. Le loyer peut être payé par mois ou par trimestre. Si le contrat prévoit un paiement par trimestre, votre locataire peut, par la suite, exiger le paiement par mois.

• **Les clauses facultatives** : elles peuvent être prévues si vous et le locataire (les parties) le souhaitent :

– La révision annuelle du loyer. Si cette clause de révision est prévue, le contrat précise la date de révision du loyer, et le trimestre de référence de l'indice du coût de la construction. Si au contraire, cette clause n'est pas prévue par le contrat, le loyer restera le même pendant toute la durée du contrat.

– Pour un contrat conclu pour moins de trois ans, mais au moins un an, les raisons professionnelles ou familiales et l'événement familial précis justifiant la signature de ce contrat sont précisées dans celui-ci.

– Le dépôt de garantie : son montant ne peut dépasser deux mois de loyer hors charges. Il n'est pas révisable.

– La provision pour charges locatives.

– La clause résolutoire pour non-paiement du loyer et des charges.

– La clause vous (le bailleur) autorisant à faire exécuter des travaux d'amélioration du logement pendant la durée du contrat et éventuellement la majoration du loyer consécutive à ces travaux.

– La clause précisant les travaux que votre locataire exécutera ou fera exécuter et les conditions dans lesquelles le loyer sera diminué en contrepartie.

• **Les clauses interdites.** Ce sont celles prévoyant :

– L'obligation pour le locataire de laisser visiter le logement les jours fériés ou plus de deux heures par jour pendant les jours ouvrables, si vous cherchez à vendre le logement ou à le louer à un autre locataire.

– L'obligation pour le locataire de souscrire une assurance auprès d'une compagnie que vous choisirez. Certes votre locataire doit obligatoirement être assuré pour les risques lui incombant, mais il peut choisir librement son assureur, ce qui ne lui interdit pas, s'il le souhaite, d'accepter l'assurance que vous lui proposez. Tout est dans la nuance !

– L'obligation pour le locataire d'accepter le prélèvement automatique du loyer, ou de signer par avance des traites ou des billets à ordre.

– L'obligation de vous (propriétaire) autoriser à prélever ou faire prélever le loyer sur le salaire du locataire.

– La responsabilité collective des locataires en cas de dégradation des parties communes de l'immeuble.

– L'engagement pris par avance par le locataire de rembourser des réparations locatives sur la base de votre unique estimation.

– L'autorisation que le locataire vous donnerait pour réduire ou supprimer des prestations prévues au contrat, sans qu'il y ait, en contrepartie, une diminution du loyer ou des charges ou le cas échéant une indemnisation.

– La résiliation automatique du contrat pour des raisons autres que le non-paiement par votre locataire de son loyer ou de ses charges ou du dépôt de garantie, ou de la non-souscription d'une assurance par votre locataire.

– La possibilité de faire payer des amendes au locataire qui ne respecterait pas les clauses du contrat de location ou du règlement intérieur de l'immeuble.

– L'interdiction pour le locataire d'exercer une activité politique, syndicale ou associative ou professionnelle.

– L'interdiction de posséder des animaux domestiques.

Même si elles sont inscrites dans le contrat, ces clauses ne peuvent pas être appliquées. Le locataire n'a pas en tenir compte.

LA BOURSE AUX MOINDRES RISQUES

Par rapport à une stratégie d'acquisition immobilière, la solution locative devrait en bonne logique permettre de dégager chaque mois une épargne. Par exemple au lieu de verser une mensualité de 6 000 F au banquier, vous ne payez qu'un loyer de 4 000 F. D'où une capacité d'épargne mensuelle de 2 000 F. Ces sous peuvent travailler en Bourse, à condition bien sûr de limiter au maximum les risques. A moins d'avoir « boursicoté » durant l'adolescence dans un club d'investissement et d'être capable de suivre votre portefeuille, vous avez tout intérêt à pénétrer dans le temple de la Bourse par la porte des OPCVM (organisme de placements collectifs de valeurs mobilières). Pour plus d'information, reportez-vous au chapitre 2 de la quatrième partie intitulé « La Bourse, mode d'emploi ».

EN BREF

- Comparée à l'acquisition de votre résidence principale, la location se traduit au départ par des dépenses nettement moindres. Tout au plus deux mois de loyer en caution.
- La location permet une grande mobilité, un avantage appréciable si faut déménager pour changer d'emploi ou suivre l'évolution de la famille.
- Moins onéreuse à moyen terme que l'acquisition, la location peut susciter une capacité d'épargne non négligeable.
- Avant d'acheter votre résidence principale, vous pouvez être propriétaire-bailleur d'un logement.
- Dans ce cas, ce logement de rapport peut être revendu, au bout de cinq ans, en franchise d'impôt sur les plus-values immobilières.
- Jusqu'au 12 décembre 1992, des avantages fiscaux sont accordés pour l'achat d'un investissement neuf locatif.
- La loi rend obligatoire l'établissement d'un contrat de location écrit. Des formulaires sont disponibles dans le commerce.
- Le loyer peut être payé par mois ou par trimestre. Si le contrat prévoit un paiement par trimestre, votre locataire peut, par la suite, exiger le paiement par mois.
- Le dépôt de garantie ne peut pas dépasser deux mois de loyer hors charges et n'est pas révisable.

POUR BIEN CHASSER...

Difficile de choisir entre un achat immobilier locatif et des valeurs mobilières gérées collectivement. Dans les deux cas, aucune performance n'est garantie. Avec un petit capital de départ, il est sûrement plus judicieux de jouer la carte de la pierre bien localisée. Mais pour récupérer des sous rapidement, la Bourse reste sans doute plus conseillée. A condition d'échapper à l'impôt en restant dans les limites de l'abattement unique sur les revenus d'actions ou d'obligations – 8 000 F (pour une personne seule) et 16 000 F (pour un couple) – accordé par le fisc.

Avec les compliments du fisc

Jusqu'au 31 janvier 1992, l'immobilier d'habitation neuf est chouchouté par le fisc. Par exemple, vous êtes marié et achetez en 1991 un logement neuf d'une valeur de 550 000 F que vous donnez en location à titre de résidence principale pendant une durée de six ans. La réduction d'impôt est égale à 550 000 F x 10 %, soit 55 000 F. Elle sera accordée pour 30 000 F au titre de 1991 (déclaration de revenus 1992) et pour 25 000 F au titre de 1992 (déclaration de revenus 1993).

Les charges du PC (prêt conventionné)

Ce crédit à taux abordable (9 à 10 %) n'est pas aidé par l'État, mais bonifié par les banques. Comme propriétaire-bailleur, vous pouvez y prétendre quel que soit votre niveau de revenus, et à condition de ne pas dépasser un prix plafond par mètre carré, soit pour un logement neuf, soit pour un logement ancien. Mais dans le cas d'ancien, il faut que les travaux d'amélioration ou de réparation représentent au minimum 25 % du prix d'acquisition.

Studio ou 2 pièces ?

Le studio est resté pendant des années, le placement roi pour les investisseurs tentés par l'immobilier. Mise de fonds raisonnable, meilleure rentabilité, un studio se louant plus cher proportionnellement qu'un grand appartement. Tenant compte de cette tendance profonde, les promoteurs ont proposé beaucoup de petites surfaces jusqu'à fin 1989 dans le cadre de la loi Méhaignerie. Résultat : dans de nombreuses villes de province, le marché locatif du studio est saturé. Parfois même dans les quartiers proches des universités et des grands hôpitaux. Outre cet inconvénient, sur une longue période, le rythme de rotation des locataires est plus rapide dans un studio que dans un deux-pièces. Or qui dit logement vide dit perte de rentabilité. Sans compter les dépenses à engager pour remettre le logement en état, à chaque changement de locataire. Alors, si vous disposez d'une somme suffisante pourquoi ne pas devenir propriétaire d'un deux-pièces ?

Répartition du parc des résidences principales entre locataires et propriétaires selon le type d'habitat

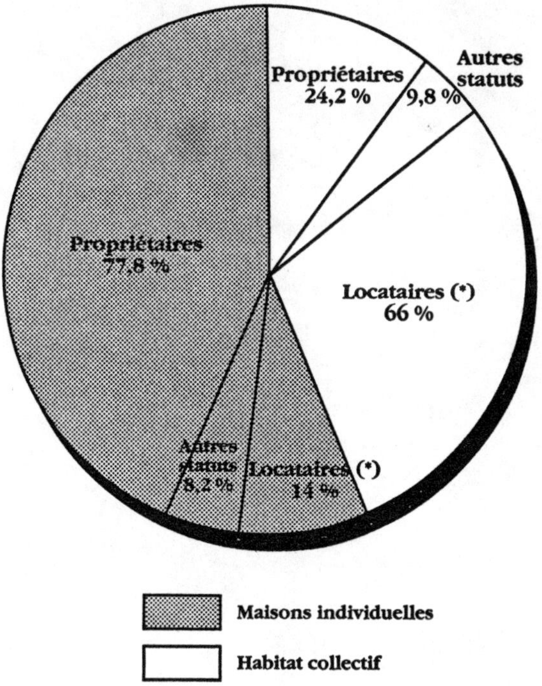

Les pourcentages sont calculés par rapport au total «maisons individuelles» et au total «habitat collectif»; les chiffres sont exprimés en milliers.
(*) locataires d'un local loué vide

3

ENFIN UN TOIT BIEN À VOUS

Le bail de votre logement touche à sa fin. Vous avez fait vos comptes. Depuis que vous travaillez, pratiquement un tiers de vos revenus passent en loyer et charges. Des dépenses à fonds perdus. Aujourd'hui, à l'heure du bilan, votre patrimoine ne s'en trouve pas valorisé pour autant. Halte à ces dépenses qui ne cessent de grimper. Désormais vous êtes décidé à chasser les sous pour devenir propriétaire. Et détenir votre résidence principale. Que vaut cette solution sur le plan économique. Est-il plus judicieux de louer ou d'acheter ?

LE MATCH LOCATION - ACCESSION

Le choix se révèle délicat. Impossible de donner une réponse sans équivoque pour l'achat de votre résidence principale. A la limite, il existe autant de solutions que de cas particuliers. Pour bien analyser votre situation, faites le point sur trois critères fondamentaux qui feront ou non pencher la balance pour l'acquisition, et posez-vous les bonnes questions :

• **La santé du marché immobilier.** Plus précisément, vous situez-vous sur un marché actif ou non ? Les données du marché diffèrent selon la localisation. Rien de comparable entre un appartement à Paris et un autre à Monceau-les-Mines.

Première recommandation : achetez sur un marché actif, mais louez sur des marchés peu actifs. En effet plus le marché immobilier est actif, plus les prix de vente et les loyers sont élevés. Dans ce cas, votre appartement aura une double utilité : vous loger tout en servant de protection à votre capital. Acheter, c'est en principe investir à double titre. D'abord pour répondre à un besoin d'indépendance, de tranquillité et de sécurité. Ensuite pour constituer un patrimoine transmissible.

Si vous vivez à Paris, vous avez les meilleures chances de voir votre bien augmenter. Selon les statistiques de la Chambre des notaires de Paris, les prix du mètre carré dans l'ancien ont été tout bonnement multipliés par deux entre 1985 et 1989. Quatre années (il est vrai exceptionnelles), ont suffi pour que les prix doublent en francs courants, c'est-à-dire sans tenir compte de l'inflation (modérée pendant cette période).

Toujours à Paris et en proche banlieue, si vous souhaitez changer d'appartement, vous n'aurez aucune difficulté à revendre votre bien dans des délais brefs, le marché étant demandeur.

Ce raisonnement s'applique, avec quelques bémols, pour les marchés de province les plus actifs. D'après l'Observatoire de l'immobilier publié par le Crédit foncier au second trimestre de l'année 1990, des régions se détachent largement du peloton. En tête le Sud-Est avec Grasse, Cannes, Antibes, Nice et Aix. Dans le Sud-Ouest, des villes comme Biarritz, Toulouse et Montpellier se classent dans les marchés hyperactifs. Viennent ensuite, notamment, le triangle Lyon, Annecy, Grenoble.

• **Le coût de l'argent emprunté.** En tant qu'accédant potentiel demandez-vous si « le coût réel de l'argent emprunté pour acquérir mon appartement est-il inférieur au loyer que je paierais comme locataire ? » Dans l'affirmative, pas d'hésitation : il faut acheter.

Sur de nombreux marchés actifs des grandes métropoles régionales, la location d'un bien immobilier neuf rapporte à son propriétaire 7 à 8 %. S'il peut être financé avec un prêt à un taux de 10,5 % (taux réel de 7 %, compte tenu d'une inflation de 3,5 %), l'hypothèse acquisition gagne la partie.

En région parisienne, le calcul diffère. D'abord le prix du mètre carré est plus élevé, ce qui exclut toute possibilité de prêt conventionné (PC), mais des prêts à 11 % environ, soit un taux réel de 7,5 %.

Ensuite, le rendement de l'immobilier s'avère inférieur, voisin de 4 à 5 %. Mais comme un loyer élevé, l'acquisition est vivement conseillée dès que vous avez les moyens de vous constituer un apport personnel suffisant.

• **L'usage de votre épargne.** Si vous remboursez une mensualité de prêt supérieur au loyer supposé de votre appartement, vous dégagez une épargne égale à la différence.

Exemple : Vous avez acheté un toit aux portes de Paris. En location, cet appartement dégagerait un rendement de 5 %. En remboursant un emprunt de 11 %, vous réussissez malgré tout à épargner la différence entre le taux d'intérêt réel à 7,5 %, et le taux de rendement de cet appartement à 5 %, soit une épargne de 2,5 %. Avantage encore amplifié avec la valorisation du bien immobilier acquis. D'où une troisième recommandation : si le capital ainsi constitué et sa rémunération sont supérieurs à un tout autre mode d'épargne réalisé en acquittant un loyer n'hésitez plus, achetez.

• **Les autres avantages.** Au-delà de ce raisonnement général, votre profession ou votre qualité vous permet peut-être d'accéder à la propriété à des taux d'intérêt privilégiés. Ces « plus » doivent bien évidemment être pris en compte dans la comparaison faite plus haut du coût de l'argent avec le loyer.

Autres considérations à prendre en compte :

• L'acquisition d'un logement neuf exonéré des impôts fonciers pendant deux ans. Le locataire, en revanche, est dispensé de cette taxe.

• Fiscalement, les intérêts d'emprunt sont déductibles dans certaines limites.

• Par rapport à la location permanente, l'acquisition s'accompagne d'une période de remboursements de prêts relativement courte : au bout de quinze ans, vous ne payez pratiquement plus rien, excepté les charges liées à l'entretien de votre logement.

• Engagements de remboursement des sommes empruntées, renoncement à une mobilité aisée et éventuellement à certaines dépenses d'agrément : malgré ces inconvénients, achetez votre logement constitue sans doute le meilleur placement en vue de la retraite.

En attendant comme le logement grandit avec la famille, l'acquisition jeune d'un petit appartement servira d'apport personnel à votre famille lorsqu'elle se mettra en quête d'un logement plus important. Et ainsi de suite.

QUOI ACHETER ?

Conscient que l'achat de votre résidence principale peut-être l'occasion d'épargner, d'emprunter et de vous constituer progressivement un capital, vous avez pris la ferme résolution de devenir propriétaire. Reste à savoir dans quel secteur orienter vos recherches.

• **Neuf ou ancien ?** La lecture des petites annonces immobilières le démontre aisément : même à qualité égale, l'ancien bénéficie de prix généralement inférieurs au neuf. Sa décote, toutes qualités confondues, peut se situer entre 10 et 40 %, frais de mutation compris, suivant les villes et agglomérations. C'est particulièrement vrai lorsque l'offre est abondante. Mais si l'offre ne parvient pas à satisfaire la demande – comme à Paris pendant les périodes d'euphorie – le prix du neuf tire le prix de l'ancien vers lui.

Dès lors que le prix d'achat est moins élevé dans le neuf, l'ancien constitue un bon moyen d'accéder à l'immobilier.

Mais considérez cet attrait avec précaution, en raison des frais d'acquisition nettement supérieurs à ceux du neuf (10 à 11 % pour l'ancien contre 3 à 4 % pour le neuf). Et des éventuels travaux d'aménagement, parfois difficiles à évaluer avec précision. Enfin le financement aidé est moins accessible. En effet pour obtenir un PAP (prêt d'accession à la propriété) ou un PC (prêt conventionné), deux conditions sont requises : le logement doit avoir plus de 20 ans et les travaux doivent représenter plus de 25 % de l'opération. Toutefois il existe une possibilité de prêt conventionné sans travaux pour une première acquisition.

Pour effectuer une comparaison pertinente, prenez en considération l'absence de certains équipements (espaces verts, parking...)

Si malgré tout vous cédez au charme des vieilles pierres, avez-vous intérêt à jeter votre dévolu sur de l'ancien rénové ou non ?

Pour acheter dans de bonnes conditions un appartement ou une maison à rénover, ayez une idée précise des travaux à effectuer. Dans le cas d'un appartement, il sera assez facile d'établir des devis estimatifs, car le gros œuvre dépend de la copropriété. Interrogez donc le syndic sur les travaux votés ou à prévoir.

L'estimation s'avère, en revanche, plus difficile à réaliser pour une maison. Afin d'éviter les mauvaises surprises, demandez à un architecte d'établir un devis estimatif. En rénovant un appartement ou une maison, vous pouvez parfaitement étaler les travaux dans le temps, en fonction de vos possibilités financières et de l'évolution de vos besoins familiaux.

PROPRIÉTAIRES RÉCENTS SELON LA NATURE DE L'ACHAT (en %)

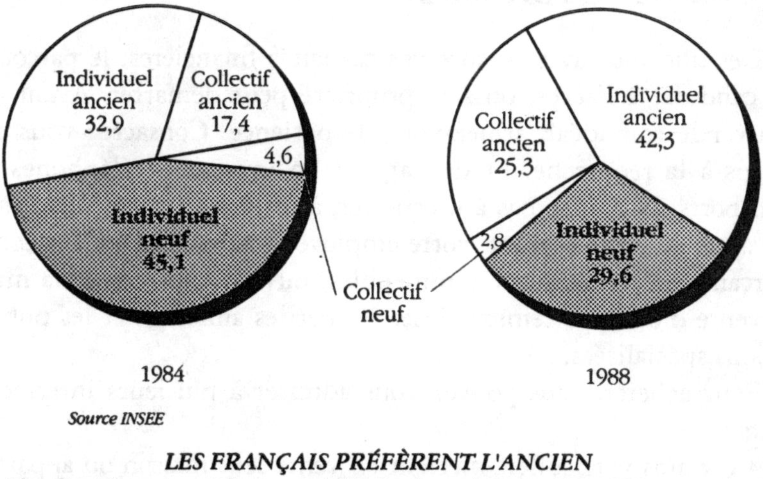

Source INSEE

LES FRANÇAIS PRÉFÈRENT L'ANCIEN

Plus d'un Français sur deux est propriétaire de son logement. Fin 1988, sur un total de 20,7 millions de résidences principales, 11,2 millions étaient occupées par leur propriétaire. En quatre ans, la proportion des ménages possédant leur habitation est passée de 51,2 % à 54,3 %, avec un net regain du marché de l'ancien. Selon l'Insee, en 1984, près de la moitié de ceux qui étaient devenus propriétaires, dans les six ans précédant l'enquête, avaient opté pour « du neuf » (individuel ou collectif) ; ils n'étaient guère plus de 32 % quatre ans plus tard. La cherté relative des logements neufs par rapport aux logements anciens, les hausses vertigineuses des prix de certains marchés locatifs (Paris et sa banlieue notamment) ainsi que le retour des « déçus du périurbain » dans les centres-villes ont joué en faveur de l'habitat ancien.

Si au contraire, vous achetez du neuf, la démarche est différente : vous connaissez d'emblée le coût global de l'investissement. En contrepartie de son prix plus élevé, le neuf vous met à l'abri des réparations et gros travaux d'entretien pendant au moins 10 ans. C'est l'occasion de savourer l'agrément d'une première occupation...

Pour prendre position sur le sempiternel débat entre le charme de l'ancien et le confort du neuf, fiez-vous à votre goût. Avec certains aménagements, l'ancien peut se révéler très confortable... Et le neuf, plein de charme...

Maintenant faites vos comptes pour déterminer l'enveloppe de l'emprunt en vous référant à la règle d'or des banquiers : le montant des annuités ne doit pas dépasser 30 % du revenu annuel net de votre foyer. Si vous gagnez 30 000 F mensuels, vous pourrez rembourser – tous crédits confondus – une somme de 10 000 F par mois.

LA CHASSE AU TOIT RARE

Dès que vous avez mesuré vos capacités financières, le parcours du candidat à l'accession à la propriété peut démarrer. Avant de trouver le toit idéal, armez-vous de patience. Consacrez-vous du temps à la recherche. Et de l'argent en journaux, téléphones et transports. N'hésitez pas à prospecter, à interroger votre voisinage, vos amis et le cas échéant, votre employeur ou vos clients, les commerçants ou les gardiens d'immeubles souvent informés de la mise en vente d'un appartement. Lisez les petites annonces et les publications spécialisées.

Pour acheter, vous pouvez vous adresser à plusieurs interlocuteurs :

- certains particuliers mettent en vente leur maison ou appartement par le canal des petites annonces.
- l'agent immobilier peut être un utile intermédiaire pour faciliter la négociation. Par ses démarches auprès des vendeurs comme auprès des acheteurs, il s'efforce de rapprocher les uns et les autres pour les inciter à conclure. Pour ce faire, il a reçu un mandat de vente précisant sa « commission ». Celle-ci peut être à la charge du vendeur ou de l'acquéreur selon les accords pris entre l'agence et ses

clients. Librement fixé, le montant des commissions est généralement de l'ordre de 5 % TTC. Vérifiez qu'il détient bien une carte professionnelle et justifie d'une garantie financière.

• le notaire peut être également mandaté pour la vente d'un bien immobilier. La rémunération est alors indépendante de celle perçue pour la rédaction et l'enregistrement des actes constatant le transfert de propriété.

Quel que soit votre mode de recherche, restez toujours à l'affût et ne négligez aucune piste. Multipliez les visites pour vous faire l'œil... Et sachez vous décider dès qu'une affaire semble intéressante.

LES VENTES AUX ENCHÈRES

« Vente sur saisie immobilière au plus offrant et dernier enchérisseur, au palais de justice à Dijon. Un appartement sis à Orly. Libre de location. Mise à prix : 700 000 F. » Ce type d'annonce légale mérite parfois attention.

• Les ventes judiciaires sont fréquentées par les professionnels de l'immobilier (marchands de biens), mais aussi par les particuliers. Pour en être informé, lisez les journaux d'annonces légales ou les affiches apposées dans les tribunaux et chez les mandataires de justice. Les ventes importantes peuvent être annoncées dans la presse grand public (par exemple *Le Figaro*).

Résultant notamment de saisies, de licitations (ventes intervenant à la suite de divorces ou de successions) ou de liquidateurs de biens, elles peuvent avoir pour origine des ventes dites « forcées » ou des ventes dites « volontaires ».

Avant de vous porter adjudicataire :

• Donner un pouvoir à un avocat qui a seul la faculté d'enchérir.

• Remettre à cet avocat un « chèque de banque » d'un montant correspondant à la consignation nécessaire pour enchérir.

Cette somme est destinée à couvrir tout ou partie des droits de mutation. Elle a aussi pour but de s'assurer du sérieux de l'enchérisseur car elle sera perdue en cas de « folle enchère », c'est-à-dire lorsque l'adjudicataire se révèle incapable de régler son acquisition.

En cas de folle enchère, le bien immobilier est remis en vente, et s'il n'atteint pas le prix de la dernière adjudication, l'adjudicataire doit verser la différence.

• Consultez le « cahier des charges » au greffe du tribunal et informez-vous du montant des frais préalables constitué principalement par le coût de la publicité antérieure à l'adjudication.

• Visitez le logement mis en vente. Si vous êtes déclaré adjudicataire, il faudra attendre un délai de dix jours pour entrer en jouissance effective du bien. Ce délai permet une éventuelle remise en vente en cas de « surenchère » du dixième. Si vous n'êtes pas adjudicataire, votre chèque vous sera restitué.

• Autre procédé : les ventes publiques réalisées par l'intermédiaire des notaires. Ces adjudications volontaires, qui concernent surtout Paris et les grandes villes de province, sont annoncées dans la revue *Conseils des Notaires* (disponible à la Chambre départementale des notaires), et dans la grande presse.

Pour acheter :

• Visitez le logement en prenant contact avec le notaire vendeur.

• Informez-vous auprès de votre banquier et faites la comparaison avec le Crédit foncier de France qui propose une formule de crédit automatique pour tout achat de logement et à hauteur de 60 % du montant de la dernière enchère.

• A l'instar des ventes judiciaires, le public ne peut pas enchérir directement, vous devez donc avoir recours à un notaire.

• Le jour de la vente, remettez-lui un « chèque de banque » dont le montant est indiqué dans le texte de l'annonce.

• Si vous n'êtes pas déclaré adjudicataire, le notaire vous restituera ce chèque.

LE TEMPS DES PROMESSES

Que vous traitiez directement avec un particulier ou par l'intermédiaire d'un agent immobilier, vous signerez une promesse de vente pour retenir le logement que vous désirez acheter. Cet « avant-contrat » est toujours conclu sous réserve de l'acceptation des prêts demandés. Généralement il revêt la forme d'une promesse unilatérale de vente. Ou plus rarement d'une promesse synallagmatique de vente.

La rédaction de ces documents demande une bonne connaissance du droit immobilier. Au point que les agences appartenant à une chambre syndicale ou une chaîne franchisée disposent de formules imprimées. D'une manière générale, il est préférable d'être assisté d'un conseil (notaire, avocat, ou toute personne qualifiée).

• **La promesse unilatérale de vente** est un acte par lequel un propriétaire s'engage de façon définitive à vendre un bien immobilier aux conditions préalablement convenues avec le bénéficiaire (vous). Dès sa signature, vous versez une « indemnité d'immobilisation » en conséquence de l'engagement du vendeur de bloquer provisoirement la vente de son bien. En cas de réalisation de la vente, c'est-à-dire si vous levez la promesse dans le délai prévu, cette indemnité est déduite du prix de vente. Mais en cas de renonciation à l'acquisition, vous la perdez.

Par principe, l' « indemnité d'immobilisation », peut-être librement débattue, mais elle se situe généralement autour de 10 % du prix de vente. Elle est versée à un séquestre. La promesse unilatérale de vente peut être faite sous seing privé en trois exemplaires : un pour le vendeur, un pour l'acheteur et un pour l'enregistrement. Les trois exemplaires doivent être enregistrés par l'une ou l'autre des parties à la recette des impôts de leur domicile, dans les dix jours suivant la signature, sous peine de nullité. Elle peut aussi faire l'objet d'un acte notarié.

• **La promesse synallagmatique ou compromis de vente**

Cet acte repose sur une formule d'engagement : les deux parties sont liées immédiatement, l'une pour vendre, l'autre pour acheter. Afin d'atténuer la portée de votre engagement, veillez à faire figurer dans le compromis des conditions suspensives (absence de servitudes d'urbanisme, obtention d'un prêt pour l'acquisition...) dont seule la réalisation rend la lecture définitive.

En fait le versement d'un « acompte » engage de manière définitive l'une et l'autre partie.

Le compromis revêt généralement la forme d'un acte sous seing privé, entre les parties et réalisé en double exemplaire, un pour l'acheteur et un pour le vendeur. A la différence de la promesse de vente unilatérale, il n'est pas enregistré.

• **Les conditions suspensives**

Posées par le bénéficiaire (vous), les conditions suspensives subordonnent la conclusion de la vente.

Fonctionnant à sens unique, elles sont rédigées dans votre intérêt. Certaines sont systématiques. Si vous demandez un crédit, la promesse sera toujours conclue sous réserve de son acceptation. Recours ou non au crédit, une vente sera conclue sous réserve de l'obtention d'un certificat d'urbanisme ne révélant aucune restriction à l'exercice du droit de propriété, ou autres éléments de nature à déprécier le bien. Par ailleurs si vous envisagez d'apporter des modifications au bien acquis nécessitant soit un permis de construire, soit une autorisation du syndicat des copropriétaires, vous devez en faire une condition suspensive.

UN DÉLAI POUR RENONCER

Indépendamment de tout contrat de crédit, si vous avez signé un peu trop vite le contrat d'achat de la maison de vos rêves, vous pouvez y renoncer. C'est prévu par la loi sur le surendettement du 27 février 1990. Le vendeur doit vous adresser le contrat d'achat par lettre recommandée avec accusé de réception. Vous disposez alors de sept jours à partir de cette date pour renoncer à cet achat en envoyant au vendeur une lettre recommandée avec avis de réception.

EN BREF

- Première recommandation : achetez sur un marché actif.
- Mais louez votre résidence principale sur les marchés peu actifs.
- Seconde recommandation : si le coût réel de l'argent emprunté est inférieur au loyer que vous paierez comme locataire, pas d'hésitation, achetez.
- Troisième recommandation : si le capital ainsi constitué et sa rémunération sont supérieurs à un tout autre mode d'épargne réalisée en acquittant un loyer, achetez.
- Pour un banquier, le montant des annuités ne doit pas dépasser 30 % du revenu net annuel du candidat à l'emprunt.
- Même à qualité égale, l'ancien bénéfice d'un prix généralement inférieur au neuf (de 10 à 40 %). Mais les droits de mutation sont plus élevés (10 à 11 % contre 3 à 4 % pour le neuf).
- En contrepartie de son prix élevé, le neuf vous met à l'abri des réparations et gros travaux d'entretien pendant 10 ans minimum.
- Si la vente de « particulier à particulier » permet d'éviter la commission de l'intermédiaire, le prix n'en sera pas toujours plus intéressant. Le vendeur qui fait l'effort de s'occuper lui-même de la vente étant souvent plus exigeant que celui qui confiera son bien à une agence.
- Par précaution, les fonds versés lors de la signature de la promesse de vente doivent alimenter le compte séquestre de l'agent immobilier ou du notaire. Mais jamais le compte personnel du vendeur.
- La commission de l'agent immobilier est à la charge du vendeur ou de l'acheteur, selon les conventions fixées dans le mandat de vente ou le mandat de recherche donné à l'agent immobilier. La commission n'est due qu'au moment où la vente devient définitive, c'est-à-dire lors de la signature de l'acte de vente chez le notaire, elle ne peut en aucun cas être perçue avant par l'agent immobilier.

POUR BIEN CHASSER...

Accéder à la propriété constitue généralement la première étape de la gestion de patrimoine. Sauf cas particuliers (bénéfice de la loi de 1948, marché provincial déprimé), vous avez intérêt à acheter.

Pour une première acquisition, préférez l'ancien au neuf si vos moyens sont limités.

En entrant jeune dans le cercle des propriétaires, vous pourrez plus aisément profiter de « l'effet boule de neige » : vous achetez tout d'abord un logement, puis le revendez pour un plus grand... De plus, comme vos revenus sont supposés augmenter régulièrement, le poids des mensualités sera de plus en plus faible. Grâce à cette stratégie, le remboursement du prêt a des chances de coïncider avec la période où vous devrez faire face au financement des études de vos enfants.

Appartement ou maison ?

Vous hésitez entre un appartement situé en centre ville ou une maison au vert ? En optant pour la première solution, vous disposez des commodités (commerces et transports) à proximité. Avec la seconde, d'un cadre plein de chlorophylle et de calme.

Pour choisir, tenez compte du poids des charges (entretien, charges de copropriété, taxes foncières et d'habitation).

Avant d'acheter, renseignez-vous car les écarts entre une maison et un appartement ou entre deux appartements situés dans des communes voisines peuvent être énormes.

Examinez de plein jour l'état des lieux : murs, toitures, espaces verts, canalisations, etc. et interrogez le vendeur. S'il y a une place de parking, essayez d'y garer votre voiture pour être certain de ne pas avoir à changer de modèle après avoir fait votre acquisition.

Pour les charges de copropriété ou d'entretien, demandez au vendeur les appels de fonds de l'année écoulée, adressés par le syndic. Renseignez-vous auprès des copropriétaires de l'immeuble, ceux-ci peuvent vous informer et révéler des contraintes et nuisances qui n'apparaîtraient pas immédiatement.

Avec ou sans agence ?

Madame Marchand souhaite vendre une maison évaluée par

l'agent immobilier de son quartier à 800 000 F. Pour s'occuper de la transaction, cet intermédiaire lui demande une commission de 40 000 F. La maison serait donc proposée à la vente au prix de 840 000 F.

Imaginons que Mme Marchand décide finalement de ne pas recourir aux services de l'agence, quel prix annoncera-t-elle ? 800 000 F ou 840 000 F ? Probablement ni l'un ni l'autre, car elle sera tentée de mettre sa maison en vente au prix de 900 000 F pour bénéficier de l'habituelle marge de négociation. Une preuve que traiter directement avec le vendeur n'est donc pas une certitude de payer moins cher.

Les frais de notaire à la loupe

Avec l'achat d'un appartement ou d'une maison, vous versez au notaire une somme globale, souvent importante, communément appelée « frais de notaire ». En fait cette somme ne tombe pas en totalité dans l'escarcelle du notaire. Loin s'en faut. Voici ce qu'elle couvre en réalité :

• Les droits et taxes prélevés pour le compte du Trésor public

La loi a attribué au notaire le soin d'acquitter pour le compte de son client les droits des actes à enregistrer (Bureau de l'enregistrement) et à soumettre à la formalité foncière (Bureau des hypothèques). En collectant l'impôt, cet officier ministériel fait office d'intermédiaire entre son client et le Trésor pour le paiement des différents droits fiscaux.

• Frais réglés par le notaire pour le compte du client.

Ce poste recouvre les frais avancés par le notaire au nom de son client. Il s'agit notamment des frais de cadastre, des frais engagés pour l'obtention d'un état hypothécaire, au salaire versé au Conservateur des hypothèques, des frais de géomètres, des frais du syndic de copropriété.

• La rémunération du notaire.

Elle est constituée selon les cas :

– d'émoluments tarifés, c'est-à-dire réglementés par décret (proportionnels ou fixes). Dans le cas d'une vente immobilière, ils englobent la préparation et la rédaction de l'acte ainsi que les formalités en découlant et le remboursement des frais matériels.

– d'honoraires librement fixés d'un commun accord entre le client et le notaire. Ils varient inversement proportionnels selon le montant de la vente et des emprunts figurant dans l'acte.

LES 3 SÉRIES (ou barèmes)

S1 (en %)	S2 (en %)	Base de calcul	S3 (en %)
5	2,2	0 à 20 000 F	2,5
3,3	1,65	20 000 à 40 000 F	1,65
1,65	1,10	40 000 à 110 000 F	1,10
0,825	0,55	Au-dess. de 110 000 F 110 000 F à 800 000 F + de 800 000 F	 0,55 0,30

IMMOBILIER : LES DROITS DE MUTATION

	Etat	Département	Commune	Région	Total
Immeubles d'habitation	–	4,20 % (1)	1,20 %	1,60 % (3)	7 %
Immeubles professionnels	–	15,40 % (2)	1,20 %	1,60 % (3)	18,20 %
Immeubles ruraux	–	13,40 %	1,20 %	1,60 % (3)	16,20 %
Fonds de commerce (4)	0 à 11,80 %	0 à 1,40 %		–	0 à 14,20 %
Valeurs mobilières	–	4,80 %	–	–	4,80 %

Source : FNAIM

1. Souvent modulé à la hausse (entre 5 et 6 % en moyenne).
2. Peu modulé.
3. 1,40 % en Ile-de-France.
4. Selon un système de progressivité.

EN MARGE : LOUER OU ACHETER ?

Voici quatre « profils » symptomatiques des marchés immobiliers français. Ces différentes simulations ont été établies avec le concours de la CaixaBank CGIB. Cette banque a fait ses calculs en prenant en compte une valorisation de la pierre de 3 % par an et une hausse des loyers identique (3 % par an). Dans le cas de la location, les sommes économisées par rapport à des mensualités de crédit sont placées mois par mois.

• **Profil n° 1.** Jeune dentiste célibataire, Jean-Bontemps, cherche un 2 pièces de 50 mètres carrés dans le 15ᵉ arrondissement.

S'il loue, Jean paiera au départ 5 800 F par mois.

S'il achète cet appartement, il lui en coûtera 1 million de francs. En supposant qu'il dispose de 150 000 F d'apport personnel, il empruntera donc 850 000 F. Compte tenu d'un taux d'intérêt de 11 %, ses mensualités seront de 9 661 F. Si Jean loue, imaginons qu'il place son capital de départ (150 000 F) et les sommes économisées par rapport aux mensualités de crédit (soit la première année 9 661 F – 5 800 F), en SICAV de capitalisation à un taux moyen de 8 %. Dans quinze ans, son capital se montera à 1 421 705 F. A la même date, cet appartement atteindra facilement 1 558 000 F. En conclusion, Jean a bien évidemment intérêt à acheter son appartement.

• **Profil n°2.**

Leurs diplômes d'école de commerce en poche, Béatrice et Nicolas Vivelavie viennent de se marier. A 25 ans, ils trouvent leur premier job à Toulouse. Comme ils veulent vite un enfant, ils cherchent un 3 pièces d'environ 60 mètres carrés dans un quartier encore « sage ». Et trouvent du neuf, à 10 000 F le m^2. Coût total : 600 000 F. Détenant un minime capital initial de 15 000 F, ils devront emprunter 385 000 F à 11 %, sur quinze ans, soit 6 649 F de remboursement mensuel. Le même appartement coûte en location 3 500 F.

S'ils louent et placent à 8 % la différence (3 149 F), entre le loyer et les mensualités du prêt, ils seront, à terme, à la tête d'un capital de 893 305 F.

Si la valorisation de leur bien atteint 5 % par an, en moyenne, sur la période, ce 3 pièces vaudra 934 780 F.

Béatrice et Nicolas pourront alors le revendre pour acheter plus grand, mieux situé.

• **Profil n° 3.** Pierre et Christine. Bien installés, la quarantaine, sont tous les deux fonctionnaires. Christine est professeur à Arcueil dans les Hauts-de-Seine. Il y a quatorze ans, il y ont acheté un 3 pièces de 60 mètres carrés. Mais leurs deux enfants ont grandi. Ils décident d'emménager dans un 100 mètres carrés du même quartier. Ils peuvent l'acheter, ou le louer pour 7 000 F par mois. Ils vendent donc leur 3 pièces pour 650 000 F. Leur nouveau domicile leur est proposé pour 1 500 000 F. S'ils empruntent ce qu'il leur manque (850 000 F) ils paieront 9 661 F par mois, pendant quinze ans.

S'ils louent sur la même période et placent le produit de la vente de leur appartement et les sommes économisées par rapport aux mensualités de crédit, ils se retrouveront à la tête d'un capital de 2 541 9787 F. Dans l'intervalle, leur appartement de 100 mètres carrés atteindra 2 337 000 F. Dans ce cas de figure, compte tenu du solde de 204 978 F en faveur de la location, l'optique acquisition s'avère moins évidente. Mais en vue de la préparation de la retraite, Pierre et Christine ont sans doute intérêt à acheter. Ainsi ils n'auront plus rien à débourser pour se loger. L'effort est payant.

• **Profil n° 4.** Bertrand Grossoux et sa femme Gisèle ont réussi. Ce couple d'experts comptables veut quitter le 14e arrondissement de Paris pour le beau 17e, plus prestigieux.

Ils vendent leur 4 pièces de 100 mètres carrés pour 1 800 000 F. S'ils achètent 120 mètres carrés au prix moyen du 17e soit 35 000 F/m^2, ils devront débourser 4 200 000 F.

Un emprunt de 2 400 000 F à 11 % sur quinze ans leur coûtera 27 278 F. Ils ne trouveront pas à louer la même chose pour moins de 15 000 F par mois. Dans cette hypothèse, ils placeraient à 8 % par an le produit de la vente de leur logement du 14e et la différence entre les mensualités et les loyers. Au terme des quinze ans, ils se constitueraient un pécule de 8 920 000 F.

S'ils achètent, leur appartement du 17e vaudra, avec une valorisation de 3 % par an, 6 543 463 F quinze ans après.

Une valorisation minima, puisque les prix de cet arrondissement ont plus que doublé sur les cinq dernières années. Pour obtenir un solde positif en faveur de l'acquisition, Bertrand et Gisèle ont sans doute intérêt un appartement un peu moins cher, ce qui leur permettrait de réduire le montant de leur prêt.

Commentaires sur le comparatif achat et location :

Il faut nuancer la valorisation du capital-pierre en fonction des régions de chacun des profils évoqués. En région parisienne, le taux de 3 % paraît plutôt sous-évalué.

Dans tous les cas, à l'issue des quinze ans, le propriétaire est logé. Alors que le locataire continue à payer des loyers mensuels qui progressent toujours.

Même si un achat immobilier suppose des frais de mutation et le paiement de l'impôt foncier, il permet aussi dans certaines conditions de déduire ses intérêts d'emprunt de son revenu imposable.

4

UN FINANCEMENT EN « BÉTON »

L'accession de votre résidence principale constitue sans doute une grande affaire dans votre vie. Pour la réussir, construisez un plan de financement « béton ». A cette condition seulement, vous ne deviendrez pas un naufragé du crédit, même si vous vous endettez pendant quinze ou vingt printemps.

Si différentes « filières d'accession » existent sur le marché, une obligation demeure : celle de vous constituer un apport personnel.

PASSAGE OBLIGÉ : L'APPORT PERSONNEL

L'apport personnel joue un rôle déterminant dans le plan de financement, alors épargnez solide. Sans perdre trop de temps malgré tout, car les prix grimpent souvent plus rapidement que le bas de laine ne se remplit. En brûlant les étapes, les impatients font figure de favoris dans la course à la pierre...

Mais au fait, qu'est-ce que l'apport personnel. Il représente la part d'un bien immobilier que vous (l'acquéreur) versez au vendeur, sur vos ressources personnelles. Sans faire appel à l'emprunt. Dans cette définition au sens strict, l'apport personnel comprend :

• vos économies. L'argent déposé sur vos livrets d'épargne, livrets de banque, livrets roses, comptes et plans d'épargne-logement (sommes déposées majorées des intérêts acquis), comptes courants ouverts auprès des établissements financiers, bons de caisse, bons du Trésor... Et pourquoi pas, le « bas de laine », des pièces de monnaies, des napoléons.

• un don familial ou un héritage. Dans les deux cas, mesurez le coût fiscal de ce transfert - droit de donation ou de succession - pour évaluer exactement le montant de la somme dont vous disposez.

• la participation dans votre entreprise. Si vous travaillez dans une société employant plus de 100 salariés, pensez au déblocage anticipé du fonds de participation lié aux bénéfices. Bien que la participation ne puisse être versée qu'à l'expiration d'un délai de cinq ans, un déblocage anticipé est autorisé lorsqu'un salarié achète sa résidence principale ou l'agrandit.

• la vente d'un bien immobilier. Cet aspect vous concerne si vous êtes déjà propriétaire d'un bien que vous vendez pour en acheter un autre. C'est le cas des familles qui grandissent, changent de région... Ou des couples arrivant à l'âge de la retraite.

Dans cette situation :

– évitez de vendre un bien, alors qu'il peut être plus judicieux de le conserver. Si par exemple vous détenez un plan d'épargne-logement et de confortables économies, mieux vaut emprunter pour acheter votre nouveau logement. Et donner en location l'ancien logement, afin que les loyers couvrent vos mensualités d'emprunt.

– Ne bradez pas le bien à vendre pour acheter plus rapidement le logement convoité.

– Et attention si vous achetez votre nouveau logement avant d'avoir vendu l'ancien, cela vous obligera à contracter un prêt-relais toujours plus onéreux qu'un prêt classique.

• La vente d'un bien meuble. Pour conforter votre apport personnel, vous pouvez être tenté de liquider votre portefeuille de valeurs mobilières (attention à la taxation des plus-values), ou vendre du mobilier, des tableaux ou des bijoux. Compte tenu de ces arbitrages, évaluez correctement la date à laquelle tous ces fonds seront disponibles.

Dans la pratique, l'apport personnel au sens strict risque de ne pas vous ouvrir la porte de l'accession. Pour atteindre le seuil de crédibilité minima, l'apport personnel peut être complété par toute une série de prêts. Sans tomber dans l'inventaire de Prévert, voici les différentes possibilités :

– Un prêt « 1 % logement » appelé aussi « 1 % patronal ». En relation avec l'organisme collecteur, votre employeur définit le montant de ce prêt mis à la disposition des entreprises de plus de dix salariés. Accordé à un taux très intéressant (1 à 4 %, ce prêt peut être remboursé à long terme (20 ans).

– Un prêt accordé par une caisse de retraite ou une mutuelle dont la nature et les conditions varient d'une caisse à l'autre.

– Si vous êtes fonctionnaire, un « prêt complémentaire fonctionnaire » délivré, soit par le Crédit foncier, soit directement par votre administration.

– Un prêt « épargne-logement », à condition bien entendu d'avoir songé à préparer l'acquisition ou la construction de votre habitation principale en souscrivant un Compte ou un Plan d'épargne-logement.

– Un prêt familial (toujours bienvenu) s'il est établi dans les règles de l'art. Une formule à retenir lorsqu'elle est assortie d'un taux très faible, voire nul. Attention toutefois aux courtes périodes de remboursement. Un prêt de 150 000 F, sans intérêts, remboursable en trois ans donne 36 mensualités de 4 166 F.

RÉFLEXION OBLIGATOIRE : VOS CAPACITÉS DE REMBOURSEMENT

En faisant votre plan de financement, n'oubliez pas que vous devez rembourser ces prêts en plus du prêt principal. Parfois sur une durée plus courte. Comme les échéances de ces prêts s'ajoutent à celles du prêt principal, les remboursements des premières années risquent d'être particulièrement lourds.

En tout état de cause, pour apprécier vos capacités de remboursement, évaluez les ressources moyennes nettes et tenez compte des charges de famille majorées des éventuels remboursements de crédits à la consommation. Au bout du compte et selon une règle communément appliquée par les établissements financiers, le montant maximum des remboursements ne devra pas excéder 30 % des revenus. Même si votre banquier ne fait pas une enquête approfondie sur vos capacités de remboursement, limitez-vous à ce seuil de 30 % : c'est une limite raisonnable pour faire face aux nouvelles dépenses liées à toute acquisition, (notamment frais de copropriété, travaux et impôts).

LE MEILLEUR PLAN DE FINANCEMENT

Le crédit immobilier se présente très souvent comme la clé indispensable de l'acquisition. Pour bien s'en servir et mieux en maîtriser le coût, informez-vous sur les « formules » de financement, afin de retenir la solution la plus adaptée.

Connaissant d'une part la somme exacte que vous allez devoir débourser et d'autre part, le montant global de votre apport personnel, vous pouvez aisément évaluer le montant de votre emprunt. Par exemple pour un appartement neuf revenant à 1,5 million de F « acte en mains », c'est-à-dire frais compris, il faudra emprunter 1 million si votre apport personnel s'élève à 500 000 F. A ce stade, chasse aux sous rime avec chasse aux conditions les plus avantageuses. Gare aux pièges, car les taux sont trompeurs. Les banquiers ne sont pas des philanthropes. Il n'y a pas de mystère : ils doivent eux-mêmes rémunérer à un certain taux les capitaux qu'ils prêtent aux particuliers. Et ces taux fluctuent selon les lois du marché, pondérées par l'intervention des pouvoirs publics. Dans une période d'argent cher, votre emprunt sera nécessairement plus coûteux que dans une période d'argent bon marché.

LA CARTE DES DIFFÉRENTS PRÊTS

Première arme pour réduire le coût du crédit : bien maîtriser les différents types de prêt pour saisir les opportunités offertes par le marché de l'argent.

• **Les prêts aidés à l'accession à la propriété ou PAP.**

Financés par l'État, ces prêts offrent les taux d'intérêt les plus alléchants, si l'on excepte les prêts sociaux (1 % patronal, prêts des caisses de retraite...) qui en raison de leurs faibles montants, ne peuvent jouer qu'un tout petit rôle de complément à un autre prêt.

Pour obtenir un prêt PAP, il faut remplir un certain nombre de conditions. Résultat : ces prêts sont principalement réservés aux personnes percevant des revenus modestes et désirant financer leur résidence principale. Dans la pratique, on tient compte des ressources perçues au cours de l'année précédant de deux ans la demande de prêt. Pour un emprunt demandé en 1991, il faut présenter votre déclaration de revenus de 1989.

• **Les prêts conventionnés ou PC.** Au second rang dans l'échelle des coûts, ces prêts réglementés peuvent (sous réserve de remplir diverses conditions d'obtention) servir à financer aussi bien la construction ou l'achat d'un logement neuf que l'acquisition d'un habitat ancien nécessitant d'importants travaux de réhabilitation (au moins un quart du coût global d'acquisition).

Ces prêts favorisés sont les plus souples :

• pas de plafond de ressources pour l'emprunteur ;

• prêt jusqu'à 90 % du coût de l'opération.

Les opérations immobilières pouvant faire l'objet de prêts conventionnés doivent répondre à certaines normes :

• des prix au mètre carré à ne pas dépasser. Ces prix plafonds varient selon la zone géographique et le bien immobilier (maison individuelle ou appartement). Consultez votre banque, un établissement spécialisé ou une association départementale d'information logement (ADIL). Mais ne vous faites pas d'illusion : actuellement à Paris, les prix de tous les logements neufs sont supérieurs au plafond admis pour obtenir des prêts conventionnés.

• les conditions de surface. Les logements doivent également répondre à certaines normes de surface et de confort en fonction de la composition de la famille de l'acquéreur.

• **Les prêts bancaires classiques.** Si vous ne pouvez bénéficier ni du PAP, ni du prêt conventionné ou si vous n'êtes pas en mesure d'emprunter suffisamment au titre de votre compte ou plan d'épargne-logement, il existe les prêts dits du secteur concurrentiel. Avec des taux différents suivant les établissements bancaires. La baisse de l'inflation et des taux d'intérêt aidant, l'écart entre les prêts classiques et les prêts conventionnés s'est sérieusement réduit. Pour obtenir un prêt bancaire classique, mettez en concurrence les banques et négociez le taux si vous le pouvez.

LA CONCURRENCE : UN EXERCICE À MAÎTRISER

Si vous êtes un bon client, négociez votre prêt auprès de votre banquier et des autres. Comme « on ne prête qu'aux riches »... Et retenez ces principes de base :

• le taux du prêt est déterminé, en priorité, par le montant de l'apport personnel de l'emprunteur. Plus cet apport sera important, plus le taux pourra être bas. Par exemple en juillet 1990, la CGIB CaixaBank demandait un taux fixe proportionnel (hors assurance) de 10,60 % pour une acquisition financée avec un apport personnel égal ou supérieur à 20 %. Et un taux de 11,60 %, si l'apport personnel était inférieur à 20 %. Cet exemple parmi d'autres prouve que le taux est supérieur d'un demi-point lorsque l'apport personnel varie entre 20 % et 50 % de la valeur de l'acquisition. Comptez encore un demi-point de plus si votre apport personnel est inférieur à 20 %. Pour pouvoir négocier un tarif préférentiel, l'apport doit être au moins de 20 %.

• Le taux du prêt dépend également de l'importance du crédit sollicité. Plus vous empruntez, mieux vous pouvez négocier. Les seuils entre lesquels les taux changent se situent à 150 000 F (seuil au-dessous duquel le taux est nettement élevé), 300 000 F, 500 000 F et 1 000 000 F.

La durée n'est pas indifférente au coût du crédit. Généralement les prêts les moins chers sont les prêts d'une durée de 15 ans et moins. Au-delà de quinze ans, la réduction des échéances est si faible, comparativement à l'augmentation des intérêts occasionnés par l'allongement de la durée, qu'il vaut mieux limiter la durée de votre prêt à 15 ans.

Cependant il peut être préférable de rembourser sur 20 ans au lieu de 15, lorsque le taux d'intérêt du prêt est bas.

• La périodicité des remboursements joue également. Le prêt à échéances mensuelles est le moins cher. En effet, le capital restant à rembourser diminue chaque mois, alors qu'il ne se réduit que tous les trimestres dans les prêts à échéances trimestrielles. Et tous les six mois dans les prêts à échéances semestrielles.

AVANT LA SIGNATURE : MÉDITEZ

Avant de signer le contrat de prêt, prenez le temps d'analysez l'offre préalable de crédit que vous adresse la banque. Cette offre est valable pour un mois. Mais vous ne pouvez pas la renvoyer signée avant dix jours. Ce délai vous permet de multiplier les comparaisons et de faire jouer la concurrence.

L'offre préalable de crédit doit indiquer :

– Le nom et l'adresse de l'établissement de crédit.

– Votre nom et votre adresse.

– Le nom et l'adresse des cautions éventuelles.

– La nature, l'objet, les modalités du prêt (date et conditions de mise à disposition du prêt, tableau des dates de versements du capital et des intérêts...).

– Le montant du crédit, son coût total, le taux effectif global (TEG) c'est-à-dire le taux d'intérêt plus les frais divers liés au contrat et payés par vous.

– L'évaluation des garanties exigées par le prêteur pour la conclusion du prêt (hypothèque, assurance-décès ou invalidité, caution...).

– Les conditions exigées pour le transfert du prêt à un tiers si le cas se présente.

EN BREF

- Pour obtenir des conditions de crédit intéressantes, présentez un apport personnel d'un montant suffisant. Au moins 30 % du montant global de l'acquisition.
- Au sens large, l'apport personnel comprend les fonds propres et les fonds d'emprunt (1 % patronal, prêt familial, épargne-logement).
- Attention, les prêts entrant dans votre apport personnel constituent des charges de remboursement supplémentaires.
- Pour apprécier vos capacités de remboursement, évaluez les ressources nettes (salaires minorés des charges sociales, autres revenus nets) de votre foyer, et rapprochez les de vos échéances de remboursement de prêts. Le rapport d'un tiers doit être respecté, sous peine d'être confronté à de sérieux problèmes.
- Pour diminuer vos échéances de remboursement, il est toujours possible d'allonger la durée du prêt. Mais, revers de la médaille, plus votre crédit sera long, plus il sera cher.
- Exigez que la banque vous communique le taux effectif global du crédit tenant compte de l'incidence de tous les frais. Qu'elle ne se contente pas de vous préciser le taux proportionnel !

- Incluez dans le taux, le montant des frais annexes en analysant la nature exacte et l'intérêt réel des prestations dont ils sont la contrepartie.
- L'assurance perte d'emploi requiert un examen particulier car ses conditions contractuelles en réduisent fréquemment l'intérêt pratique.
- La progressivité consiste à rejeter dans le temps l'amortissement du prêt, parfois même à accroître le montant du capital emprunté. Elle équivaut à un allongement de la durée et/ou une augmentation du montant de l'emprunt et comme tel se paie.
- Le prêt à taux fixe vous met à l'abri des mauvaises surprises en cas de hausse de taux. Mais il vous prive d'une baisse de taux.
- Dans le cas d'un prêt d'épargne-logement associé à un prêt conventionné ou bancaire, choisissez le montant le plus élevé du prêt d'épargne-logement pour la durée la plus courte, compatible avec la contrainte de mensualité.
- Hypothèque ou caution, le choix d'une garantie est simple.
- Encore faut-il éviter les « surgaranties » associant hypothèque et caution.

POUR BIEN CHASSER...

Pour dénicher le prêt le plus attractif, il n'existe pas une méthode optimale de choix de barème, mais une hiérarchie de conditions. Plus précisément :

– Empruntez au taux le plus bas possible, frais annexes compris.

– Empruntez le plus court possible.

– Empruntez le moins progressif possible.

– En cas de prêts multiples, minimisez le taux effectif du prêt résultant de l'agrégation de l'ensemble des prêts.

– Tenez compte du profil d'amortissement.

Vive le taux fixe

Pour éviter la renégociation des prêts, les banquiers recommandent le taux variable. Or le gros inconvénient de ce type de prêt réside dans le fait de ne pas permettre de prévoir avec précision votre plan de financement jusqu'au terme. Au contraire, le prêt à taux fixe et à échéances constantes à l'avantage d'être simple et d'une grande limpidité. Vous savez au départ que vous paierez tous les mois la même somme pendant 10, 15 ou 20 ans. Pas de mauvaise surprise. Mais plutôt des bonnes, grâce à l'inflation, qui même si elle reste faible, viendra éroder le montant de chaque remboursement, d'année en année, en francs constants. Si vous hésitez encore entre un taux variable ou fixe, examinez quatre critères : le différentiel de départ, la possibilité de rembourser par anticipation, la prévision sur l'évolution des taux et de l'inflation, la nature de l'indice et sa volatilité. Actuellement une formule à taux variable peut être conseillée dans la perspective d'une revente d'un bien immobilier à court terme, car elle permet de rembourser par anticipation sans pénalité.

Combien coûte une hausse de taux ?

Un demi-point d'écart peut paraître insignifiant. En réalité cette différence pèse lourd. Jugez un peu. Exemple : un prêt de 500 000 F pour un achat immobilier du secteur non conventionné accordé sur quinze ans au taux de 11,45 %, assurance décès et invalidité comprise. Dans ce cas, la mensualité est de 5 825,07 F.

Si ce taux passe à 11,95 % (une augmentation de 0,50 %), l'accroissement des mensualités est de 159 F, soit 28 620 F sur quinze ans. En représentant 5,8 % de la somme empruntée, l'alourdissement des charges vous incitera sans doute à rechercher le meilleur crédit.

La carotte fiscale

En cas d'acquisition de votre résidence principale à l'aide d'emprunt, le fisc vous donne un coup de pouce si votre tranche supérieure d'imposition ne franchit pas le cap des 49 %.

Pour un logement neuf, vous pouvez obtenir une réduction d'impôt pendant cinq ans, égale à 25 % du total des intérêts annuels payés (majorés des frais d'actes et d'hypothèque et de la prime d'assurance-vie couvrant le crédit pour la première année) dans la limite de 30 000 F pour un couple (ou 15 000 F pour une personne seule), avec un supplément de 2 000 F pour la première personne à charge (dont le premier enfant), de 2 500 F pour le deuxième et de 3 000 F pour le troisième enfant.

Pour un logement ancien, la réduction est de 25 % du total des intérêts annuels (majorés des frais d'actes et d'hypothèque et de la prime d'assurance-vie couvrant le crédit toujours pour la première année) mais avec un plafond de 15 000 F pour un couple ou une personne seule, et un supplément de 2 000 F par personne à charge.

L'assurance perte d'emploi à la loupe

Avant de souscrire une assurance-perte d'emploi, examinez avec soin ses conditions d'application. Les unes prennent en charge les remboursements durant toute la période de chômage, les autres ne couvrent qu'un temps donné (2 ou 3 ans), d'autres encore ne font que reporter les versements en fin de prêt.

Comme les contrats d'assurance diffèrent d'un établissement à un autre, calculez à partir du montant du prêt ou des mensualités de remboursement que vous aurez à payer, le montant qui sera effectivement pris en charge par l'assurance en cas de perte d'emploi.

EN MARGE : LE LANGAGE DE L'ARGENT

Sachez dialoguer à armes égales avec les professionnels en maîtrisant leur jargon.

• Le CAPITAL indique la somme que vous empruntez. On parle parfois de « nominal ».

• Les INTÉRÊTS correspondent au loyer du capital emprunté, à sa rémunération. Ne les confondez pas avec les remboursements ou amortissements.

• Le TAUX définit le loyer annuel pour 100 F de capital emprunté. Par exemple si ce loyer s'élève à 11 F, le taux d'emprunt atteindra 11 %. Attention ! cette notion est plus complexe qu'elle ne paraît au premier abord. Le simple énoncé d'un taux ne vous permet pas de déterminer d'emblée combien vous devez effectivement payer.

• Le TAUX EFFECTIF GLOBAL ou TEG mérite toute l'attention car il intègre les intérêts proprement dits et les frais, commissions ou rémunérations de toute nature, directs ou indirects. Plus précisément le TEG doit être calculé en répartissant sur toute la durée du prêt la totalité des intérêts et en tenant compte des modalités d'amortissement de l'emprunt. La loi prévoit d'ailleurs que le TEG est le seul à devoir être utilisé en matière de crédit dans les offres de prêt.

Le TAUX PROPORTIONNEL se calcule en multipliant le taux de l'échéance de base par le nombre d'échéances à payer en une année. Si les échéances sont mensuelles, il suffit de multiplier le taux mensuel par 12.

Le TAUX ACTUARIEL tient compte du phénomène de capitalisation des intérêts. Même si vous payez 1 200 F d'intérêts par an, les sortir en une seule fois de votre bourse par exemple, en décembre ne revient pas au même que les verser au rythme de 100 F par mois. Votre banque qui reçoit chaque mois 100 F d'intérêt peut replacer immédiatement cette somme, qui devient un capital. Et percevoir des intérêts sur ce placement au cours de la période séparant la date à laquelle il a reçu les 100 F de la fin de l'année ! Voici l'illustration de la capitalisation. Dans la pratique, comme le taux proportionnel est plus attractif que le taux actuariel, les banquiers annoncent généralement des taux proportionnels. Quelques exceptions : le taux d'intérêt des prêts d'épargne-logement et des prêts PAP.

Le TAUX FIXE reste toujours le même du premier au dernier remboursement. Fixé dès le début, ce taux permet de chiffrer toutes les échéances de remboursement. De plus, aucun élément extérieur d'indexation ne viendra modifier vos engagements. Dans un prêt à taux fixe et à échéances constantes, le montant des versements périodiques est le même pendant toute la durée du prêt. Mais taux fixe ne rime pas forcément avec échéances constantes. Ainsi il existe des prêts à échéances progressives où les remboursements sont plus faibles au départ, mais augmentent progressivement, soit par paliers, soit régulièrement chaque année, dans des proportions variables selon les cas. Ce type de prêt a été créé pour les jeunes ménages dont les ressources sont faibles au départ, mais qui ont l'espoir de voir leurs revenus augmenter au fil des années. Attention quand même, car il est difficile à assumer.

Le TAUX VARIABLE OU INDEXÉ est déterminé au départ, mais varie selon une périodicité généralement annuelle, suivant l'évolution d'un taux prévu au contrat ; soit le taux moyen mensuel du marché monétaire ou le taux de base de la banque ou autres. Créé lors de l'amorce de la désinflation et du mouvement de renégociation des prêts à taux fixes élevés, les prêts à taux variables visent à moduler leur taux, tout au long de la durée de l'emprunt, en fonction de l'évolution des taux d'intérêt du marché financier. L'imagination des banquiers aidant, les prêts à taux variable comportent des butoirs qui ne pourront pas être dépassés soit en allongement de la durée, soit en augmentation du montant des échéances.

Un prêt à taux variable peut presque toujours être transformé en prêt à taux fixe sur votre demande. Dans la pratique, en choisissant un prêt à taux variable, vous recevrez chaque année un nouveau tableau d'amortissement de votre prêt précisant pour l'année à venir le nouveau montant des échéances mensuelles avec la part d'intérêts et de capital, le capital restant dû en fin d'année, et la durée prévisionnelle restant à courir sur la base du nouveau taux d'intérêt.

La DURÉE couvre la période d'emprunt jusqu'au remboursement total. Pour la choisir dans les limites fixées par le prêteur, tenez compte de deux éléments : l'importance du crédit et vos capacités de remboursement. Plus le crédit est important, plus les échéances sont lourdes et seule l'augmentation de la durée peut en réduire le montant si vous ne pouvez pas faire face. Mais revers de la médaille, plus votre crédit sera long, plus il coûtera cher.

Les ANNUITÉS (ou versements) correspondent aux sommes que vous vous engagez à verser tous les mois, voire tous les trimestres. Ces remboursements permettent de payer vos intérêts (les frais de gestion et la rémunération du prêteur pour le capital emprunté) et d'amortir le capital emprunté. Généralement, le remboursement du capital commence dès la première échéance et se poursuit sans interruption, d'échéance en échéance, jusqu'à la fin du prêt. Dans le cas d'un prêt prévoyant un « différé d'amortissement », le remboursement du capital commence plus tard : au bout d'un ou deux ans, voire trois. Là encore ce type de prêt peut donner le temps à un jeune ménage de conforter ses revenus. Mais attention : les intérêts payés les deux ou trois années sans amortissement sont plus lourds, puisqu'ils portent chaque mois sur la totalité du capital. Ensuite, les échéances de remboursement seront plus élevées car il faudra par exemple amortir sur 13 ou 12 ans un prêt souscrit pour 15 ans.

La FRANCHISE est une période initiale pendant laquelle vous ne versez rien, ni capital ni intérêts si elle est totale. Ou uniquement les intérêts si elle est partielle. Une franchise totale dépasse rarement un an.

Comme le différé d'amortissement correspondant à une franchise partielle, la franchise totale permet de faire face plus facilement, au départ, aux dépenses d'installation et d'équipement et de rembourser certains emprunts à court terme qui ont permis d'augmenter l'apport personnel. Mais les intérêts non payés pendant la période de franchise resteront dûs et viendront même grossir le capital à rembourser. Par conséquent vous devrez régler des intérêts supplémentaires sur les intérêts supportés.

La MASSE DES REMBOURSEMENTS équivaut au total des remboursements en intérêts et capital que vous aurez versés pendant toute la durée du crédit. Elle s'obtient en multipliant le montant d'une mensualité par le nombre de mois du crédit (si les mensualités sont égales), ou en additionnant toutes les mensualités (si celles-ci évoluent au fur et à mesure du remboursement). A vous de demander plusieurs simulations et tableaux d'amortissement pour retenir le prêt le plus avantageux. Bien entendu, ce type d'étude ne peut être fait que pour les prêts à taux fixes.

Les FRAIS DE DOSSIER sont calculés en pourcentage ou au forfait, et réglementés par la loi Neiertz du 31 décembre 1989. A compter du 1er juillet 1990, ils sont compris dans le taux « officiel » du crédit.

L'ASSURANCE est exigée par le prêteur et couvre vos engagements en cas de décès, invalidité, incapacité de travail. Et éventuellement de perte d'emploi. Dans le cadre d'un achat en commun, si vous travaillez tous les deux souscrivez une assurance sur « deux têtes ». En effet le décès de l'un de vous entraînera un déséquilibre des remboursements aux dépens du survivant. Si seulement l'un de vous travaille, vous souscrivez la police sur la seule tête pour garantir l'autre qui ne pourra pas assumer les remboursements. Le coût de l'assurance varie selon les établissements financiers. Pour éviter les surprises, exigez du banquier un tableau d'amortissement du prêt incluant dans chaque échéance de remboursement, la totalité des frais et le montant des assurances diverses, des intérêts du prêt et de l'amortissement du capital.

UN COÛT ENCORE ÉLEVÉ

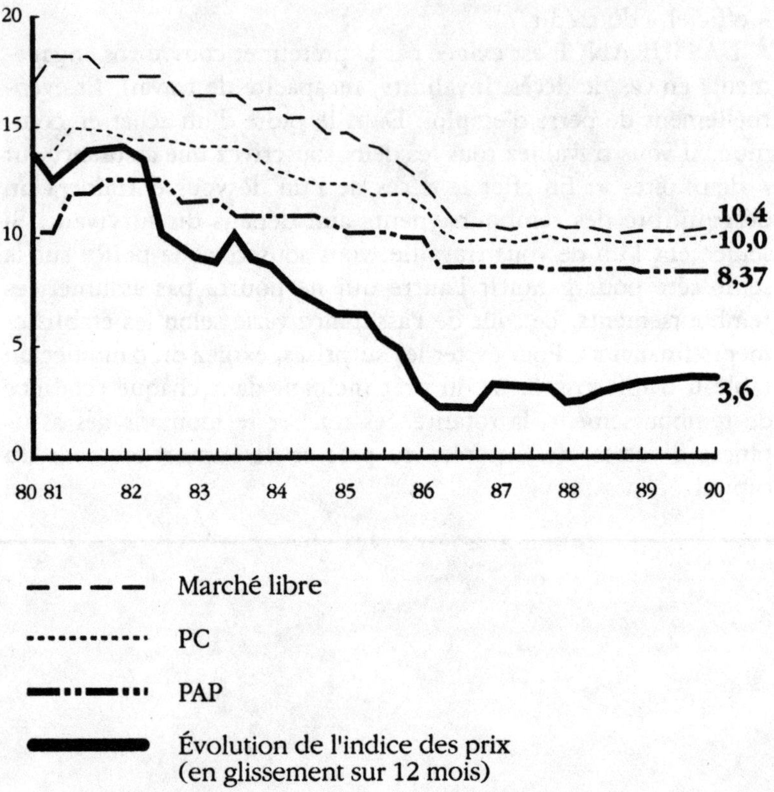

5

SACHEZ FAIRE VOS COMPTES

Prévoir et contrôler vos finances personnelles, c'est indispensable car il n'y a pas de gestion sans budget. Comme un capitaine dirige son navire, c'est à vous chef de famille de tenir la barre financière du foyer. Schématiquement, tout se résume généralement à recevoir de l'argent d'un côté et à le dépenser de l'autre. Avec un constat inquiétant : les sorties d'argent sont toujours plus fréquentes que les rentrées.

« Gouverner, c'est prévoir ». En matière de gestion privée, cette maxime vous classera dans la catégorie des fourmis qui à la différence des cigales, « chassent » pour consolider leur patrimoine, et parer aux éventuelles difficultés (ennui de santé, problème de travail...)

UN BUDGET, ÇA SE PRÉVOIT

Bravo, vous avez décidé de tenir votre budget. Pour vous encourager, sachez que l'établissement d'un budget prévisionnel présente de multiples avantages. Il vous permet de :

- Réfléchir sur la meilleure utilisation des revenus.
- Prendre conscience de l'importance des dépenses fixes.
- Répartir les dépenses variables, une fois assuré le financement des dépenses fixes.
- Évaluer les possibilités futures d'investissement et d'endettement.
- Fixer les sommes qui pourront être épargnées.
- Éviter de vivre au bord du gouffre rouge du déficit.
- Faire des projets.

Si vous débutez en gestion prévisionnelle, faites un double effort d'information et d'évaluation. Même si elle est ardue au début, la tâche n'est pas impossible. Vous avez le choix entre deux méthodes pour établir votre budget prévisionnel :

– Rechercher tous les éléments comptables du foyer (bulletins de salaires, feuilles d'impôts, carnets de chèques, factures, quittances...), et reconstituer à partir de ces éléments, l'historique financier d'une année écoulée. C'est un peu fastidieux et souvent imprécis, notamment pour les dépenses variables.

– Relever pendant un ou deux trimestres les revenus et dépenses du ménage. A partir de ces sommes réelles, calculez les prévisions raisonnables des différents postes de budget pour les mois à venir. En fait cette méthode se révèle plus aisée si vous appartenez à la catégorie des gestionnaires néophytes.

– Enfin dernier recours, le Centre de recherche sur le budget familial (CRBF). Cette association (loi de 1901) a pour but la promotion de l'enseignement du budget familial. Elle publie aux Éditions de l'Épargne (174, Bd Saint-Germain, 75006 Paris) des carnets de compte (Mon budget). Et propose même un logiciel pour optimiser et dynamiser votre budget. (CRBF, 9, rue Georges Pitard, 75015 Paris).

Autre possibilité : acheter tout simplement un vrai cahier que vous utilisez dans le sens de la longueur. Divisez chaque page en deux : l'une pour vos revenus. L'autre pour vos dépenses. Simple principe de comptabilité, vos ressources et vos dépenses se trouveront face à face. Il ne restera plus qu'à calculer les totaux et à tirer les conclusions constructives.

VOTRE BUDGET 365 JOURS SUR 365

Bien qu'il n'existe pas de budget type, voici un mini pensum pour guider votre gestion privée.

Vos revenus. Commençons par eux, car ce sont les plus agréables à noter. Et les plus faciles à évaluer. Vos revenus fixes correspondent principalement à vos salaires nets (ce que vous percevez après déduction des charges sociales) ainsi que les revenus éventuels de vos placements (Bourse, immobilier...). Additionnez-les en prenant comme base l'année passée. N'augmentez pas au hasard vos salaires actuels. Dans cette rubrique figurent les prestations sociales et familiales que vous toucherez avec certitude durant les douze prochains mois.

Vos revenus variables comprennent notamment primes et gratifications diverses, votre treizième mois et toute entrée d'argent présentant un caractère aléatoire : cadeaux, etc.

Si vous n'êtes pas salarié, mais artisan, commerçant ou exercez une profession libérale, faites la moyenne des revenus de vos deux dernières années. Contrairement à une idée reçue, il est préférable de quantifier le volume d'épargne juste après le calcul des revenus globaux. Le solde sera affecté aux dépenses globales. la démarche inverse consistant à déterminer l'épargne en fonction des revenus minorés des dépenses risque de vous entraîner au bord du rouge.

• Vos dépenses. L'exercice s'avère plus difficile. Mais là encore, certains postes sont fixes. D'autres variables. Les fixes représentent des dépenses incompressibles telles que :

– le logement : loyer + charges locatives ou de copropriété + chauffage (individuel ou collectif) + eau ;

– l'assurance multirisque-habitation ;

– les impôts locaux, ces jolies feuilles d'automne. Et la taxe foncière, si vous être propriétaire ;

– l'impôt sur le revenu, voire sur la fortune ;

– la facture EDF-GDF qui arrive chez vous soit tous les quatre mois – repérez lesquels –, soit tous les deux mois ; celle du téléphone débarque tous les deux mois ;

– les dépenses de voiture (assurance, entretien, essence...) et/ou de transport ;

– la famille avec la scolarité des enfants (cantine + livres) (pensez aux bourses d'échange de la rentrée) + éventuellement les frais d'internat et de cours privés ou de rattrapage + frais de transport, l'assurance scolaire (cette assurance proposée en septembre lors de la rentrée des classes n'est pas obligatoire mais conseillée) ;

– les crédits en cours. S'ils concernent l'achat de votre résidence principale, affectez-les au poste logement.

Les dépenses variables sont plus difficiles à cerner que les précédentes du fait de leur fréquence. Elles sont peu vérifiables si vous ne conservez pas les tickets de caisse de votre supérette locale. Pour savoir malgré tout, ce que vous avez dépensé « en gros » dans les supermarchés, il ne vous reste qu'à vous plonger dans vos relevés bancaires et talons de carnets de chèques de l'an passé. Après cette fastidieuse recherche, totalisez dépenses fixes et variables.

Récapitulons : pour vous permettre de réfléchir à l'élaboration de votre budget, remplissez les rubriques suivantes en fonction de vos recettes et dépenses des douze derniers mois. Premier volet : les revenus ventilés comme suit.

<u>REVENUS FIXES</u>

Salaire 1 :
Salaire 2 :
Prestations sociales :
Pension/retraite :
Revenus immobiliers :
Divers :

<u>REVENUS VARIABLES</u>

Honoraires :
Primes/gratifications :
Remboursements SS/mutuelle :
Remboursements assurances :
Revenus immobiliers :
Intérêts épargne :
Cadeaux/gains :
Ventes diverses :
TOTAL REVENUS FIXES + VARIABLES :
ÉPARGNE SOUHAITÉE :
RESTE POUR DÉPENSES FIXES + VARIABLES :
Second volet, les dépenses ventilées comme suit :

DÉPENSES FIXES

Habitation principale ; loyer, charges, EDF/GDF, téléphone, eau, chauffage, garage/parking :

Impôts :

Assurances :

Aide-ménagère : salaires, URSSAF :

Famille : pensions/prestations, scolarité :

Remboursements crédits :

DÉPENSES VARIABLES

Vie quotidienne/alimentation :

Argent de poche :

Forme/beauté :

Loisirs/culture :

Voiture/transports :

Maison/entretien :

Habillement :

Vacances/week-end :

Résidence secondaire :

Santé :

En remplissant ces rubriques en fonction de vos recettes et dépenses des douze derniers mois, vous pouvez réfléchir à l'élaboration de votre budget. A partir des chiffres réels de l'année précédente, évaluez les variations inévitables (inflation, changement de situation personnelle...) ou les changements nécessaires (réévaluation des dépenses variables pour compenser l'augmentation des dépenses fixes ou de l'épargne désirée). Indiquez ensuite les mois d'échéance des rentrées et des dépenses. Après avoir réalisé cette réflexion globale, vous pourrez aisément répartir les prévisions budgétaires mois par mois.

À CHAQUE MOIS SUFFIT SA PEINE : VOTRE BUDGET MENSUEL

Enregistrez chaque mois les rentrées d'argent et, parallèlement, les dépenses à prévoir. Les charges fixes sont à répertorier au début de chaque mois, les dépenses d'équipement lors de l'achat et les dépenses courantes en fin de chaque mois.

Les ressources mensuelles ajoutées au solde du mois précédent seront alors comparées aux sorties d'argent éventuellement majorées du déficit précédent. Par différence, vous connaîtrez immédiatement la situation de votre trésorerie. En comprenant mieux où va l'argent, vous doperez la santé financière de votre foyer.

LES BONS RÉFLEXES POUR SUIVRE VOS SOUS

« Prévoir, c'est mieux répartir et organiser les dépenses, ce n'est pas dépenser moins, mais mieux », constate la Fédération nationale des associations de professionnels en économie sociale. C'est également adapter vos dépenses aux possibilités réelles. Dans ce contexte, si beaucoup de dépenses sont inévitables, il est peut-être possible de réaliser des économies sur certains postes. Ainsi vous réduirez les charges fixes : électricité, gaz, téléphone en contrôlant vos dépenses et en profitant des meilleurs tarifs.

• **EDF** : choisissez la bonne puissance. Tout abonnement est prévu pour une certaine puissance. Le prix du kWh est le même quel que soit l'abonnement : seul le montant de l'abonnement augmente avec la puissance sélectionnée. Vous pouvez à tout moment modifier votre abonnement. Il suffit d'en faire la demande au service local d'EDF.

Par ailleurs le tarif « heures creuses » compris généralement entre 22 H et 6 H du matin s'avère intéressant dans une maison vide toute la journée et très équipée électriquement. Quant au « compteur bleu », réfléchissez à son utilité avant de demander à en bénéficier (il coûte cher).

• **GDF** : contrairement à l'EDF, le prix du mètre cube varie en fonction de l'abonnement. Comme il diminue avec l'importance de l'abonnement souscrit, un tarif mal adapté à votre consommation personnelle peut donc vous revenir très cher.

• **PTT** : utilisez les tarifs réduits pour appeler la France et l'étranger. Lorsque vous laissez votre domicile à des adolescents ou des tiers (notamment des filles au pair), pour éviter les facturations excessives, de téléphone, vous pouvez faire « interdire » le 16 (la province), le 19 (l'étranger) et les services Minitel (hormis le 11, l'annuaire électronique). Pour suivre vos sous envolés dans les conversations téléphoniques, demandez un service de factures détaillées. Si une facture sous semble exagérée, payer d'abord ce que vous devez, contestez ensuite.

• **Assurance** : faites jouez la concurrence pour obtenir le meilleur rapport qualité/prix.

• **Achats d'équipements à crédit** : retenez qu'un emprunt à la banque est moins souvent onéreux qu'un crédit en magasin.

Les dépenses courantes sont les plus maîtrisables. Pour alléger ce poste, groupez vos achats en vous approvisionnant dans une grande surface et composez vos menus à l'avance.

Méfiez-vous des cartes de paiement qui ont la fâcheuse tendance à déresponsabiliser. « Signer toute de suite et payer plus tard » n'encourage pas à une gestion rigoureuse. Certes les détenteurs de plusieurs cartes de crédit (Visa, American Express, Diners) jouent sur les différentes dates d'échéance pour obtenir un crédit gratuit. Mais ces cartes, comme celles délivrées par les grands magasins peuvent pousser indiscutablement à la consommation. En fonction de votre tempérament, vous en abuserez plus ou moins. En cas de fin de mois difficile, il n'est pas interdit de laisser la fameuse carte chez vous... loin des tentations.

COMMENT UTILISER VOTRE BANQUE

Difficile de parler budget, sans penser à votre banquier. Ce personnage à démystifier s'apparente à un commerçant, presque comme un autre qui loue de l'argent en gros, et le sous-loue au détail. Et vice versa.

• **Que demandez-vous au banquier ?** Qu'il vous facilite la vie de tous les jours, sans problèmes, sans anicroche et sans trop de paperasses. Qu'il vous prête de l'argent quand vous en avez besoin. Qu'il fasse fructifier intelligemment les sous que vous lui confiez. Bref, qu'il vous rende service et soit souple. Ce qui devrait se faire avec facilité car ce père Fouettard de l'impayé, a besoin d'attirer et de conserver ses clients. Il a donc besoin de votre argent. Et ne se prive pas de vous le faire savoir, en engageant d'importantes campagnes publicitaires et en dépêchant à votre domicile ses attachés commerciaux.

• **Si vous êtes un bon client,** négociez au meilleur prix le dépôt d'argent que vous allez lui confier. Pour faire face à des fins de mois délicates, obtenez une facilité de caisse ou découvert, sans être obligé de contracter un prêt personnel. Le jour où vous avez besoin d'emprunter, mettez-le en concurrence avec d'autres banques pour vous financer au moindre coût... S'il fait la sourde oreille, menacez-le de transférer votre compte dans une autre banque. Il vous écoutera sans doute : fidéliser un client coûte trop cher, pour qu'il prenne le risque de vous laisser filer, si vous êtes « un bon risque ».

• **La marche à suivre :** en dehors de ces moments graves, tenez vos comptes en remplissant régulièrement les talons et les grilles comptables de votre carnet de chèques comme ceux d'un livre de comptes. Une sage précaution dans la vie de tous les jours. Et en cas de contrôle fiscal. N'oubliez pas de noter les retraits et dépôts en liquide, ainsi que les prélèvements automatiques.

• **Pour vous faciliter la tâche,** la banque vous envoie périodiquement un relevé de toutes vos opérations. Les recettes figurent dans la colonne « crédit ». Les dépenses, dans la colonne « débit ». La différence entre les deux donne le solde.

Pour mieux utiliser vos comptes bancaires, nous vous avons déniché quelques « trucs » et conseils :

– Ne criez pas au scandale si on vous refuse un chèque un dimanche soir pour payer vos cigarettes. Commerçants et artisans ont parfaitement le droit de refuser un chèque ou de décider de n'accepter que les chèques supérieurs à une certaine somme. Une condition cependant : ce refus doit être affiché clairement à la vue du client. Seuls les adhérents d'associations et centres de gestion agréés sont obligés d'accepter un règlement par chèque.

– Votez pour un ordre permanent d'approvisionnement. Utile quand un homme et une femme, un parent et un enfant ont chacun un compte dans une même agence bancaire. Il suffit de signer un ordre permanent d'approvisionnement demandant que le découvert éventuel d'un compte soit automatiquement couvert par l'autre. Attention toutefois, les règlements de comptes se feront ensuite en famille.

– Gardez vos relevés de banque au moins quatre ans. Le fisc a le droit de vous réclamer vos relevés de comptes et vos talons de chèques pendant cette période (trois années passées + l'année en cours). Après, il y a prescription. Sur les relevés, prenez le soin d'identifier l'origine de montants crédités sur votre compte. Ces relevés sont la seule preuve en votre possession qu'un règlement a été effectué. Le talon de chèque ne suffit pas. Quant aux banques, elles doivent conserver les relevés pendant dix ans.

– Ne multipliez pas les mini-chèques. Les chèques de moins de 100 F sont toujours honorés par la banque, même si le compte est insuffisamment approvisionné. Cela ne signifie nullement que l'on puisse remettre pour le paiement d'une somme supérieure à 100 F plusieurs petits chèques de moins de 100 F. Formellement interdite, cette pratique est passible d'amendes pour le payeur comme pour le payé.

– Faites opposition en cas de perte ou de vol. Si vous perdez votre chéquier, alertez immédiatement la banque par téléphone, confirmez par écrit en joignant le récépissé de la déclaration de perte faite au commissariat de police.

Dans les banques adhérentes à l'AFB (Association française des banques), l'opposition coûte entre 37,50 F et 84,50 F par chèque. On ne peut faire opposition qu'en cas de perte ou de vol, surtout pas pour sanctionner un fournisseur dont la livraison ou le travail ne vous convient pas. Cette pratique est passible de poursuites judiciaires.

– Connaissez la validité d'un chèque : celle d'un chèque bancaire est de un an et huit jours. Celle d'un chèque postal est limitée à deux mois.

– N'émettez pas des chèques postdatés : danger pour étaler les paiements, certains commerçants proposent d'accepter plusieurs chèques postdatés. Cette pratique est formellement interdite. De plus, en cas de présentation d'un tel chèque avant la date inscrite, la banque le paiera et ne sera absolument pas responsable des conséquences pour le titulaire du compte débité.

– N'oubliez pas que les chèques non barrés sont payants : vous pouvez en demander à votre banque. Ils pourront être encaissés directement au guichet. Mais attention, à la différence des chèques barrés, ils coûtent environ 5 F pièce car les banques communiquent à l'administration des impôts les numéros des chèques ainsi délivrés et l'identité de leur demandeur.

EN BREF

- Un livre de comptes, ou un simple cahier peut suffire pour prendre la température mensuelle de vos finances.
- En matière de revenus, ne tenez pas compte des espérances, mais des réalités.
- Établissez d'abord le total des dépenses fixes. Et répartissez ensuite les dépenses variables.
- Réfléchissez avec un calendrier sous les yeux pour tenir compte des variations saisonnières (ponts, vacances scolaires, impôts, termes, etc.).
- Pour les ménages, budgétez ensemble : la responsabilité financière suppose la participation (de toute façon, juridiquement vous êtes solidaires).
- Écrivez au crayon pour pouvoir gommer si vous changez d'avis !
- Attention, les cartes de crédit peuvent vous inciter à dépenser davantage.
- Comme le banquier a besoin de vous, négociez au mieux vos placements et emprunts.
- Remplissez régulièrement les talons et les grilles comptables de votre carnet de chèques, comme ceux d'un livre de comptes.

POUR BIEN CHASSER...

Pour mettre vos sous de coté, mieux vaut vous astreindre à une certaine discipline d'épargne. Et programmer chaque mois, le montant de cette épargne forcée. Autrement vos sous risquent de filer rapidement. Loin d'être un reliquat à estimer une fois les dépenses réglées, l'épargne s'impute en amont sur les revenus. Bien entendu dans des proportions somme toute raisonnables, c'est-à-dire en rapport avec vos gains. Si une rentrée de fonds imprévue vient arrondir votre budget, affectez-la à un projet majeur au lieu de la dépenser à la légère.

Lumière sur l'assurance

Difficile de se frayer un chemin dans le maquis des assurances. En matière d'habitation certaines sont obligatoires, nécessaires ou optionnelles. Quelques précisions appréciables pour contrôler au mieux votre budget « assurances ».

• Obligatoires

– L'assurance « locaux loués » constitue une obligation du locataire. En fait la garantie « multirisque » couvre ce type d'obligation.

– Le contrat « dommages ouvrages » pour la construction d'une maison individuelle. Il vous assure si un contentieux surgit avec l'entrepreneur.

• Nécessaires

– La « multirisque » couvrant le vol, les dégâts des eaux.

– La responsabilité civile ou « RC » familiale (pour les autres dommages corporels et matériels causés à autrui, par vous ou par vos enfants). Attention, vérifiez que votre contrat RC couvre bien que les dommages causés à vos voisins d'appartement. A noter que la garantie « catastrophes naturelles » est automatique dans la « multirisque ».

• Optionnelles

– La garantie « attentats ».

– La garantie « objets précieux » (mieux que la multirisque qui ne couvre que 30 % environ de la valeur de l'objet ; vous décidez vous-même du montant pour lequel vous désirez être assuré).

La santé en question

Dans une famille, le budget « santé » n'est guère facile à gérer. Les « crises » sont généralement imprévisibles, les devis difficiles à obtenir – en particulier dentistes, lunettes, interventions –, les règlements se font vite et les remboursements lentement. Lorsqu'il faut multiplier les démarches par deux (Sécurité sociale et mutuelle) les délais s'allongent et la comptabilité se complique.

Pour plus de commodité, groupez une fois par mois, le secrétariat « santé » en prenant soin de noter sur un carnet spécial les feuilles envoyées à la Sécurité sociale et à votre mutuelle. Au reçu des remboursements, consignez les sommes récupérées. La différence entre les frais et les remboursements représente le véritable budget « santé ». Son montant fera réfléchir sur les mœurs médicales de l'ensemble de votre famille.

L'épargne en mouvement

Si vous détenez plusieurs comptes, livrets ou plans pour gérer votre épargne, faites le point en regroupant les différentes informations les concernant. Avec un peu de méthode, il est parfaitement possible de tenir à jour les mouvements d'épargne mois par mois. Et de connaître ainsi la situation globale.

Les gros achats

Non prévus au budget car très irréguliers et souvent imprévisibles, les gros achats sont importants à enregistrer. Il est utile de pouvoir se remémorer leur nature, leur montant, la date à laquelle ils ont été effectués, les garanties dont ils bénéficient et leur mode de règlement.

Effectués à crédit, ils doivent s'intégrer dans les dépenses fixes des mois à venir. Toute dépense supérieure à 1 000 F faite pour l'acquisition d'un bien durable peut être considérée comme « gros achat ».

EN MARGE : COMPTE JOINT OU PROCURATION ?

Pour faire bourse commune et assumer les dépenses courantes, les couples (mariés ou non) ont souvent recours au compte joint.

Cette technique présente des inconvénients et des avantages. En disposant d'un chéquier au nom de « Monsieur ou Madame », la « solidarité » de chaque cotitulaire joue pour le meilleur et pour le pire. Chacun est responsable solidairement du débit du compte.

Attention : en cas de chèque sans provision, émis par l'un des cotitulaires, l'interdiction bancaire frappera les deux.

Autre inconvénient : en cas de saisie-arrêt prononcée à l'encontre d'un des cotitulaires, la totalité du compte se trouve bloquée.

Les avantages du compte joint s'apprécient surtout en cas de décès. Fonctionnant indifféremment sur la signature de l'un ou de l'autre, le compte n'est pas bloqué lors de la disparition d'un des cotitulaires.

Comme le compte joint, la procuration évite de devoir, pour chaque opération, faire intervenir tous les partenaires. Toutefois sa portée est plus restreinte. D'abord le Mandant (celui au nom duquel est libellé le compte) peut limiter la durée de la convention dans sa durée (absence, maladie...). Ou dans son champ d'application, en la réservant à certaines opérations bien déterminées. Ensuite le MANDATAIRE (celui à qui est consentie la procuration), ne peut opérer des retraits à vue que dans l'établissement où sa signature aura été déposée.

En cas d'émission de chèque sans provision, seul le compte impliqué sera touché par la sanction. Dans la pratique, son titulaire (le mandant) sera frappé d'interdiction de chèque. Le mandataire est épargné, même s'il est à l'origine de l'incident !

Contrairement à une idée reçue, le mandataire n'a plus de pouvoirs sur les comptes en cas de décès du mandant. Une simple raison : la procuration s'éteint au décès du mandant. Si vous êtes porteur d'une procuration, inutile de retirer un montant important même quelque temps avant le décès. Comme elle pense à tout, l'administration fiscale peut réintégrer dans l'actif taxable les sommes retirées par le défunt moins d'un an avant son décès, sans qu'il puisse être justifié de leur utilisation (la jurisprudence fait, toutefois, évoluer ce dernier point).

VOTRE BUDGET, SELON VOS REVENUS

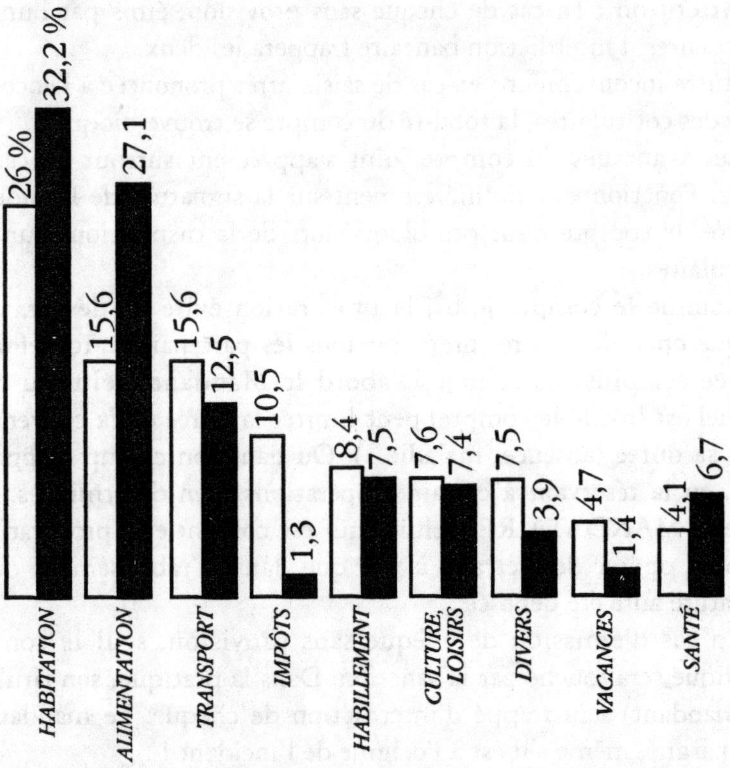

Source : INSEE - Structure budget ménages

Ménages à hauts revenus : plus de 88 300 F annuels par personne.

Ménages à bas revenus : moins de 41 500 F annuels par personne.

IV

VOS SOUS SONT SOUS VOTRE GRIFFE... NE LES LAISSEZ PAS PARTIR

1

DONNEZ DU TONUS À VOS SOUS

« Qui paye ses dettes, s'enrichit. » Plus que jamais cet adage vous concerne si vous avez acheté votre résidence principale. Considéré comme la première pierre de tout patrimoine, le logement constitue donc une priorité. Malgré un financement en béton, vous avez sans doute emprunté sur une longue période : dix, voire quinze ans ponctués, dans un premier temps, par de laborieux remboursements. Ensuite la charge des annuités s'allégera si vous avez eu la sagesse de négocier avec votre banquier, des échéances constantes. En effet dans tout budget le poste des « remboursements immobiliers » s'atténue au fil des années sous l'effet conjugué de l'inflation et surtout, de la progression de vos revenus.

En pleine ascension, vous et votre conjoint grimpez allègrement l'échelle de la promotion professionnelle. Avec un tel parcours, vos revenus prennent une certaine aisance.

Même si dans l'intervalle les dépenses pour vos enfants sont grevées de lourds frais de scolarité.

A cette cadence, il y a fort à parier qu'au bout de quelques années de remboursement, vous parviendrez à épargner. Ces sous, fruits de votre discipline, ne les laissez pas partir. Pour une simple raison : sans gros capitaux, une épargne régulièrement accumulée et judicieuse orientée sur une longue période contribue à l'édification des beaux patrimoines. Commencez-donc par placer vos liquidités et dès que vous en avez les moyens, diversifiez vos avoirs en effectuant des placements axés sur le rendement. Comme vous n'êtes pas encore au faîte de votre carrière, votre taux marginal d'imposition vous autorise encore à chasser le rendement.

LE TRIOMPHE DU CASH

Vous avez de l'argent à placer pour quelques semaines, trois, six, douze mois ? Pour rémunérer vos liquidités, vous n'avez que l'embarras du choix. Dans la famille des placements d'attente figurent les vrais-faux comptes en banques rémunérés (sur le fonctionnement de ces comptes, reportez-vous au chapitre 2 de la partie 2), les comptes à terme et les SICAV court terme.

• Les comptes à terme

Depuis le 1er janvier 1990, le législateur a libéré la rémunération des dépôts à terme d'une durée au moins égale à trois mois. Conséquences :

– Désormais les banques peuvent fixer librement le taux de rémunération. D'ailleurs à partir d'un seuil important (généralement de l'ordre de 500 000 F) vous pouvez négocier avec votre banquier pour obtenir le meilleur taux en fonction de la durée du placement et de son montant.

– L'assouplissement de la législation a déclenché une belle concurrence entre les banques. Établis en fonction du niveau du marché monétaire, les taux sont donc susceptibles de varier, non pas pendant la durée du dépôt, mais à chaque nouveau dépôt.

– Pour de très bons clients, les banques sont capables d'offrir des taux allant jusqu'à celui du marché monétaire. Avec de telles conditions, elles sont prêtes à ne rien gagner ;

– La fiscalité (un prélèvement forfaitaire libératoire au taux de

37 %) reste dissuasive. Par exemple un taux de 8 % avant impôts tombera à 5,04 % après prélèvement libératoire ! A moins d'intégrer les intérêts dans vos revenus ;

– Le compte à terme est le concurrent direct des SICAV de trésorerie. Avec des inconvénients : une fiscalité lourde pour un capital bloqué durant une période déterminée. Ses avantages se nichent ailleurs : le capital est garanti et vous (le souscripteur) ne devez pas supporter ni droits d'entrée ou de sortie, ni frais de gestion ;

– Attention, des pénalités sont généralement retenues en cas de retrait anticipé.

• Les SICAV de trésorerie

Pour des placements d'attente de quelques semaines à quelques mois, les SICAV « rémunération de trésorerie » constituent une solution idéale. Trois sous-catégories de SICAV court terme cohabitent au sein de cette même famille : les monétaires, les régulières et les sensibles.

– Les SICAV monétaires plus spécialement chargées de collecter l'argent à très court terme (quelques semaines) proposent un rendement qui suit fidèlement, le taux du marché monétaire. Pour ce faire, elles s'engagent à investir plus de 75 % des sommes recueillies en « réméré » (la rémunération est prévue à l'avance grâce à un accord entre vendeur et acheteur), en bons du Trésor et en créances négociables.

Actuellement elles offrent une performance supérieure à celle du livret A, avec une sécurité et une liquidité comparables. Dernier avantage de taille : une fiscalité légère.

– Les SICAV régulières sont plus orientées vers la rémunération des dépôts de quelques mois. Elles s'exposent davantage aux à-coups des taux d'intérêt en investissement dans des obligations à taux fixes (de courte durée) et à taux variables ;

– Les SICAV sensibles conviennent mieux aux placements au-delà de six mois. En effet elles peuvent varier sur une très courte période, parfois aux dépens de l'investisseur. Mais sur une longue période, elles offrent une garantie contre toute perte en capital. S'apparentant plus à des SICAV obligataires de long terme, elles sont très séduisantes dans un contexte de baisse des taux d'intérêt à long terme.

Un conseil : ayez à l'œil les droits d'entrée et les frais de sortie. Après s'est longtemps contentées de frais de gestion, les SICAV monétaires sont de plus en plus nombreuses à prélever des droits d'entrée et de sortie.

– En instaurant des droits d'entrée et de sortie, les banquiers visent deux objectifs : limiter les allers et retours sur les SICAV, ce qui leur coûte cher, et freiner l'hémorragie des comptes de dépôt (qui assurent des ressources gratuites).

– Les droits d'entrée varient de 0,02 à 4,75 % de la valeur de la souscription, les droits de sortie de 0,1 à 1 % de la valeur atteinte par la part au moment du rachat.

– A pourcentage égal, les frais de sortie sont plus pénalisants que les droits d'entrée puisqu'ils s'appliquent à une épargne revalorisée. Et droits d'entrée comme droits de sortie se révèlent, bien sûr, d'autant plus prohibitifs que vous conservez vos parts peu de temps.

– Exprimés en pourcentage dans la plupart des cas, et parfois dégressifs en fonction du montant souscrit, ils peuvent être aussi forfaitaires (de l'ordre de 100 F). Ce type de calcul pénalise les petites souscriptions par rapport aux grosses.

– Les classements des SICAV monétaires publiés régulièrement dans la presse – type *Europerformance* ou *Micropal* – se fondent sur des performances incluant les frais de gestion, mais ne rendent pas compte des gains réels obtenus compte tenu des droits d'entrée et de sortie.

En bref

- Fortifiez vos sous pour rembourser vos emprunts immobiliers. Ainsi vous parviendrez à payer en totalité votre logement, la première pierre de tout patrimoine équilibré.
- Lorsqu'une capacité d'épargne se dégage, recherchez des placements dans une optique de diversification.
- Même si leur rémunération est libre depuis le 1er janvier 1990, les comptes à terme supportent le lourd handicap de la fiscalité.
- Au contraire, les SICAV de trésorerie, mieux traitées par le fisc, restent l'outil privilégié pour faire travailler vos liquidités.
- Seul point noir, les taux d'entrée et de sortie prélevés par certaines SICAV de trésorerie pour décourager les petits porteurs.

POUR BIEN CHASSER...

Durant cette période de maturité, poursuivez plus que jamais la chasse aux sous en fixant comme priorité le remboursement de votre résidence principale. Durant les premières années, le budget sera serré, d'où la nécessité de jouer sur les charges ou dépenses variables (loisirs, équipements). Ensuite maintenez votre effort d'épargne pour savourer ultérieurement le plaisir de conforter votre patrimoine en le diversifiant. « Courage et longueur de temps... »

SIVAC court terme : mode d'emploi

Le choix d'une SICAV court terme doit s'opérer en fonction de la durée du placement envisagée :

• Pour les plus courtes, les SICAV monétaires sont particulièrement recommandées et parmi elles, les moins volatiles dans leurs performances. Il faut pouvoir acheter ou vendre à tout moment sans être pénalisé par un cours provisoirement bas.

• A six mois, si la conjoncture le permet, choisissez des SICAV régulières plus exposées à l'évolution des taux d'intérêt.

• Jusqu'à douze mois, dans la perspective d'une baisse des taux d'intérêt, placez-vous sur des SICAV court terme sensibles. Attention, à certaines époques, leurs rendements ont été inférieurs à ceux du livret A (4,5 %). A déconseiller donc aux pères de famille.

Tranche d'imposition marginale et prélèvement libératoire

Un certain nombre de placements, et notamment le compte à terme vous offre la possibilité de choisir entre deux options : l'impôt sur le revenu ou le prélèvement libératoire. Le mécanisme est complexe, mais en apparence seulement. Car il suffit très généralement de savoir dans quelle tranche marginale d'imposition vous vous trouvez, pour exercer cette option sans risque d'erreur. Ainsi, si vous êtes dans une tranche supérieure au taux du prélèvement, il faut opter pour ce dernier. Si au contraire vous êtes dans une tranche inférieure, optez pour l'impôt sur le revenu.

Et les bons de caisse ?

Ces petits frères des comptes à terme, présentent une différence : ils peuvent revêtir la forme anonyme. Émis par les banques ou des organismes financiers, ils affichent une durée comprise entre un mois et cinq ans. La mise s'effectue généralement par bons de 1 000 F, 5 000 F ou 10 000 F. Comme les comptes à terme, les bons de caisse sont assortis d'un intérêt. Pour le paiement vous avez le choix entre trois formules :

— intérêt réglé d'avance : vous le recevez immédiatement sous forme d'une réduction du prix du bon. Par exemple vous n'acquittez que 9 000 F pour un bon de 10 000 F.

— intérêt réglé au terme c'est-à-dire lors du remboursement du bon de caisse, vous encaisserez 11 000 F.

— intérêt réglé d'avance et au terme. Avec cette formule de panachage, à la souscription vous ne versez que 9 500 F pour un bon de 10 000 F et récupérerez au terme 10 500 F.

LES BONS DE CAISSE

Fiscalité	bonne, si vous n'êtes pas soumis à l'impôt sur le revenu. Autrement défavorable.
Liquidité	assez bonne
Rentabilité	moyenne
Sécurité	bonne.

Quel épargnant êtes-vous ?

Face à la gestion de trésorerie, les attitudes divergent selon les tempéraments. A quel type d'épargnant appartenez-vous ? Ce petit jeu, vous permettra de déterminer votre comportement face aux sous :

• Gestionnaire : favorable à l'épargne et au crédit, vous estimez que l'argent doit être géré, et ce d'autant plus que vous disposez d'une forte capacité d'épargne. Vous recherchez surtout un placement sûr en espérant une plus-value en capital.

• Précautionneux : favorable à la thésaurisation et non pas à l'épargne, nuance, vous refusez le crédit. Très souvent vous disposez d'une faible capacité d'épargne. Vous privilégiez un placement sûr à revenu supplémentaire.

• Laborieux : vous vous ennuyez de l'argent, vous acceptez le crédit et pensez qu'il faut gérer votre argent. Mais vous restez inquiet et pessimiste quant à votre capacité d'épargne.

• Épargnant traditionnel : vous refusez le crédit, tout en restant très favorable à l'épargne. Votre capacité d'épargne est importante. Comme le laborieux, vous optez pour des revenus réguliers et sûrs.

• Consommateur moderne : vous acceptez le crédit, mais restez réfractaire à l'épargne. Vous préférez les placements rentables à risque élevé.

• Épargnant velléitaire : rassurez-vous c'est l'attitude la plus répandue ! Vous acceptez le crédit, restez favorable à l'épargne mais estimez que vous avez une faible capacité d'épargne.

• Jouisseur insouciant : à votre avis, l'argent doit être dépensé. Par conséquent vous acceptez le crédit et refusez l'épargne. Même si vous pensez ne disposer que d'une faible capacité d'épargne, celle-ci est supérieure à la moyenne. Vous êtes prêt à prendre des risques pour faire un placement rentable.

• Lynx : par définition, votre épargne est extrêmement faible.

LES SICAV DE TRÉSORERIE

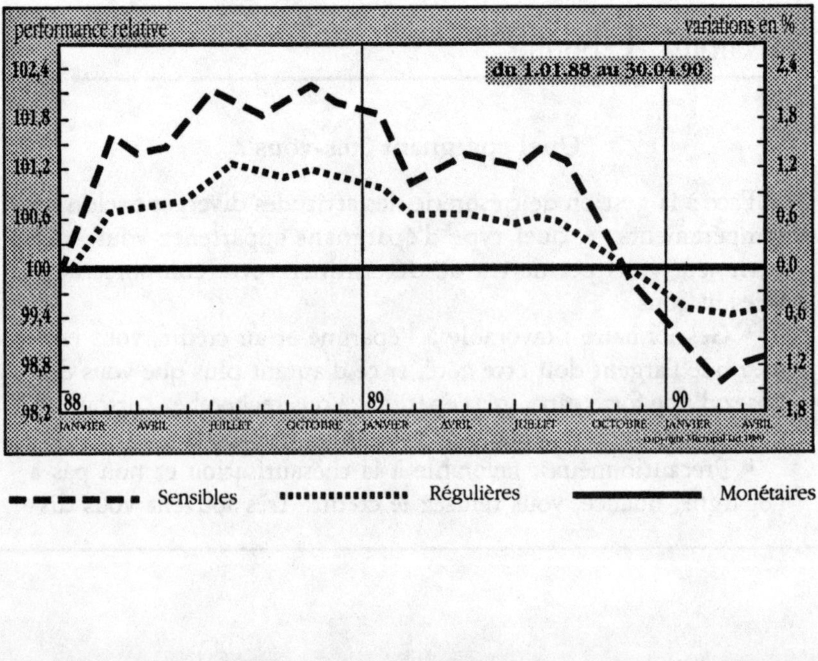

EN MARGE : LA COURSE AUX AVANTAGES FISCAUX

Le rêve à première vue : placer vos sous à l'abri du fisc. Mieux, même parfois en réduisant votre note d'impôts. Mais ne rêvez pas, franchise d'impôt ne rime pas toujours avec performance. Au contraire. Les bontés fiscales sont souvent justifiées pour compenser de mauvais résultats. Alors vaut-il mieux dégager par exemple 12 % imposables ou 1 % exonéré d'impôt ? Seule la première solution vous permettra de chasser les sous. Pour éviter les mauvaises surprises, gardez bien à l'esprit qu'un avantage fiscal n'est qu'un plus et n'ajoute rien à la valeur intrinsèque d'un placement.

Pour satisfaire votre curiosité de chasseur d'économie d'impôt, voici ce qu'il faut retenir. Selon le cas, vous pouvez obtenir une réduction d'impôt ou une déduction du revenu imposable.

LA RÉDUCTION D'IMPOT. Ce cadeau fiscal ne tient pas compte de votre tranche d'imposition. Par exemple une réduction d'impôt de 25 % dans la limite de 4 000 F réduit de 1 000 F la note à régler au fisc. Ce type d'avantage est accordé principalement à l'assurance-vie et aux logements neufs.

• **L'assurance-vie :** en versant une prime ou cotisation d'ici la fin de l'année sur un contrat nouveau ou existant, vous avez droit à une réduction d'impôt de 25 % sur la prime d'épargne, c'est-à-dire la cotisation réglée minorée des frais, dans la limite de 4 000 F plus 1 000 F par enfant à charge soit un cadeau fiscal de 1 000 F + 250 F par enfant à charge. Ce contrat peut être souscrit dans le cadre d'un PEP (plan d'épargne populaire) assurance. PEP qui rappelons-le, vous fera bénéficier dans huit ans, d'une rente viagère totalement exonérée d'impôt.

• **L'immobilier.** Vous pouvez investir dans l'immobilier pour vous loger (achat de votre résidence principale) ou pour louer (investissement locatif). En cas d'emprunt pour financer votre résidence principale (maison ou appartement) si votre taux marginal d'imposition est inférieur à 49 %, vous pouvez déduire 25 % des intérêts et frais liés aux cinq premières annuités dans la limite de 15 000 F plus 2 000 F par personne à charge. Dans l'hypothèse d'un investissement locatif en direct (logement) donné en location pendant six ans, les avantages fiscaux Méhaignerie revus et corrigés vous accordent désormais une seule réduction entre le 1er janvier 1990 et le 31 décembre 1992.

Répartie sur deux ans, elle représente 10 % de l'investissement plafonné à 30 000 F (personne seule) ou 60 000 F (couple marié). Sur vos revenus fonciers provenant d'un logement neuf, vous bénéficiez d'un abattement de 25 % (contre 35 % auparavant). Si vous préférez investir indirectement dans le logement neuf par le biais d'une société civile de placements immobiliers, retenez que le montant de la réduction d'impôt s'élève à 7,5 % dans les limites citées plus haut. Désormais pour bénéficier d'une réduction maximale pour une acquisition de parts de SCPI Méhaignerie une personne seule doit souscrire à hauteur de 400 000 F (400 000 F x 7,5 % = 30 000 F de réduction d'impôt). Et de 800 000 F pour un couple marié. Attention comme pour les investissements directs, une seule opération est autorisée entre le 1er janvier 1990 et le 31 décembre 1992. Là encore, l'abattement sur les revenus fonciers s'élève à 25 % (8 % dans le régime normal). Vendues principalement par les banques, les SCPI restent abordables avec une valeur unitaire de part de l'ordre de 1 500 F.

• **Dépenses d'isolation thermique.** Si la crise du Golfe vous incite à faire la chasse aux gaspis, vous avez droit à une réduction d'impôt de 25 % dans la limite de 8 000 F (personne seule) ou 16 000 F (couple marié) + 2 000 F par personne à charge. Cette réduction ne concerne que les propriétaires de leur résidence principale ou les locataires dont le taux d'imposition marginal est inférieur à 49 %.

• **Les dons aux œuvres** procurent une réduction d'impôt égale à 40 % du montant des versements effectués, pris en compte dans la limite de 1,5 % (organismes d'intérêt général) ou 5 % (organismes d'intérêt public de votre revenu imposable). Pour les dons versés aux associations d'aide alimentaire vous avez droit à une réduction d'impôt égale à 50 % du montant des versements pris dans la limite de 500 F. Dans tous les cas de figure, demandez un justificatif que vous joindrez à votre déclaration de revenus.

LA DÉDUCTION SUR LE REVENU IMPOSABLE. Si vous êtes imposé à plus de 25 %, ce type d'avantage fiscal se révèle plus attractif qu'une simple réduction d'impôt. Mais les possibilités de placement restent limitées.

• **Le cinéma.** Créées principalement par les banques, les SO-

FICA (sociétés pour le financement de l'industrie cinématographique) vous permettent de déduire intégralement votre investissement sous forme de souscription de nouvelles parts, dans la limite de 25 % de votre revenu imposable.

Attention, il faut garder les actions au moins cinq ans. Deux grandes interrogations accompagnent ce placement très risqué : à terme, qui les rachètera ? à quel prix ?

• **Dom-Tom.** Selon les montages, investir dans les îles et territoires d'outre-mer procure de substantielles réductions ou déductions d'impôt. Les propositions portent généralement sur de l'immobilier ou des parts de bateau. L'attrait de l'exotisme ne doit pas cependant vous masquer les risques liés à la revente. Attention aux sirènes des tropiques...

Réduction d'impôt ou déduction du revenu imposable, en principe le placement doit être effectué avant le 31 décembre de l'année en cours pour bénéficier de l'avantage fiscal. Ainsi tout placement réalisé en 1991 vous procure un avantage pour les revenus de 1991 que vous déclarerez en février 1992.

2

À L'ÉCOLE DE LA BOURSE

Si vous n'avez pas encore fait confiance à la Bourse, découvrez ce temple de l'argent. À côté de l'immobilier, les valeurs mobilières constitueront un autre pilier de votre patrimoine. Pour placer votre argent, apprenez comment vendre et acheter actions et obligations. Évaluez les risques, sachez qui contacter et sur quels marchés investir.

LE B-A.BA BOURSIER

Sise juridiquement au Palais Brongniart, mais dans la réalité délocalisée grâce à l'informatique, la Bourse attire près de cinq millions de Français. Sur ce marché se vendent et s'achètent des valeurs mobilières ou « titres » matérialisant les droits des investisseurs ayant apporté des capitaux à une entreprise privée ou une collectivité publique. Les sociétés de Bourse, ex-charges d'agent de change, ont le monopole des transactions. Voici donc ce que vous devez savoir avant de vous lancer dans l'aventure passionnante de la Bourse.

• « **Valeurs à revenu variable** », les actions vous confèrent la qualité d'associé dans une société de capitaux. En en détenant, vous possédez ainsi une fraction du capital social et tous les droits s'y attachant :

– un droit à la gestion exprimé par un vote généralement proportionnel au nombre d'actions détenues. L'assemblée des actionnaires examine les comptes sociaux et décide de la répartition des bénéfices.

– un droit à l'information sur l'activité et les résultats de la société : comptes annuels (bilan, compte de résultats, tableau d'emplois et de ressources), chiffres d'affaires trimestriels et situation des principales filiales.

– un droit au bénéfice se manifestant à la fin de chaque exercice. La part des bénéfices revenant aux actionnaires est distribuée sous forme d'un dividende, égal pour chaque action, généralement payé en une seule fois.

– un droit sur l'actif social égal par action, sur l'actif net de la société, c'est-à-dire sur l'ensemble de son patrimoine déduction faite de ses dettes.

• « **Valeurs à revenu fixe** », les obligations sont des titres représentatifs d'une créance sur l'entreprise. Chaque emprunt émis se compose d'un certain nombre d'obligations. L'obligataire (vous) « prête des fonds » à l'entreprise.

– au contraire des actions créées par des sociétés de capitaux (dont la forme la plus répandue est celle des sociétés anonymes), les obligations peuvent être émises par des collectivités de statuts juridiques divers : l'État, les collectivités du secteur public ou semi-public, les sociétés de capitaux du secteur privé.

– la charge de chaque emprunt est constituée par son « contrat d'émission » précisant ses caractéristiques :

+ le prix d'émission correspond à celui que vous devez verser lorsque vous souscrivez une obligation lors de son émission.

Son montant est souvent égal à la « valeur nominale ».

+ l'intérêt représente le revenu de l'obligation. Il est payé chaque année, à une date déterminée, par détachement du coupon.

+ le prix de remboursement est au moins égal à la valeur nominale de l'obligation. Lorsqu'il est supérieur, on parle d'une « prime de remboursement » au bénéfice de l'obligataire.

+ les modalités d'amortissement déterminent les conditions dans lesquelles vous serez remboursé. L'emprunt peut être amorti en une seule fois, à la date d'échéance prévue. Ou au contraire, le remboursement peut être fractionné année par année à des dates fixées à l'avance et conformément à des modalités précisées dans le contrat d'émission (tirages au sort, rachats en Bourse).

• **Avec la sophistication** des marchés financiers, les valeurs mobilières se sont enrichies de titres dérivés d'actions ou d'obligations : actions à dividende prioritaire, obligations convertibles, certificats d'investissement, titres participatifs, obligations convertibles en actions, obligations à taux variables dont vous trouverez les principales caractéristiques dans notre lexique intitulé « Les sous de A à Z ».

• **Comme tout marché,** la Bourse fonctionne au gré de l'offre et de la demande. De cette confrontation naît le cours ou prix d'un titre. En cas de hausse, on parle de plus-value. En cas de baisse, de moins-value. Opérer en Bourse s'accompagne donc d'un risque.

Avec les différents marchés boursiers, vous n'avez que l'embarras du choix. Vous pouvez acheter des actions en Bourse sur les quatre marchés : RM (ou règlement mensuel), comptant, second marché et hors cote.

• **Le marché à règlement mensuel** accueille les plus grosses valeurs de la cote. Sur ce marché, acheteurs et vendeurs concrétisent leurs opérations à la « liquidation » fixée à la septième séance de Bourse avant la fin du mois, ce qui revient à obtenir un crédit gratuit de 30 jours.

– Les opérations se font par quotités, c'est-à-dire pour un nombre d'actions défini à l'avance. A la lecture de la cote officielle, vous remarquerez, par exemple, que les actions Casino se négocient par 50. Et celles de la Générale des Eaux, par 100...

– Toute opération doit s'accompagner d'une couverture qui s'élève à 20 % si elle est réalisée avec des espèces ou des bons du Trésor, à 25 % avec des rentes ou obligations françaises et à 40 % avec des parts de fonds commun de placement ou d'autres valeurs. Les opérations se dénouent lors de la liquidation en fin de mois boursier.

• **Attention** : avec la modernisation nécessaire pour mettre Paris aux normes internationales, le crédit gratuit offert par le RM disparaîtra à terme et pourrait être remplacée par un prêt sur titres payant.

• **A côté du marché à règlement mensuel,** fonctionne un marché au comptant. Comme son nom l'indique, il s'accompagne d'un très court délai d'intervention : le dépôt des capitaux correspondant à un achat et le dépôt des titres à vendre s'effectuent en même temps que l'ordre que vous donnez. Le règlement et la livraison des titres interviennent ensuite dans les moindres délais.

Sur le marché au comptant, vous négociez, en toutes quantités de titres depuis l'unité, la majorité des actions et la quasi-totalité des obligations inscrites à la cote officielle, ainsi que toutes les valeurs mobilières inscrites à la cote du second marché ou traitées sur le hors-cote.

Le marché officiel au comptant accueille la majorité des actions et la quasi-totalité des obligations.

• **Le second marché** : créé en 1983, il est plus particulièrement destiné à faciliter l'accès des entreprises moyennes au marché financier.

• **Le marché hors-cote** reçoit toutes les valeurs non admises à la cote officielle ou à celle du second marché ce qui permet aux sociétés de s'affranchir de certaines contraintes, notamment en matière d'information du public et de leurs actionnaires. Plus que les autres, ce marché se caractérise par son étroitesse. Difficile donc d'échanger d'un seul coup d'importantes masses de titres.

LES MARCHÉS DE NÉGOCIATION

Marché Officiel	Actions	les plus actives	RM
		les moins actives	Comptant
	Obligations		
SM (1)	toutes valeurs		
HC (2)	toutes valeurs		

(1) Second marché
(2) Hors cote

LA GESTION EN DIRECT, C'EST POSSIBLE MAIS... AYEZ L'ŒIL SUR TOUT

Loin de s'improviser, elle nécessite une réelle analyse des paramètres affectant les entreprises cotées, l'économie du pays et la situation politique mondiale. Autrement le choix des investissements risque de relever davantage de l'instinct que de la raison. Bien entendu, cette démarche exige à la fois une certaine disponibilité et des connaissances financières. Outre ce savoir-faire qui s'acquiert au fil des années, intervenir en Bourse demande un réel sang-froid et beaucoup de recul. Selon le vieil adage boursier, il faut savoir « acheter au son du canon, et vendre au son du violon ». Avant de parvenir à une telle maîtrise, quelques conseils :

• **Pour passer un ordre** d'achat ou de vente en Bourse, adressez-vous à une société de Bourse, soit directement, soit indirectement par l'intermédiaire d'une banque. Dans la pratique, les sociétés de Bourse ont une nette préférence pour les portefeuilles importants, alors que les banques acceptent les petites opérations.

• **Une fois l'intermédiaire choisi,** vous donnerez un ordre. Si vous désirez que cet ordre soit exécuté un jour déterminé, mieux vaut le donner la veille ou – à la rigueur – tôt le matin. En principe, les ordres doivent être écrits et signés. Cependant des ordres verbaux donnés par téléphone peuvent être acceptés si l'intermédiaire vous connaît bien. Pour donner un ordre, deux possibilités s'offrent à vous :

– soit passer un ordre « au mieux » qui sera exécuté selon la tendance du marché, en général au premier cours de la séance.

– soit fixer un cours limite d'achat ou de vente, au-delà duquel votre ordre n'est plus valable. Cette dernière solution réduit le risque d'acheter des actions à un prix jugé trop élevé. Ou de les vendre à un prix trop faible.

• **Avant de choisir une valeur** examinez la société considérée sous un triple aspect : économique, financier et boursier. Ensuite décidez-vous en fonction du climat général.

• **Pour évaluer le juste prix d'une action,** retenez ces trois grands éléments d'appréciation :

– le PER (price earning ratio) ou en français, le rapport cours sur bénéfice, mesure la cherté relative d'une action en Bourse en rapprochant le cours au bénéfice réalisé. Plus le cours est élevé par rapport au bénéfice, plus le PER est élevé. A l'inverse, plus le PER est faible et plus, en principe, l'action est attrayante. Les boursiers ont coutume de dire « une valeur se paye X fois ses bénéfices ». Généralement le PER figure dans les analyses de titres réalisées dans les hebdomadaires financiers.

– le bénéfice à venir est fondamental car un PER attrayant une année peut devenir médiocre l'année suivante, si les bénéfices sont brutalement affectés par un imprévu. D'où la nécessité d'analyser l'évolution des PER sur trois ans (exercice passé, exercice en cours et le prochain) pour mieux cerner les perspectives bénéficiaires d'une société.

– la croissance : une société dont le chiffre d'affaires et les bénéfices croissent plus vite que la moyenne des autres valeurs est considérée comme une « valeur de croissance ».

• ET N'OUBLIEZ PAS, LE POIDS DE L'IMPRÉVU : l'analyse

se complique lorsque des événements imprévisibles ou n'ayant qu'un rapport indirect avec l'économie influent sérieusement sur la cote. Ainsi en août 1990, la crise du Golfe provoquée par l'invasion du Koweit par l'Irak a fait plonger les Bourses mondiales. Au terme du mois boursier d'août, celle de Paris a enregistré un recul de l'indice CAC 40 de 21,94 %, égal au record d'octobre 1987. (Cet indice est calculé à partir d'un panier composé des 40 actions les plus actives du marché à règlement mensuel).

• **Le charme tranquille des obligations.** Autant le monde des actions est relativement simple (car un titre de propriété a une définition bien précise), autant le monde des obligations est complexe. Pour simplifier, on peut distinguer trois grandes catégories :

– Les obligations à revenu fixe. Classiques, ces titres reposent sur un principe simple : le versement d'un intérêt fixe pendant toute la durée de l'emprunt.

– Les emprunts à revenu variable dont le revenu (comme leur nom l'indique) varie au fil des années en fonction d'un certain nombre de critères : marché monétaire, marché primaire (TMO) ou marché à l'émission, marché secondaire.

– Les obligations convertibles en actions qui vous donnent le droit de convertir vos titres de créance en un titre d'associé (action) soit au terme d'un délai fixé par le contrat d'émission, soit à tout moment.

Pour l'épargnant, les obligations sont l'archétype du placement de « père de famille ».

Pourtant, elles peuvent aussi comporter des risques :

– La défaillance de l'emprunteur. En cas de cessation de paiement de la société émettrice, la perte en capital peut être totale. Conséquence : le taux offert est, en partie, fonction du risque encouru, c'est-à-dire de la qualité de l'emprunteur. En France, la « signature » la plus sûre est celle de l'État. Viennent ensuite les obligations du secteur public ayant la garantie de l'État, puis celle n'ayant pas la garantie de l'État, enfin, les titres émis par de sociétés privées.

– L'inflation. La hausse des prix entraîne une perte de pouvoir d'achat des sommes remboursées.

– Une évolution défavorable des taux d'intérêt. Quand les taux d'intérêt baissent, les cours des obligations à taux fixe montent et inversement. Par conséquent, un placement en taux fixe ne doit être tenté qu'en période d'anticipation de maintien ou mieux, de baisse des taux.

A noter : auparavant, vous pouviez acheter des titres à l'émission au guichet de votre banque et dormir dessus jusqu'à la date de remboursement. Désormais il est peut-être difficile de souscrire aux nouveaux emprunts. Des grandes banques ont la fâcheuse tendance d'alimenter le marché primaire (celui des émissions) avec la « colle » c'est-à-dire des emprunts qu'elles ne recherchent pas.

Sur le marché secondaire, c'est-à-dire celui des obligations cotées, il est délicat de gagner de l'argent faute de moyens pour gérer convenablement vos titres et maximiser vos performances. Aujourd'hui, le moyen le plus sûr de garder aux obligations la place qu'elles méritent dans un portefeuille consiste à acheter des SICAV obligataires.

Malgré les obstacles dressés sur votre route, si vous faites partie de ces irréductibles qui tiennent à acheter des obligations, prenez des précautions :

– Evitez de multiplier les lignes (types d'obligations détenues en portefeuille) pour mieux en suivre l'évolution et limiter les frais de garde (de l'ordre de 0,17 % par an pour chaque ligne d'obligations).

– Préférez les emprunts les plus liquides, c'est-à-dire les plus grosses émissions.

– Choisissez les émetteurs les plus solides, c'est-à-dire en priorité l'État (c'est difficile), les entreprises du secteur public (EDF, PTT, SNCF), les collectivités locales (Crédit local de France...).

– Achetez des obligations dans une perspective de long terme.

– Ne vous laissez pas impressionner par les taux nominaux élevés et regardez le cours d'émission.

• **Les frais de Bourse.** L'achat ou la vente de valeurs mobilières (actions, obligations) entraîne des frais de Bourse c'est-à-dire :

– Les frais sur les transactions. Ils englobent les courtages et la commission prélevée par les banques assujettie à la TVA de 18,60 %.

– Les droits de garde. Ils correspondent aux opérations administratives liées à la détention de valeurs mobilières.

– L'impôt de Bourse ou « droit de timbre » proportionnel au montant négocié. De 0 à 1 million, il s'élève à 3 % pour l'achat et la vente d'un titre au comptant ou au règlement mensuel.

Variables d'une société de Bourse à l'autre, les frais restent particulièrement élevés pour les petits ordres. Pire. La cotation en continu (de 10 à 17 heures) et la liberté des prix se conjuguent pour interdire aux particuliers l'accès dans de bonnes conditions du second marché et du comptant.

En aggravant le manque de liquidité, ce mode de cotation peut vous faire tomber dans le piège du courtage minimal. Si par exemple vous voulez acheter 200 titres, vous risquez de recevoir trois relevés d'opération. Et les deux petits ordres vous coûteront chaque fois un courtage minimal (estimé entre 10 et 130 F en septembre 1990, avec une moyenne de 50 F). En revanche les quotités exigées sur le marché à règlement mensuel atténue ce risque.

LA GESTION COLLECTIVE, PLUS SÉCURISANTE MAIS... MOINS AMUSANTE

Si vous êtes peu familiarisé avec les mécanismes boursiers, il faut mieux opter pour la gestion collective. A moins de s'en remettre à des professionnels dans le cadre de la gestion de votre compte-titres. Mais ne vous faites guère d'illusion, le suivi individuel de vos titres, est réservé aux portefeuilles importants d'au moins 500 000 F, voire un million. Et bien souvent les gérants placent vos fonds dans des OPCVM (organismes de placement collectifs en valeurs mobilières) arguant que la gestion collective s'avère plus performante que celle individuelle ou en direct ! Quel que soit le montant des fonds dont vous disposez retenez que :

– L'étiquette OPCVM regroupe les SICAV et les fonds communs de placement. Conçus pour permettre aux épargnants d'avoir accès aux possibilités de placement offertes par le marché financier lorsqu'ils manquent de temps, de capitaux suffisants, d'expérience et d'information, les OPCVM rassemblent des capitaux de faibles montants. Par exemple avec quelques centaines de francs, il est possible d'acheter des actions de SICAV.

• **Investis en valeurs mobilières,** les OPCVM constituent un portefeuille collectif, dont vous détenez une quote-part en proportion de votre apport. Pour rentrer (totalement ou partiellement) en possession de votre avoir, vous demanderez le rachat et obtiendrez alors un montant soit supérieur, soit inférieur à celui de vos versements. Achetez des produits revient donc à s'exposer à une plus-value ou à une moins-value liée à la tenue de la Bourse et à la qualité de la gestion.

– Pour accéder à ces placements, vous devez en supporter généralement trois types : frais d'entrée (autour de 2 %), frais de sortie (aux environs d'1 %), et frais de gestion (de 0,75 % à 1 %).

• **Les différences** entre les SICAV et FCP résident dans l'importance des capitaux collectés (un capital minimum de 50 millions est exigé pour les SICAV contre 2,5 millions pour les FCP). Et dans la périodicité de cotation (quotidienne pour les SICAV, généralement tous les 15 jours, parfois toutes les semaines pour les FCP). Cette cotation permet de connaître la valeur liquidative de l'OPCVM, autrement dit ce que vous récupérerez en cas de vente des titres.

– Les SICAV (sociétés anonymes à capital variable) ont pour objet exclusif la constitution d'un portefeuille de valeurs mobilières dont la gestion est assurée par de grands intermédiaires financiers. Le capital représentatif de ce portefeuille (au minimum 50 millions de F) est divisé en actions qui sont achetées ou vendues directement à la SICAV elle-même (les actions de SICAV peuvent être cotées en Bourse). Le prix qualifié de « valeur liquidative » de chaque action varie chaque jour en fonction de la valeur des titres en portefeuille et du nombre d'actions en circulation.

– Les FCP (fonds communs de placement) sont des portefeuilles de valeurs mobilières. Leur dimension inférieure à celle des SICAV, et les larges possibilités d'emploi des capitaux dont ils disposent leur assurent une grande souplesse de gestion et une spécialisation du portefeuille (valeurs françaises et étrangères, obligations à taux variables, mines d'or...)

– Fiscalement, les arbitrages effectués dans le cadre des SICAV et des FCP ne sont pas comptabilisés au regard de la taxation des plus-values, alors qu'ils le sont si vous gérez directement vos titres.

LE BON ITINÉRAIRE BOURSIER

Difficile de se frayer un chemin entre les quelque 880 SICAV et les 4 200 FCP. Voici les questions à vous poser avant d'investir dans un outil de gestion collective :

• **SICAV ou FCP ?** de taille plus réduite, les FCP procurent une plus grande souplesse de gestion, d'où une sensibilité plus vive aux hausses et baisses du marché boursier. Ils permettent de miser sur certains secteurs ou marchés sans souffrir de l'anonymat et des lourdeurs des SICAV.

• **Combien de temps ?** En dehors des produits de court terme, placez vos sous dans les OPCVM au moins quatre ou cinq ans. Pour vous assurer une plus-value régulière, il faut laisser les cycles ou les modes se dérouler en toute tranquillité.

• **Quelle taille de SICAV ?** Inévitablement, le montant de l'actif joue sur la souplesse de gestion : une imposante SICAV se dégagera difficilement d'un marché baissier mais la chute d'une seule valeur sera pratiquement indolore. Un bon compromis : les SICAV de taille moyenne.

• **Le meilleur gérant ?** Les banques, les sociétés de Bourse et les compagnies d'assurances. Généralement, ces dernières se placent dans le peloton de tête des performances.

• **Où acheter ?** Même si votre banquier se fait tirer l'oreille, vous pouvez parfaitement acheter la SICAV d'un concurrent. Inutile donc de vous limiter aux produits maison. En revanche, pour les FCP, il faut s'adresser à l'établissement qui les gère.

• **Quel risque ?** plus l'objectif de rentabilité est élevé, plus le risque est important. Mieux vaut donc étaler ce risque sur une longue période, afin de disposer d'une liberté de manœuvre suffisante pour vendre au moment opportun.

• **Quel objectif ?** il faut savoir si vous souhaitez disposer de revenus ou rechercher des plus-values. Dans le premier cas, les OPCVM de « distribution » répondront à vos besoins.

Et dans le second, les OPCVM de « capitalisation ».

• **Le bon itinéraire boursier en fonction de la durée**

Le critère de la durée est important pour déterminer une stratégie boursière. Voici quelques recommandations :

– Pour quelques mois. Pour ces placements à court terme, pensez aux SICAV de trésorerie. Elles se classent en trois catégories : les

SICAV monétaires (pratiquement aucun risque) les SICAV régulières (peu de risque), les SICAV sensibles (plus risquées).

– De un à trois ans. Le marché obligataire reste le véhicule privilégie des placements à moyen terme, bien qu'une diversification en actions puisse être envisagée.

– Plus de trois ans. A l'instar de l'ensemble du patrimoine, la partie « valeurs mobilières » doit faire l'objet (dans le cadre de placements à long terme) d'une diversification avec comme postes principaux : des obligations à long terme françaises et étrangères, des actions françaises et étrangères.

EN BREF

- Valeurs à revenu variable, les actions vous confèrent la qualité d'associé dans une société de capitaux.
- Valeurs à revenu fixe, les obligations sont des titres représentatifs d'une créance sur l'entreprise.
- Pour acheter des actions en Bourse, vous avez le choix entre quatre marchés : le RM ou règlement mensuel, le comptant, le second marché et le hors cote.
- La gestion en direct demande des connaissances et une certaine disponibilité. Pour intervenir, vous pouvez passer un ordre en bourse « au mieux » ou « limité ».
- Le PER (price earning ratio) mesure la cherté d'une action en Bourse en rapprochant le cours au bénéfice réalisé. En principe, plus le rapport cours/bénéfice est faible et plus l'action est attrayante.
- Un placement en obligations à taux fixe ne doit être tenté qu'en période d'anticipation de maintien ou mieux, de baisse de taux.
- Par rapport à la gestion boursière « en direct » ou individuelle, la gestion collective dans le cadre de SICAV et FCP permet de bénéficier de l'expérience des professionnels et d'une meilleure répartition des risques.
- Autres avantages de la gestion collective : les cessions faites par les SICAV et les FCP n'ont aucune incidence sur la fiscalité de l'investisseur particulier. De plus, la capitalisation des revenus n'est possible qu'à travers un portefeuille collectif. Enfin ces outils ont accès à des techniques (pension de titres) et des marchés (Matif) interdits aux particuliers ;
- Les SICAV et FCP obligataires présentent un risque, certes mesuré, lié à la sensibilité des placements obligataires aux variations des taux d'intérêt.
- En matière de gestion de SICAV, les sociétés d'assurance se placent généralement dans le peloton de tête des performances.

POUR BIEN CHASSER...

Au lieu de vous aventurer sans aucune connaissance dans le domaine de la gestion des valeurs mobilières en direct, devenez membre d'un club d'investissement. Privilégiez les SICAV et FCP monétaires pour rémunérer votre trésorerie. Et si le cœur vous en dit, panachez gestion directe et collective. A condition d'intervenir sur le marché à règlement mensuel, plus liquide que les autres, et de vous en remettre aux OPCVM pour les marchés étrangers.

Autre stratégie possible : vous constituer un portefeuille diversifié d'OPCVM.

Les valeurs mobilières et le fisc

• Les revenus mobiliers (actions et obligations confondues) bénéficient d'un abattement global. Son montant varie en fonction de la situation familiale : il est de 8 000 F pour un célibataire et de 16 000 F pour un couple marié soumis à imposition commune.

• Par ailleurs, en matière de revenus obligataires, vous pouvez opter pour le prélèvement libératoire forfaitaire au taux de 17 %, retenu et versé au Trésor par l'établissement gestionnaire lors du paiement des revenus. Si vous ne choisissez pas l'option du prélèvement libératoire, les revenus perçus sur les obligations s'ajoutent à vos autres revenus pour le calcul de l'impôt sur le revenu.

• Les plus-values sur les valeurs mobilières sont soumises à un régime fiscal particulier. Vous ne payez des impôts sur les plus-values réalisées, que si vous franchissez un certain seuil de cessions nettes de valeurs mobilières. Dans ce cas, l'ensemble des plus-values réalisées au cours de l'année passée, sont imposées depuis le premier franc au taux de 15 %, majoré des prélèvements sociaux (actuellement 2 %).

Le mécanisme des obligations à taux fixe

Prenons l'exemple d'une obligation de nominal 100 F à taux fixe de 10 %. Elle rapportera donc toujours 10 F nets. Si les taux du marché baissent, à 8 % par exemple, cette obligation va être très recherchée puisqu'elle rapporte plus que les taux du marché. Son cours va donc s'apprécier. A l'inverse, si les taux montent à 12 %, le rendement de cette obligation va perdre de son attrait puisqu'elle offrira moins que les taux du marché. Son cours aura alors tendance à fléchir.

Les SICAV à compartiments

La sophistication aidant, la gestion collective s'est enrichie des SICAV à compartiments qualifiées par les Britanniques « d'umbrella funds ». L'idée de base est simple : plutôt que de devoir arbitrer d'une SICAV à une autre en fonction de l'évolution des marchés (de l'Amérique au Japon en passant par les obligations et l'or), les fonds à compartiments permettent de choisir un secteur d'investissement sans devoir « sortir » c'est-à-dire vendre la SICAV. Fiscalement, chaque mouvement (arbitrage ou cession) est taxé en France. Par contre au Luxembourg, la fiscalité n'intervient que lors de la revente. Une destination que vous pouvez emprunter en toute légalité depuis le 1er octobre 1989.

Les « fonds de fonds » ou la sophistication

Importé des États-Unis, le principe consiste à regrouper les meilleurs fonds sur chaque marché afin d'obtenir le cocktail le plus performant possible. Autorisés en France depuis octobre 1989, ces fonds ne sont pas investis en actions ou obligations, mais en parts de SICAV ou de Fonds Communs de Placement. Les arbitrages réalisés au sein du fonds échappent à toute fiscalité. Avantage : permettre de diversifier les risques et les styles de gestion. Inconvénient : l'investisseur délègue deux fois son pouvoir de gestion (auprès des gestionnaires des fonds et auprès de la société qui les sélectionne).

Juridiquement, ils conservent le statut de fonds communs de placement.

COMMENT ATTEINDRE VOS OBJECTIFS

Compte tenu de l'argent que vous voulez investir en Bourse et de votre priorité, voici nos recommandations.

Disponibilités	Moins de 100 000 F	Plus de 100 000 F
Priorité s'initier à la Bourse	Club d'investissement	Portefeuille diversifié d'action et d'obligations.
Payer moins d'impôt sur les revenus des placements	SICAV et FCP	Saturer l'avantage fiscal puis investir en SICAV obligataires de capitalisation.
Dégager des revenus	Obligations, SICAV et FCP à revenus trimestriels	Obligations, SICAV et FCP à revenus trimestriels.
Valoriser votre capital	SICAV et FCP de capitalisation	Portefeuille diversifié d'actions et d'obligations, de SICAV et FCP.

Lire la cote
(extrait de *La Vie Française* du 11 août 1990)

La cote telle qu'elle est publiée dans les journaux spécialisés fournit des indications intéressantes. Ainsi de gauche à droite pour la première valeur Acieries Laminoires Beautor : il existe 880 000 titres émis ; la valeur nominale de l'action est de 50 F, le dernier coupon payé s'est élevé à 1,80 F par action ce qui correspond à un rendement global de 2 % et à un montant net (hors avoir fiscal) de 1,20 F. Ce coupon a été payé en juillet 1990. La valeur figure dans le secteur d'activité numéro 12 qui d'après la cote officielle concerne les minerais et métaux. L'action cotait 93 F le 2 août 1990 et 90,90 F une semaine plus tard le 9 août (*La Vie Française* paraît toutes les semaines : les quotidiens donnent le cours de la veille). Ces chiffres sont à comparer aux cours le plus haut et le plus bas atteints depuis le 1er janvier 1990 à savoir, respectivement 130 F et 88 F, ce qui représente une variation de moins 30,8 % entre ces deux extrêmes.

Nbre de titres adm.	Nb en F.	Dernier coupon payé					NOM DE LA VALEUR	Cours au 2-08 en F.	Cours au 9-08 en F.	Plus haut	Plus bas	Variation en % depuis le 1-1-90
		Mont. glob.	Rend glob. en %	Net	N°	Date				dep. le 1-1-90		
880	50	1,80	2	1,20		7/90	▲ Ac. La. Beautor .... Ny 12	93 .	90,90 □	130	88 .	- 30,8
1979	70	13,50	3,5	9		6/90	▲ ACMER 84	400,60 .	390 .	459	383 +	- 7,1
179	70	4,20		2,80	20	7/83	▲ A. Lafont .... Ly 52	500 .	485 □	550	480 .	- 3,8
36	100	4,50		3	24	7/81	▲ A.D.T. .... Ny 32	284 .	310 □	310	260 .	+128,3
51	125	15		10		7/85	▲ A.E.K. .... Li 31	250 □	255 □	283	217 .	- 8,4
60	50	25,50	6,4	17		6/90	▲ Afric. Armement .... M 71	400 □	400 □	416	322 .	- 2,7
3164	100	22,50	1,7	15		7/90	▲ Agache (Sté Fin.) 52	1528 .	1300 .	1749	1325 .	- 17,7
192	30	9,75	2,3	6,50		6/90	▲ Agric. Crau .... M 76	440 .	420 .	455	364 .	+ 3,4
180	100	22,50	2,8	15		7/90	▲ Agr. P. à Pitre 90	830 .	800 .	918	622 .	+ 23,1
48	100	24		16	60	7/87	▲ Albatros Invest 71	2985 .	150 □	158•	112 .	+ 24,4
267	100	7,50	0,3	5		7/90	▲ Allianz Fr. Vie 81	1420 □	2199 .	1420	722 .	+232,7
1797	100	15	1,9	10		7/90	▲ Allianz R. Hold Fce 81	801 .	801 .	1150	557 .	+ 11,3
888	100	21,75	3,8	14,50		4/90	▲ A.N.F. .... Li 84	568 □	565 .	600	513 .	- 1,7
1196	10	16,50	8,7	11		7/90	▲ Applicat. des Gaz 59	202 .	189,80 .	223	187	- 12,9
1600	100	70,50	5	47		12/89	▲ Applicat. Hydr. 23	1520 .	1402 .	1753	1115 .	+ 13,1
625	100	6		4		7/90	▲ Arbel (Etabl.) 33	955 .	880 .	1027•	739 .	+ 5,7
260	125	18,75	0,9	12,50		12/89	▲ Artois 84	2054 □	1999 of	2350	1950 .	- 11
1692	50	13,80	4,3	9,20		6/90	▲ Astorg 14	320 □	310 □	340	310	- 0,3
798	100						▲ At. Ch. Loire 33	102,40 .	96,50 .	116	58	+ 66,7
870	100	18,75	5,2	12,50	13	7/90	▲ Atlantique S.A. 84	352 .	358 .	429	330	- 3,2
241	100	15		10	18	7/83	▲ Auréa 42	151,50 .	159,70 .	265	151 +	- 33,2
3303	50	3,75	0,7	2,50		8/89	▲ Aussédat-Rey 15	505 .	505 .	625	490	- 9,8
372	100	45	9,6	30		6/90	▲ Axa Banque 82	475 .	470 .	577	449 +	- 15,3
271	100	10,65		7,10	35	7/83	▲ Badin Fils 52	70 □	68 □	118	68 .	- 38,1
1200	50	6	0,6			10/89	▲ B. Mer. C. Monaco 74	1216 .	1055 .	1380	540 .	+ 92,9
222	250	26,25	8,2	17,50		5/90	▲ Bque. Courtois .... B 82	324 □	320 .	400	314 .	- 20
1239	100	33		22	12	7/84	▲ Bq. Hypo. Europ. 82	350 .	350 .	400	326 .	- 10,3
5133	100	5,85	3,6	3,90		7/90	▲ Batif-Developpement 31	170 □	163,20 □	218	160	- 23,7
500	100	27	9,4	18		6/90	▲ BNP-Guyane .... B 90	287 .	295 □	366	251 .	+ 4,4
3049	50	19,50		13		6/90	▲ BNP (Inter.) 90	285 .	255 .	311	260 +	- 16,4
243	400	52,50	8,1	35		7/90	▲ Bque Réunion 90	649 □	649 of	680	550 +	+ 0,6
1026	100	15	3	10		6/90	▲ Bque Transatl. 82	520 .	500 □	539	423 .	+ 15,7
150	50	21		21		6/90	▲ Batinorest .... Li 83	465 .	457 .	470	438 .	- 1,7

La lente Europe des OPCVM

Depuis le 1er octobre 1989, les établissements financiers de la CEE ont toute liberté pour vendre leurs OPCVM et en faire la publicité dans l'Europe entière. Seule condition : leurs produits doivent être « coordonnés » ou conformes à la directive de Bruxelles. Un an après l'ouverture des frontières, vous avez le choix entre un peu plus d'une centaine de produits. Tous sont domiciliés au Luxembourg. Et la majorité est gérée par des filiales d'établissements financiers français installés dans ce pays qui proposent des SICAV à compartiments, produits vedettes de la place luxembourgeoise.

En souscrivant là-bas, vous échappez à la taxation sur les plus-values, contrairement à la pratique française.

L'Europe des placements s'affranchit lentement des habitudes d'épargne...

Bon vent pour les clubs d'investissement

En vingt ans, les clubs d'investissement ont conquis la confiance des investisseurs privés. Aujourd'hui les quelque 300 000 clubs regroupent plus d'un million de « petits porteurs » vers le Palais-Brongniart. Si vous voulez aborder la Bourse par cette auto-école, rien de plus facile : contactez votre banquier qui vous guidera dans un club. Entouré de néophytes et épaulé par un professionnel il suffira d'appliquer trois « règles d'or », pour vous engager dans la course à la performance : investir systématiquement les fonds disponibles du club, réinvestir immédiatement les bénéfices réalisés, sélectionner des valeurs mobilières dotées d'une bonne visibilité.

Une fois que vous être rompu aux mécanismes boursiers, rien ne vous empêche de rester dans le club tout en vous constituant parallélement un portefeuille personnel de valeurs mobilières.

Enfin appartenir à un club d'investissement vous permet d'affirmer votre personnalité d'actionnaire individuel à une époque où les banques ont tendance à faire la chasse aux petits-ordres et orientent leurs clientèles vers des produits « maison » tout faits, du type SICAV ou FCP.

Pour obtenir toutes les précisions sur le fonctionnement de ce formidable outil pédagogique, reportez-vous au chapitre 2 de la première partie de cet ouvrage.

EN MARGE : MINI-LEXIQUE BOURSIER

Pour décrypter le langage boursier, voici un mini-lexique :

Action : titre négociable représentant une fraction de la propriété de l'entreprise. Il vous donne droit notamment à une part des bénéfices, sous la forme d'un éventuel dividende.

Agents de change : en réalité, les agents de change et leurs charges n'existent plus ! La loi sur la Bourse du 22 janvier 1988 les a remplacés par des sociétés de Bourse. Mais comme l'expression date de Napoléon, elle risque de perdurer comme les anciens francs...

Bénéfice par action : c'est tout simplement le bénéfice total de la société divisé par le nombre d'actions. Base de calcul du PER (rapport coût/bénéfice) il permet d'apprécier le prix relatif de l'action comparé à la moyenne du marché ou des sociétés du secteur.

Capitalisation boursière : évaluation d'une société sur la base de la valeur de ses actions. Vous l'obtenez en multipliant le nombre d'actions de la société par leurs cours boursier. Attention : dans certains cas, tous les titres d'une société ne sont pas admis à la cotation.

Club d'investissement : groupement d'épargnants constitué pour créer et gérer en commun un portefeuille de valeurs mobilières. Un excellent moyen pour aborder et, surtout, apprendre à « boursicoter » à peu de frais.

Cotation : elle permet de déterminer le cours d'un titre, c'est-à-dire son prix à un instant donné sur le marché. Pour cela, il faut confronter les offres et les demandes.

Coupon : pour toucher les dividendes des actions ou les intérêts des obligations, les épargnants devaient détacher les coupons numérotés, des titres auxquels ils étaient attachés. Depuis la dématérialisation, les coupons n'existent plus. Mais l'expression « détachement du coupon » subsiste.

Courtage : rémunération que vous versez à la société de Bourse chargée d'exécuter vos ordres d'achat ou de vente.

Fonds commun de placement : outil de gestion collective. Dispose d'une gestion plus souple qu'une SICAV car il gère moins de capitaux. En permettant des arbitrages plus fréquents sans risquer de faire bouger les cours, le FCP peut donc dégager des résultats boursiers plus performants.

Liquidation : ce terme désigne aussi bien le jour de la liquidation mensuelle que le mois séparant deux liquidations, période sur laquelle se mesurent souvent les performances globales de la Bourse.

OPCVM : les organismes des placements collectifs en valeurs mobilières) représentent plus de 5 000 produits différents, dont la très grande majorité est constituée de fonds communs de placements (environ 4 200), puis de SICAV.

Ordres : pour qu'il soit complet, indiquez le sens de l'opération (vente ou achat), le nom de la valeur, la quantité, le marché de cotation, les modalités de l'exécution (au mieux, limité...).

Rendement : en Bourse, il s'agit du revenu d'une valeur mobilière exprimé en pourcentage du cours du titre à un moment donné. Le taux de rendement d'une obligation se confond avec le taux actuariel brut. Celui d'une action se calcule en divisant le coupon, ou dividende connu ou espéré, par le cours.

SICAV : portefeuille collectif diversifié. Son capital est dit « variable », car le nombre de souscripteurs de parts de SICAV peut augmenter ou diminuer « au jour le jour » sans que le prix de la part varie. Il est fonction des actions détenues par la SICAV.

Taux de rendement actuariel : répond à la question « combien est susceptible de me rapporter dans un an 1 F placé aujourd'hui dans cette obligation ? ». C'est le seul critère pour comparer différents emprunts obligataires.

Volatilité : une action est volatile lorsque son cours varie avec une grande amplitude, tant à la hausse qu'à la baisse, par rapport aux autres valeurs.

3

PRENEZ DE L'ASSURANCE

Sous l'expression générique « assurance », vous trouverez aussi bien des contrats d'assurance en cas de décès, des contrats d'assurance en cas de vie et des bons de capitalisation. Or au fil des années, cette vieille dame de l'assurance s'est rajeunie. Grâce à ce lifting, les contrats d'assurance en cas de vie et les bons de capitalisation méritent de figurer comme placements dans tout patrimoine solide et diversifié. Reste à faire le bon choix au milieu d'une kyrielle de produits propres proposés par les compagnies. Une tâche particulièrement délicate du fait de la technicité de l'assurance. Voici des conseils pour parler à armes égales avec votre assureur.

VOS CONTRATS D'ASSURANCE-VIE À LA LOUPE

Technique quelque peu rébarbative, l'assurance-vie correspond (pour simplifier) à de l'épargne gérée collectivement par une compagnie d'assurances. Si cette dernière travaille efficacement, les sommes déposées fructifieront à un rythme supérieur à celui de l'inflation tout au long du contrat.

• **La mise en concurrence.** Un peu plus de 130 sociétés d'assurance sur la vie (selon les statistiques du Groupement des assurances de personnes) commercialisent plus de 1 200 formules différentes de contrats. Sur ce total, environ 10 % méritent de figurer dans la catégorie des contrats individuels dont la souscription peut être conseillée.

• **Avant toute décision d'investissement,** faites jouer la concurrence entre les compagnies et les mutuelles en leur demandant de vous faire parvenir leurs notes d'information, visée par le ministre des Finances et portant en couverture la mention « MF ». Attention à la confusion entre « vraies » et « fausses mutuelles ». A part la Fédération nationale de la mutualité régie par le code de la mutualité, les autres mutuelles sont régies (comme les sociétés d'assurance) par le Code des assurances et fonctionnent donc dans un but lucratif.

Plaquette et notes d'information doivent être examinées attentivement. Plus précisément, veillez à certains points :

• **Les prélèvements** opérés sur les versements et l'épargne en cours de constitution. Le montant de ces frais foire sur la rentabilité du contrat. Généralement ils comprennent :

– les frais d'adhésion, en principe facturés une fois pour toutes lors de la souscription. Leur montant peut varier entre 0 et 500 F.

– les frais de souscription prélevés sur chaque versement effectué. Refusez tout contrat dont les frais d'entrée dépassent 6 %.

– les frais de gestion prélevés chaque année sur l'épargne et les intérêts acquis. Même si la gestion a nécessairement un coût, ils ne devraient pas dépasser 0,6 % par an.

• **Attention,** certaines compagnies affirment ne pas prélever des frais de gestion. C'est impossible car il n'existe pas de compagnie ou mutuelle philanthropique. Si les frais ne sont pas clairement indiqués, il faut savoir qu'ils sont ponctionnés de toutes façons.

• **Le mode de calcul et de répartition des résultats.**

Légalement les compagnies doivent distribuer au moins 85 % des résultats qu'elles ont réalisés. Certaines proposent même 100 %. Est-ce préférable ? tout dépend de leur montant et donc de la qualité de la gestion financière.

A ce stade la rédaction de la clause de participation aux résultats revêt toute son importance.

– Si cette clause prévoit un intéressement aux résultats techniques et financiers, cet intéressement portera aussi bien sur les bénéfices que sur les déficits de gestion.

Comme les frais annoncés correspondent à une provision pour frais généraux, les compagnies d'assurance ont la possibilité d'imputer sur leurs résultats financiers un éventuel déficit de gestion.

– Si, au contraire, la clause d'intéressement ne porte que sur les résultats financiers, à l'exclusion des résultats techniques, cette compensation éventuelle ne sera possible que sur la fraction contractuellement non distribuée des bénéfices financiers.

• **Le rapport entre frais généraux et primes encaissées.**

Toujours dans le même souci d'information, une parade consiste à se faire communiquer par la compagnie son rapport afin d'analyser sa compétitivité par rapport à celle de la concurrence.

Méfiance par exemple lorsqu'une compagnie consacre 23 % des primes pour couvrir ses frais généraux et ne retient que 7 % de frais sur un contrat ! Si ces frais se révèlent insuffisants, elle effectuera un prélèvement sur ses résultats financiers ou sur ses fonds propres, ou sur les deux à la fois.

• **Le contenu.** Il existe deux grandes catégories de contrats :

– Ceux libellés en francs offrent la meilleure sécurité, car la revalorisation de l'épargne annoncée une année est définitivement acquise à l'assuré. Investies principalement en obligations, ces formules sont assorties d'un taux d'intérêt minimum garanti. Leurs performances tiennent compte de ce taux et de la participation aux bénéfices.

– Ceux libellés en unités de compte (actions de SICAV ou parts de Sociétés civiles immobilières ou de Société civile de placement immobilier). Dans ce type de contrat, la valeur peut changer à tout moment, aussi bien dans le sens de la hausse que dans celui de la baisse.

Une troisième catégorie plus récente concerne les contrats « multi-supports » permettant de panacher entre formules à capital garanti et à capital variable.

• **Le mode de souscription.** Vous avez le choix entre trois possibilités :

– Le contrat à versement unique : conseillé pour placer une somme importante en une seule fois.

– Le contrat à versements libres : recommandé pour effectuer des versements successifs, réguliers ou non. Mais si vous avez un tempérament de cigale, il vous demande une grande discipline pour vous constituer une épargne substantielle.

– Le contrat à primes périodiques : il permet d'effectuer des versements successifs d'après un échéancier à respecter, mais les frais sont souvent lourds.

• Les options au terme. Examinez-les dès la souscription du contrat pour vous assurer du mode de sortie. Il existe trois grandes solutions :

– Le versement du capital. Vous récupérez la mise initiale majorée des intérêts perçus en une ou plusieurs fois. A ce stade, les contrats d'assurance-vie battent les SICAV de capitalisation, car les intérêts sont capitalisés, sans être soumis à l'imposition, même au moment de la cession.

– La rente (qui fractionne le capital en plusieurs versements ou arrérages). Elle peut être « viagère » lorsque le service est assuré jusqu'au décès du bénéficiaire, « différée » lorsqu'elle est payée après une certaine date, ou « certaine » quand elle est servie pendant une durée déterminée.

– Les retraits libres : cette solution hybride vous permet d'encaisser (au bout de huit ans) les sommes dont vous avez besoin et de laisser travailler le capital restant aux mêmes conditions.

En fonction de votre âge et de votre profil patrimonial, vous choisirez l'une de ces options, à moins d'opter pour un panachage entre versement d'un capital et service d'une rente.

• **Définissez vos objectifs.** A chaque but poursuivi (sécurité, plus-value, retraite, succession), correspond un type de contrat. Ne cherchez pas à cumuler tous les avantages sur un même contrat. Par exemple, si vous souhaitez souscrire une assurance-vie pour améliorer sous forme de rente votre retraite, et aussi transmettre un capital à vos enfants sans droits de succession, il faudra signer deux contrats bien distincts.

• La fiscalité de l'assurance-vie en fait un placement encore privilégié.

– Au versement des primes, vous avez droit à une réduction d'impôt égale à 25 % des capitaux nets versés (hors frais), dans la limite de 4 000 F par foyer fiscal, plus 1 000 F par enfant à charge. Exemple : un couple avec trois enfants pourra bénéficier d'une réduction de 1 750 F en réalisant un versement net de 7 000 F. Ce cadeau fiscal améliore la rentabilité du placement. Mais attention, la réduction d'impôt n'est définitivement acquise que si le contrat dure huit ans (ou six ans, pour un contrat souscrit avant le 1er janvier 1990).

– A la sortie du contrat, si vous optez pour le versement d'un capital, celui-ci est exonéré d'impôt sur le revenu dès lors que le contrat a duré au moins huit ans.

Si vous demandez une rente viagère, vous payez l'impôt sur le revenu avec un abattement calculé en fonction de l'âge d'entrée en jouissance de la rente :

– 30 % si le rentier avait moins de 50 ans ;
– 50 % entre 50 et 59 ans ;
– 60 % entre 60 et 69 ans ;
– 70 % au-dessus de 69 ans.

En cas de rupture du contrat avant huit ans (six ans pour les contrats souscrits avant le 1er janvier 1990), les intérêts sont réintégrés dans votre déclaration de revenus ou soumis à un prélèvement libératoire au taux de 37 % si le rachat intervient dans les quatre premières années et de 17 % au-delà.

– En cas de décès du souscripteur, le(s) bénéficiaires(s) ne paie(nt) pas d'impôt sur les successions sur les sommes accumulées. Cependant cette disposition très favorable est atténuée lorsque le souscripteur du contrat au moins 66 ans à la signature. Dans ce cas, le capital n'est exonéré que s'il ne franchit pas le cap de 100 000 F. S'il dépasse cette somme, le total des primes prévues pour les quatre premières années du contrat ne doit pas excéder les 3/4 du capital assuré dudit contrat.

LES BONS DE CAPITALISATION : À TORT OU À RAISON, TOUJOURS LE MÊME SUCCÈS

Contrats de capitalisation, bons de capitalisation, titres de capitalisation sont des termes totalement synonymes. Ces contrats émanent de sociétés de capitalisation qui sont généralement des compagnies d'assurance.

• **Le principe de base.** Dans cette famille, deux grandes catégories de contrats : ceux à capital garanti (les anciens) et ceux à capital variable (les modernes). Mais la guerre entre les deux n'a pas encore lieu...

1. En échange d'une cotisation (unique ou périodique) d'un bon de capitalisation à capital garanti, la société de capitalisation s'engage à remettre au porteur (ou au souscripteur en cas de bon nominatif) un capital déterminé à une échéance fixée à l'avance. A ce terme, la société restitue les sommes nominales versées, augmentées des intérêts capitalisés à un taux garanti.

Selon le principe de la capitalisation, les revenus issus de vos versements sont réinvestis et, par conséquent, eux-mêmes productifs d'intérêts. Ces bons de « capi » à capital garanti reposent sur un actif principalement obligataire.

Prenons l'exemple d'un bon au porteur à versement unique assorti d'un taux minimum garanti de 7 % et d'une durée de 10 ans. En souscrivant un titre pour un montant (hors frais) de 5 084 F, la société de capitalisation s'engage à vous rembourser ou vous garantit au terme, c'est-à-dire au bout de 10 ans, une somme de 10 000 F. Montant auquel s'ajoutera le produit de la participation bénéficiaire.

Le taux de capitalisation garanti (taux technique) ne peut, normalement, excéder 3,50 %. La durée maximale est alors de 30 ans. Pour les contrats à prime unique d'une durée maximale de 15 ans, un taux plus élevé peut être garanti à condition d'être gagé par un actif cantonné procurant un taux de rendement supérieur d'au moins un tiers. Il est donc nécessaire de trouver des placements rapportant du 12 % pour pouvoir garantir un rendement de 9 %.

2. Au lieu d'être référencés à un actif composé d'obligations, les bons à capital variable sont associés à une SICAV ou une SCI (société civile immobilière) ou à une SCPI (société civile de placements immobiliers). A la différence des obligations, ces actifs de référence ne permettent pas de garantir un taux d'intérêt. Récent et sophistiqué, cette nouvelle race de bons de capitalisation reste encore rare sur le marché. Dans le cas, par exemple, d'un bon de capitalisation à capital variable adossé à une SCPI, l'épargne placée augmente régulièrement grâce aux revenus et à la plus-value de la SCPI de référence. Par conséquent vous bénéficiez d'une double valorisation de votre

capital : progression de la valeur liée à l'évolution du patrimoine immobilier de la SCPI et augmentation du nombre de parts.

Certaines sociétés de capitalisation ont même instauré une garantie de rachat et une garantie d'un nombre minimum de Croissance Immo, l'Épargne de France vous assure pour une souscription de 10 parts, le versement d'un capital au moins équivalent à 11,5 parts en fin de contrat.

• **Le piège de l'anonymat.** Vous voulez des bons anonymes ? Dans ce cas, la banque (ou la compagnie d'assurance) qui rembourse le bon prélève pour le fisc 52 % sur les intérêts et 2 % du montant nominal du bon, et ce, autant de fois que d'années écoulées entre l'année de la souscription et la date de remboursement.

Non seulement l'anonymat coûte cher, mais il est illusoire. Par exemple vous avez souscrit un bon le 15 janvier 1985 pour 100 000 F sur sept ans au taux de 6 %. Le 15 janvier 1992, vous allez recevoir un capital de 150 000 F. Or si vous optez pour l'anonymat, la société de capitalisation va être tenue d'effectuer deux prélèvements :

– l'un, sur la plus-value au taux de 52 %, soit 50 000 F x 52 % = 26 000 F ;

– l'autre sur le capital au taux de 2 % par année écoulée, soit 2 % x 100 000 F x 7 = 14 000 F.

Résultat final, le capital de 150 000 F se trouve ramené à 110 000 F. Rendement de l'opération : 1,37 % l'an ! Cette piètre performance permet-elle au moins de bénéficier de l'anonymat ? Même pas. En vertu de l'article L 16 du Livre des procédures fiscales, en cas de contrôle, et si vous avez des revenus plus importants que ceux déclarés, l'administration fiscale peut exiger la preuve de la possession de ces bons et celle de la date à laquelle ils sont entrés dans votre patrimoine. Moralité, risqué si vous êtes non salarié de placer une importante somme en bons de capitalisation et de l'utiliser ensuite par exemple pour acheter un studio. Le fisc veille au grain...

Préférez donc les bons nominatifs. Dans ce cas, la fiscalité est nulle, si vous demandez le remboursement du bon au bout de huit ans (six ans pour un bon souscrit avant le 1er janvier 1990). En cas de remboursement anticipé, les intérêts perçus peuvent être réintégrés dans votre revenu imposable ou bien faire l'objet d'un prélèvement libératoire de 37 % si le rachat est effectué avant quatre ans, et de 17 % s'il est compris entre quatre et huit ans.

Attention : à la différence des contrats d'assurance-vie, les bons de capitalisation ne bénéficient pas de l'exonération des droits de succession. En outre, leurs cotisations ne donnent droit à aucune réduction d'impôt.

Au regard de l'ISF (impôt de solidarité sur la fortune), le bon n'est retenu que pour sa valeur au jour de sa souscription.

• **Discrétion.** Lorsque le bon de capitalisation est au porteur, celui qui le détient peut s'en faire remettre la valeur de remboursement au terme ou par anticipation. Le bon est alors transmis par simple remise de la main à la main, sans formalité.

• **Vol, perte** : Comme les bons sont transmissibles de la main à la main, ils présentent un risque non négligeable de perte, de vol ou de destruction. Si vous avez souscrit un bon et qu'une telle mésaventure vous arrive, déclarez la disparition par lettre recommandée au siège social de la société de capitalisation en indiquant votre identité et les circonstances. Conservez votre sang-froid : si le bon frappé d'opposition est présenté, la société s'en saisit et en demeure séquestre jusqu'à la décision de justice. Et si un tiers se manifeste, elle vous en avisera par lettre recommandée avec avis de réception. Si deux années sont passées depuis l'opposition, vous pouvez demander au président du tribunal d'instance l'autorisation de vous faire délivrer un duplicata substitué à l'original.

• **La SICAV de capitalisation, rivale du bon.**

Par rapport aux SICAV de capitalisation, les bons souffrent cruellement de leur manque de liquidité. Pour récupérer en franchise d'impôt, vos sous investis dans des bons de capitalisation, il faut attendre huit ans. Avec une SICAV capitalisant ses revenus, vous pouvez racheter vos parts du jour au lendemain sans pénalité... Mais si vous êtes imposé à l'ISF, il faudra déclarer vos SICAV de capitalisation – et même les autres – en vous basant sur leur cours au 31 décembre de chaque exercice. A ce stade, la différence de traitement fiscal joue en faveur du bon de capitalisation.

Par rapport aux contrats d'assurance-vie, les bons de capitalisation ne présentent plus d'intérêt particulier : depuis le 1er juillet 1990, la taxe d'assurance de 5,15 % ayant disparu.

• **Pourquoi souscrire ?** Quelque peu en perte de vitesse sous la pression de la concurrence, ces produits secondaires ne présentant pas d'intérêt déterminant peuvent être recommandés pour rester en dessous du seuil de taxation à l'ISF ou pour garantir certains prêts immobiliers (pour plus d'informations, reportez-vous au chapitre 2 de la 5e partie)

En bref

- Après leur lifting, les contrats d'assurance en cas de vie et les bons de capitalisation peuvent figurer dans tout patrimoine en voie de consolidation.
- Avant de souscrire un contrat d'assurance-vie, examinez le poids des frais, le mode de calcul de la répartition du bénéfice.
- Un contrat d'assurance-vie peut être libellé en francs ce qui lui permet d'afficher un taux de rendement garanti. Ou en unités de compte (actions de SICAV, parts de société civile immobilière ou de placements immobiliers). Dans ce cas, aucune garantie de rendement n'est accordée.
- L'assurance-vie bénéficie d'une fiscalité privilégiée (réduction d'impôt sur le revenu de 25 % sur la part épargne de votre prime dans la limite de 4 000 F plus 1 000 F par enfant à charge, exonération des intérêts au bout de huit ans, exonération des droits de succession sous certaines conditions).
- Deux grandes familles de bons de capitalisation se partagent le marché : ceux à capital garanti et ceux à capital variable.
- A la différence des contrats d'assurance-vie, les bons de capitalisation ne bénéficient d'aucun avantage fiscal.
- Lors du remboursement du bon, tout porteur peut opter pour l'anonymat. Un choix très pénalisant sur le plan fiscal.

POUR BIEN CHASSER...

Éliminez les formules floues mélangeant assurance-décès et épargne (les « mixtes » dans le jargon des assureurs) toujours défavorables à l'assuré du fait de leurs frais excessifs. Et dans une optique de sécurité, privilégiez les contrats d'assurance-vie créés avant 1985 (lorsque les taux obligataires étaient au plus haut). Comme ils détiennent encore une part non négligeable de leurs placements en titres à rendement élevé, ils dégagent de belles performances. Quant aux bons de capitalisation, utilisez-les pour atténuer votre patrimoine au regard de l'impôt sur la fortune. Ou pour adosser certains emprunts immobiliers prévoyant un remboursement du capital *in fine* (au terme du contrat de prêt)

Le poids des frais

Pour mesurer le poids des frais sur le rendement réel, prenons l'exemple de deux contrats bénéficiant d'un taux minimum garanti pendant dix ans. Le premier contrat, « A », offre un taux de 6,75 %, le second, « B », un taux de 7,15 %. La souscription effectuée en 1986 porte sur un capital de 100 000 F.

En 1996, le capital minimum garanti par le contrat « A » représentera 188 324 F. Celui du contrat « B » 184 528 F. La clef de l'énigme : les frais du contrat « A » étant limités à 2 %, la somme investie est de 98 000 F.

En revanche sur le contrat « B », ces frais atteignent 7,5 % ce qui porte le capital réellement investi à 92 500 F.

La durée

Même si le législateur a fixé à au moins six ou huit ans la durée minimale d'un contrat pour bénéficier d'une réduction fiscale, la durée réelle peut aller bien au-delà : dix, vingt ans, voire « jusqu'à l'âge de la retraite ». Un contrat à durée limitée oblige, en cas de nouvelle souscription à passer à nouveau par la case « frais » et risque de vous faire perdre des avantages fiscaux... qui seront peut-être supprimés d'ici là. Choisissez un contrat sans durée précise pour profiter des avantages actuels jusqu'au terme que vous fixerez le moment venu.

OPINIONS À L'ÉGARD DE L'ASSURANCE EN GÉNÉRAL (en %)

	LEADERS D'OPINION		GRAND PUBLIC	
	D'accord	Pas d'accord	D'accord	Pas d'accord
• Le secteur de l'assurance joue un rôle de premier plan dans l'économie	80	17	73	16
• L'assurance est indispensable au bon fonctionnement de la société	90	8	89	8
• L'assurance, c'est une contrainte insupportable	17	82	30	66
• L'assurance est un secteur en plein développement	86	8	82	8
• L'assurance, c'est une forme de solidarité	60	37	68	27
• L'assurance est un secteur tourné vers l'avenir	77	17	78	11
• L'assurance, c'est la bonne réponse à l'accroissement des risques	73	23	74	18
• L'assurance, c'est une façon d'avoir l'esprit tranquille	82	17	88	11
• L'assurance, c'est le prix nécessaire de la sécurité	73	25	79	17
• S'assurer, c'est assumer ses responsabilités	77	21	88	9
• L'assurance repose sur un souci excessif de sécurité	40	57	56	37

Source : *Sofres*

Pour vous aider à analyser un contrat

Cette grille d'analyse peut s'appliquer aux contrats d'assurance-vie, bons de capitalisation.

A remplir avant toute décision d'investissement :

Nature du contrat
Versement (montant du premier et des suivants)
Frais d'adhésion ? de souscription ? de gestion ?
Actif de référence (fonds obligataire ? immobilier ?...)
Taux garanti
Participation aux bénéfices
Options au terme
Performances passées nette de frais de gestion
Ration frais généraux/primes

L'ASSURANCE-VIE

Fiscalité	très favorable, en particulier au regard des droits de succession.
Liquidité	moyenne, car pénalisée avant huit ans.
Rentabilité	correcte
Sécurité	très bonne

LES BONS DE CAPITALISATION

Fiscalité	de bonne à moyenne
Liquidité	moyenne, car pénalisée avant huit ans.
Rentabilité	bonne
Sécurité	très bonne

EN MARGE : PLEINS FEUX SUR LE BON D'INVESTISSEMENT

Ce produit d'assurance ressemble à s'y méprendre à un produit financier. En effet pour placer vos sous dans un bon d'investissement, vous (le souscripteur) versez une cotisation unique (par unités de 5 000 F, en général). En contrepartie la société d'assurances s'engage à vous payer au terme (le plus souvent entre huit et dix ans), un capital majoré d'un taux d'intérêt déterminé à l'avance.

L'avantage de cette formule est clair : vous êtes fixé d'avance sur le rendement minimum de votre placement, car le taux d'intérêt est garanti par contrat. C'est d'autant plus intéressant si les taux de rémunération sont élevés alors que l'inflation reste basse. Mais, évidemment l'avantage se retourne si l'inflation se met à grimper. Les sociétés d'assurances ont cependant trouvé la parade : elles versent, en plus du taux garanti, une participation aux bénéfices dont le montant varie selon les résultats qu'elles obtiennent de leurs placements. Résultat : lorsque l'inflation progresse, les taux d'intérêt sur les marchés financiers s'élèvent à leur tour, les placements des compagnies d'assurances sont donc mieux rémunérés et, par voie de conséquence, les assurés ont droit à une participation aux bénéfices plus importante. Une constatation : malgré les renversements de tendance, les bons d'investissement ont toujours fait mieux que l'inflation.

LES BONS D'INVESTISSEMENT

Fiscalité	d'excellente à moyenne
Liquidité	bonne, mais pénalisée avant huit ans
Rentabilité	très bonne
Sécurité	totale.

4

LA RETRAITE SE POPULARISE

Un gain de près de deux mois par an pour l'espérance de vie ; sous les effets conjugués de l'amélioration des conditions de vie et des progrès de la médecine, la durée de vie s'allonge. Les femmes ont toutes les chances de fêter leurs quatre-vingt trois printemps. Et les hommes leur soixante douzième anniversaire.

Si vous votez pour cesser votre activité professionnelle aux alentours de la soixantaine, une longue retraite se profile à votre horizon. Sera-t-elle confortable matériellement ? Pour prendre le problème à bras-le-corps, les pouvoirs publics ont instauré depuis le 1er janvier 1990 le PEP (plan d'épargne populaire). Une enveloppe fiscale destinée à nous faire prendre conscience des lendemains.

LE PEP PRATIQUE

• **Pour qui ?** pour en ouvrir un, il suffit d'être passible de l'impôt sur le revenu. Vous avez droit à un PEP par contribuable, par conséquent votre conjoint peut en détenir un. Pour la souscription, aucun minimum, ni limite d'âge ne sont exigés : un jeune peut ouvrir un PEP dès qu'il n'est plus fiscalement rattaché à la famille.

• **Où ?** Auprès d'un établissement financier. Vous avez l'embarras du choix : banque et établissement de crédit, société d'assurance, mutuelle, Caisse d'épargne, bureau de poste, Trésor public, Banque de France, institution de prévoyance relevant du Code de la Sécurité sociale ou du code rural.

• **Sous quelle forme ?** Selon l'organisme auprès duquel vous souscrivez, le PEP prend la forme d'un compte de dépôt (version bancaire) ou d'un contrat d'assurance-vie.

• **Quels versements ?** La loi ne prévoit ni versement minimum initial ou annuel, ni rythme de versement (mensuel, trimestriel, annuel...). Sur le terrain, les établissement exigent généralement l'un et l'autre, histoire de vous fidéliser. S'il n'existe pas de minimum, la loi fixe un maximum : 600 000 F sur la durée du plan (hors intérêts et hors prime) par PEP, soit 1 200 000 F pour un couple.

Vous alimenterez votre PEP en espèces, par chèque, par virement ou par prélèvement automatique. Une attestation annuelle de versement vous permettra de faire le point.

• **Quelle rémunération ?** C'est le hic, dans ce régime de liberté. En fait, la rétribution est fixée par contrat entre l'organisme gestionnaire (banque, assurance...) et vous. Pas d'illusion. Vous n'aurez pas du sur-mesure, mais seulement de la grande série, voire du prêt-à-porter. Donc des produits « maison » déclinés en milliers d'exemplaires.

• **Et la prime d'État ?** Comme ce plan se veut « populaire », il assure aux personnes non imposables un traitement de faveur.

Leur effort d'épargne est récompensé : l'État leur réserve une prime d'encouragement égale au quart des versements annuels, dans la limite de 1 500 F par an, mais elle n'est versée qu'à la clôture du plan. Elle atteint donc en principe 15 000 F après dix ans et, en fait, davantage car elle est majorée par l'État d'un intérêt annuel fixé par décret.

Si l'évolution de vos revenus est irrégulière, votre droit à prime est néanmoins maintenu sur les années de non-imposition. De la même façon, la prime est un droit acquis qui n'est pas supprimé si une année vous n'êtes pas en mesure d'effectuer de versements. Elle sera calculée et octroyée en tenant compte de ces paramètres. L'ensemble des sommes récupérées après huit ans, capital, rente viagère, et prime d'épargne majorées des intérêts, sont exonérées d'impôt sur le revenu.

• **Quelle fiscalité ?** Rien de bien mirifique.

– les intérêts acquis ne sont pas imposables. A une seule condition : si vous n'effectuez aucun retrait pendant les huit premières années du contrat. Patience... Les intérêts sont capitalisés chaque année, c'est-à-dire qu'ils viennent s'ajouter au montant du capital épargne pour produire eux-mêmes intérêt (c'est ce que l'on appelle l'effet « boule de neige »).

A la fin du plan, le capital ou la rente viagère échappe à toute imposition. Un plus pour le PEP, l'unique support vous permettant de percevoir une pension viagère exonérée d'impôt.

• **Quelle durée ?** normalement de huit ans. Mais vous pouvez prolonger ou renouveler un PEP. Reportez-vous alors aux dispositions de votre contrat.

Et, si vous n'attendez pas, attention ! Les cadeaux du PEP vous fileront entre les doigts si vous ne respectez pas la durée. Parce que les retraits anticipés signent la clôture du plan et qu'avec eux disparaissent la prime et l'exonération des intérêts... à moins que ces retraits ne soient justifiés par un cas de force majeure. Si vous retirez vos fonds

– avant quatre ans : le plan est clos et les produits (intérêts) supportent l'impôt. Soit vous les intégrez à vos revenus, soit vous optez pour un prélèvement libératoire de 15 % + 2 % de prélèvements sociaux.

– entre quatre et huit ans. Là encore ce retrait entraîne la fermeture du plan et l'imposition des produits. Avec la possibilité de les faire figurer dans vos revenus ou de retenir le prélèvement libératoire de 15 % + 2 % de prélèvements sociaux.

– Entre huit et dix ans : le plan est clos, mais vous récupérez enfin votre épargne capitalisée en échappant à l'impôt.

– Après dix ans : ce retrait n'entraîne pas la clôture du plan. Mais impossible ensuite de faire de nouveaux versements sur le PEP. Les sommes capitalisées ne sont pas imposées.

– Exceptions. Malgré ce régime draconien, vous pourrez casser votre tirelire sans vous attirer les foudres du fisc, en cas de force majeure : décès, invalidité, fin de droits d'allocation chômage, liquidation judiciaire.

Si l'un de ces malheurs vous frappe ou touche votre conjoint soumis à imposition commune, vous disposez de deux ans pour retirer les fonds en franchise d'impôt (sauf en cas de décès). Là encore tout retrait entraîne la clôture du plan.

• **Quel transfert ?** En cours de plan, vous pouvez, sans perdre le bénéfice des avantages fiscaux et de la prime, transférer librement votre PEP d'un établissement à un autre, sous réserve d'éventuelles dispositions conventionnelles (réduction de l'intérêt servi et perception de frais de transfert). Examinez à la loupe ces conditions figurant dans votre contrat.

QUEL PEP CHOISIR ?

Si les principes régissant le PEP et ses caractéristiques sont définis par la loi, ses modalités de fonctionnement sont laissées à la liberté des établissements financiers. En fait de liberté, il n'y a pas de négociation possible sur le contenu du plan.

Les établissements proposent des PEP « tout prêts ». Vous pouvez donc choisir entre plusieurs sortes de PEP en fonction de vos objectifs. Deux grandes familles : les PEP assurances et les PEP bancaires qui se déclinent sur différents modes.

• **Le PEP assurance.** C'est le contrat d'assurance-vie dans la peau d'un PEP ! Il conserve ses propres avantages fiscaux, si vous n'êtes pas déjà titulaire d'un contrat d'assurance-vie : réduction d'impôt à l'entrée (de 25 % dans la limite de 4 000 F plus 1 000 F par enfant à charge) et exonération de droits de succession. Dans huit ans, capital ou rente, vous ne paierez plus d'impôt et, si vous n'êtes pas imposé, la prime est à vous ! Certains assureurs proposent la version « classique » ou la version « moderne » de l'assurance-vie. La première s'adresse aux partisans de la sécurité. La plupart des compagnies utilisent des contrats existants qu'elles commercialisent hors PEP ou dans son cadre, et servent un taux d'intérêt proche de celui du marché obligataire. Les versements sont libres ou périodiques.

La version « moderne » repose sur un support diversifié et spéculatif grâce à un choix de SICAV ou de SCI. Par ce biais, vous mettez de la Bourse et de l'immobilier dans votre PEP et vous choisissez la proportion d'épargne versée sur chaque support. Ce PEP est aussi rentable que risqué, car soumis aux fluctuations des marchés financiers.

Tous ces contrats n'échappent pas aux frais : 3 à 5 % à la souscription et 1 % environ pour la gestion annuelle.

A noter : en intégrant l'assurance-vie dans un PEP, vous obtenez une rente viagère non imposable. Hors du PEP, cette rente supporte l'impôt.

• **Le PEP bancaire.** C'est un compte de dépôt à long terme, assorti d'un taux d'intérêt, fixe ou variable.

Vous achetez un produit fini.

– Le compte à taux fixe vous garantit un taux annoncé à la souscription pendant huit ans, sur tous les versements.

– Le compte à taux fixe-variable vous garantit un taux pendant huit ans sur tous les versements de la première année. Les versements suivants seront soumis au taux en vigueur l'année où ils seront effectués. Ces taux sont donc fixes et garantis sur la durée du plan par tranches de versements.

– Le compte à taux variable annonce en décembre un taux qu'il garantit l'année suivante. Il est modifié tous les ans et s'applique non pas aux versements de l'année, mais à l'encours total du compte.

En règle générale, l'évolution des taux pratiqués sur tous les types de PEP est liée à celle du marché obligataire ou monétaire. Les frais sont laissés à l'appréciation de chaque établissement. A vous de les surveiller...

• **Quelques PEP sophistiqués.** Si les mécanismes du PEP sont simples, certains établissements financiers ont paré ce produit hybride des plus beaux atours pour attirer une clientèle haut de gamme.

Le PEP'S vert du Crédit agricole vous procure un rendement élevé pendant huit ans tout en servant des revenus trimestriels. Ce plan offre une double garantie : une rémunération de 7 % nette d'impôts pendant huit ans et le versement au terme du contrat, d'un capital égal au capital initial.

Ce tour de force repose sur un montage astucieux. A la base, un versement unique (un million de francs maximum) alimente le PEP et 32 comptes à terme d'une durée comprise entre un trimestre pour le premier et 32 pour le dernier (32 trimestres correspondent à une durée de huit ans).

Chaque trimestre, vous touchez le produit d'un compte à terme. Étant entendu que le Crédit agricole rémunère ses comptes à terme au taux de 8 % sur lequel il retient le prélèvement libératoire de 37 %.

Un exemple : vous versez 100 000 F sur le PEP'S vert. En fait 54 026,90 F seront versés dans le plan et 45 973,10 F sur les 32 comptes à terme. Comme chaque trimestre, un compte à terme vient à échéance, vous percevez tous les trois mois 1 700,05 F nets d'impôt. Au bout de huit ans, vous récupérez vos 100 000 F.

• **Le PEP quatre étoiles de la CaixaBank-CGIB.** Le couplage du plan aux comptes à terme vous permet de tabler sur une rémunération supérieure à 80 % du TME (taux moyen de rendement des emprunts d'État à long terme) du mois précédent, soit environ 9 %. Cette rémunération ne sera jamais inférieure au taux du livret « A » plus 2 %, soit actuellement 6,5 %.

Chaque versement effectué alimente pour partie un PEP et 32 comptes à terme. A la fin du PEP, c'est-à-dire au bout de huit ans, vous retrouvez votre mise initiale. Pas davantage car, durant l'intervalle, la CaixaBank vous aura versé des intérêts trimestriels nets d'impôts.

SUIVEZ VOS OBJECTIFS

Sur les thèmes de l'arbitrage et du panachage, il est possible d'imaginer des variantes à l'infini. Pour ne pas vous perdre, définissez clairement vos objectifs de gestion.

Des priorités souvent liées aux années égrenées par le temps.

– Vos débuts dans la vie professionnelle s'accompagnent de faibles charges familiales. Même si vous n'avez pas droit à la prime d'épargne, souscrivez un PEP peu contraignant, à versements libres.

– Vers 30 ans, vous serez sûrement tenté par un PEP dynamique indexé sur la Bourse ou sur l'immobilier. Il vous reste trente ans pour préparer votre retraite, une période suffisamment longue pour prendre des risques.

– De 40 à 50 ans, en plein dans la génération « cocon », choisissez une formule à taux fixe et à versements périodiques. A ce stade, donnez la priorité à la sécurité.

– Au-delà de 50 ans, privilégiez le PEP assurance pour sa rente viagère exonérée d'impôt. Cette pension confortera vos ressources de retraite.

En bref

- **Il suffit d'être passible de l'impôt sur le revenu pour ouvrir un PEP (plan d'épargne populaire). Votre conjoint peut également en détenir un.**
- **Le PEP prend la forme d'un compte de dépôt (version bancaire) ou d'un contrat d'assurance-vie.**
- **Sur cette enveloppe fiscale vous pouvez verser une somme maximale de 600 000 F soit 1 200 000 F pour un couple.**
- **A l'entrée, le PEP ne procure aucun avantage fiscal. Seul cadeau du fisc : l'exonération des intérêts au bout de huit ans.**
- **Les rentes viagères servies dans le cadre du PEP ne supportent aucun impôt alors qu'elles sont fiscalisées dans le cadre d'un contrat d'assurance-vie.**

POUR BIEN CHASSER...

Malgré le tapage bancaire, difficile de vous conseiller le PEP du fait de son manque de liquidité. En investissant dans des SICAV court terme de capitalisation, vous contournez cet inconvénient majeur...

En revanche dès que vous franchissez le cap de la cinquantaine, le PEP assurance est vivement recommandé pour sa rente viagère échappant à tout impôt. Enfin pour transmettre un capital supérieur d'un montant à 600 000 F, le PEP assurance ne tient pas la comparaison avec l'assurance-vie.

Le match PEP assurance contre PEP bancaire

PEP assurance ou PEP bancaire ? Choisissez un PEP assurance si vous n'avez pas déjà un contrat d'assurance-vie, si vous êtes imposable, ou si vous vous souciez de la transmission de votre patrimoine.

Retenez un PEP bancaire si vous souhaitez un taux garanti. Attention toutefois au taux d'appel : il ne rémunère que les sommes versées aujourd'hui. Côté sécurité, vous ne prenez aucun risque en souscrivant un PEP bancaire ou un PEP assurance version « classique » puisque l'on vous garantit un taux de rendement. Pour un PEP assurance version « moderne », c'est-à-dire en unités de compte, une garantie plancher est prévue afin de limiter les dégâts : vous êtes sûr de récupérer au moins les sommes versées lors de la souscription (hors frais).

Les pièges

Dans la bataille bancaire des PEP (les fonds collectés dans le cadre de cette enveloppe fiscale figurent dans leurs ressources propres), les établissements affichent des taux d'appel. Attention : ce taux alléchant ne concerne que la rémunération de l'année en cours. Et ne s'applique nullement aux versements ultérieurs. Certaines banques ont même inclus dans le taux une prime de fidélité. Résultat : si vous n'allez pas au terme du PEP, votre taux est minoré.

LES COUSINS DU PEP

Le PEP complète la panoplie des produits d'épargne défiscalisés

	Rémunération	Plafond	Durée
Livret A (Caisse d'épargne et Poste) et livret bleu du Crédit mutuel	4,5 %	90 000 F par personne	épargne disponible à tout moment
Livret d'épargne populaire (LEP)	5,5 %	30 000 F par personne	• épargne disponible • réservé aux personnes faiblement imposées
CODEVI	4,5 %	10 000 F par personne	épargne disponible
Compte d'épargne logement	2,75 % + prime versée en cas de prêt égale à 1,25 % plafonnée à 7 500 F	100 000 F par compte	18 mois
Plan d'épargne logement	6 % (4,5 % + 1,5 % de prime plafonnée à 10 000 F)	300 000 F par plan	5 ans avec possibilité de sortir avec prime réduite à 3 et 4 ans
Plan d'épargne populaire	libre (+ prime plafonnée à 1 500 F par an pendant 10 ans)	600 000 F par plan	10 ans, possibilité de sortie anticipée avec régime fiscal des intérêts dégressif suivant la durée d'immobilisation du capital (exonération à partir de huit ans).

LE PEP EN RÉSUMÉ

	PEP ASSURANCE	PEP BANCAIRE
Nature	Un contrat d'assurance vie.	Un compte de dépôt.
Ouverture	Auprès de tous les réseaux collectant l'épargne, y compris les percepteurs du Trésor.	Idem.
Nombre de PEP admis par foyer fiscal	Un plan par contribuable ou un plan pour chacun des époux soumis à une imposition commune.	Idem.
Usage des fonds collectifs	Liberté totale pour les établissements, seuls gestionnaires du PEP.	Idem.
Taux de rémunération de l'épargne	Libre.	Libre.
Revenus du PEP	Intérêts sur les placements et participation aux bénéfices.	Intérêts sur les placements.
Mode de versement	Libre.	Libre.
Versement minimal à l'ouverture	Aucun. Fixé réglementairement.	Aucun.
Plafond des versements	600 000 F perçus hors prime et hors intérêts sur l'épargne gérée.	Idem.
Durée du plan	Dix ans.	Idem.
Sortie du plan	Capital ou rente viagère. Le souscripteur a le choix de fixer sa sortie en fin de plan (1).	Idem.
Prime d'Etat	– Réservée aux souscripteurs non imposables. – Egale au quart des versements annuels dans la limite de 1 500 F par an. – Versée à la clôture du plan à partir de huit ans.	Idem.

LE PEP EN RÉSUMÉ (Suite)

Taux de rémunération de la prime	Aucun.	Idem.
Incitations fiscales	– Exonération des intérêts. – Exonération de la rente viagère. – Exonération de la taxe de 5,15 %. – Réduction d'impôt de 25 % dans la limite de 4 000 F versés à l'année, plus de 1 000 F par enfant à charge.	– Exonération des intérêts. – Exonération du capital.
Transmission au conjoint en cas de décès	Exonération des droits de succession.	Fiscalité des droits de succession.
Retrait de fonds avant 10 ans	Tout retrait entraîne d'office la clôture du plan.	Idem.
Retrait de fonds avant 8 ans	Suppression de la prime (sauf cas de force majeure : décès, invalidité, chômage sans droits). Pénalités fiscales.	Idem.
Pénalités fiscales pour les retraits ou clôture avant 8 ans (entre 1 et 4 ans)	Vous, le souscripteur, avez le choix entre : – L'intégration des revenus dans l'assiette d'impôt. – Un prélèvement libératoire forfaitaire de 37 %.	Idem.
Pénalités fiscales pour les retraits ou clôture entre 4 ou 8 ans	Vous, le souscripteur, avez le choix entre : – L'intégration des revenus dans l'assiette d'impôt. – Un prélèvement libératoire forfaitaire de 17 %.	Idem.
Retraits de fonds ou clôture au-delà de 8 ans	– Droit à la prime conservée. – Exonérations fiscales acquises.	Idem.
Prolongement du PEP au-delà de 10 ans	– Autorisé. – Nouveaux versements interdits. – Un retrait de fonds n'entraîne plus de clôture du plan.	Idem.

(1) Attention aux frais pour la conversion des PEP bancaires en PEP assurances.

Source : « Vie Française »

V

L'ÂGE D'OR DE VOS SOUS

1
BIENTÔT LA « FORTUNE » FISCALE

Au zénith dans votre carrière, tout va pour le mieux dans le meilleur des mondes. En particulier dans l'univers des sous.

A l'instar de votre parcours professionnel, vos revenus grimpent et vous hissent dans les tranches supérieures (on dit marginales) d'imposition. Le fisc veille au grain : au traditionnel impôt sur le revenu s'ajoute probablement l'impôt de solidarité sur la fortune destiné à taxer le patrimoine.

Une résidence principale, une maison de campagne ou un appartement à la mer ou à la montagne, quelques actions de SICAV et des valeurs mobilières détenues en direct, de confortables liquidités investies dans un compte rémunéré, des meubles de famille, quelques toiles et des bijoux de votre-grand-mère Juliette suffisent, si vous habitez en région parisienne, à vous faire figurer dans « les fortunes ».

Défendez-vous pour atténuer la pression fiscale.

CHASSEZ L'IMPÔT EN CAPITALISANT

En France chaque forme de placement dès lors qu'elle procure un revenu, subit l'impôt. Pire. Le fisc taxe davantage le revenu que la plus-value. Cette stratégie risque de rogner sérieusement les performances de vos placements. A moins d'opter pour la capitalisation. Cette vertu quasi magique permet, sinon d'échapper à l'imposition des revenus, du moins d'en différer l'échéance. Une opportunité à saisir lorsque vous êtes au mieux de votre carrière salariale ou libérale. Et sans doute fiscale... Au paradis des placements, la capitalisation revient à accumuler de l'épargne sans toucher le fruit de celle-ci avant l'échéance fixée. Ici pas de distribution de coupons, ni dividendes, mais la technique des intérêts composés : les revenus du capital investi s'ajoutent à celui-ci. Aujourd'hui, de nombreuses voies augmentent la technique de la capitalisation : les SICAV, les contrats d'assurance-vie, les bons de capitalisation.

LES SICAV ANTI-IMPÔTS

Poussé par la concurrence des fonds luxembourgeois qui proposaient les avantages de la capitalisation, le gouvernement français a autorisé en octobre 1989 les SICAV de capitalisation obligataires. Puis, dès janvier 1990, celles investies en actions ont pu elles aussi capitaliser leurs revenus, au lieu de les distribuer.

Agglomérés à la valeur de la part, les coupons d'obligations et les dividendes d'actions ne peuvent plus, en effet, être distingués. Un seul régime fiscal (celui des plus-values) s'applique donc à la différence entre le prix auquel vous avez acquis vos parts d'OPCVM (organismes de placement collectif en valeurs mobilières) et celui auquel vous les avez revendues. Résultat : le taux d'imposition unique sera de 15 % plus les prélèvements sociaux. Et encore faut-il pour que ce prélèvement soit appliqué, que vous ayez au total, au cours de l'année, vendu des valeurs mobilières (actions, obligations, parts d'OPCVM) pour le montant déclenchant la taxation des plus-values (un seuil de 307 600 F est applicable actuellement aux revenus de 1990 imposés en 1991). Dans ce cas, la plus-value est imposée depuis le premier franc.

LE CAS PARTICULIER DES SICAV ACTIONS

A première vue, les « SICAV de capi » ont tout du paradis fiscal. C'est vrai pour les SICAV obligataires capitalisant leurs revenus. Quant aux SICAV actions, elles ne sont pas avantageuses pour tout le monde : en capitalisant les dividendes, elles privent leurs souscripteurs de l'avoir fiscal. Cette perte n'est pas toujours compensée par le gain en impôt. Moralité :

– Si vous n'êtes pas assujetti à la taxation des plus-values boursières, souscrivez à une SICAV de distribution, tant que votre tranche marginale d'imposition reste inférieure ou égale à 28,8 % ;

– Si vous supportez la taxation des plus-values boursières, optez pour la capitalisation dès que votre tranche d'imposition dépasse 44,66 % ;

– A noter l'avènement des SICAV actions « mixtes » qui depuis l'été 1990, vous permettent de choisir des parts A (détachant le coupon) ou des parts B (capitalisant les dividendes). Ce système permet à la banque d'éviter un doublonnage de ses SICAV qui a pour conséquence d'alourdir la gestion administrative et financière des fonds gérés.

NE METTEZ PAS TOUS VOS ŒUFS DANS LE MÊME PANIER

Outre la capitalisation des revenus dégagés par vos placements, une seconde règle de gestion patrimoniale s'impose : la diversification. Pour réussir votre « chasse aux sous », fiez-vous à l'expression populaire qui conseille de ne pas mettre tous ses œufs dans le même panier. Pour en être convaincu, souvenez-vous par exemple du 19 octobre 1987, date du terrible krach boursier. Ce « lundi noir », à New York, l'indice Dow Jones perdait 508 points en une seule séance (22,6 %). L'onde de choc venant de Wall Street a entraîné le marché de Paris dans une chute brutale. Que de dégâts commis par cet ouragan sur les portefeuilles boursiers... Imaginez donc, sur un patrimoine composé principalement de valeurs mobilières...

Pour éviter de tels déboires, répartissez les risques. La diversification peut porter sur plusieurs familles de placement : immobilier, Bourse, assurance, art. Dans chacune de ses catégories, il existe différents produits.

La Bourse présente de multiples façons d'investir, des plus sûres aux plus spéculatives avec notamment les obligations et les actions cotées sur les marchés au comptant ou à terme en France ou à l'étranger.

De son côté, le placement immobilier détenu en direct est accessible sous différentes formes : la pierre logement (résidence principale ou secondaire), la pierre commerciale ou d'entreprise (murs de boutiques, boxes et emplacements de parking, bureaux).

Dans cette logique de diversification, compte tenu de la forte prépondérance de l'immobilier dans votre patrimoine (si vous êtes propriétaire de votre toit), il est temps de vous constituer un portefeuille de valeurs mobilières, réparti en actions, obligations et or, de manière à réduire judicieusement les risques.

FRANCHISSEZ LES FRONTIÈRES

A un certain niveau de patrimoine, la diversification géographique peut fort bien dépasser l'Hexagone. Pour que vos sous franchissent les frontières, vous êtes autorisé depuis le 1er janvier 1990 à ouvrir un compte bancaire en Europe. Ne rêvez pas trop quand même. Longtemps habitué au contrôle des changes, le ministère des Finances ne vous accorde qu'une liberté surveillée. Jugez un peu : chaque transfert de plus de 50 000 F et chaque ouverture d'un compte hors de France doivent faire l'objet d'une déclaration au fisc, les « oublis » étant sévèrement sanctionnés. Un arsenal de sanctions a été instauré. Si vous êtes pris en défaut, avec par exemple 250 000 F sur un compte à Londres et incapable de prouver que vous avez respecté la limite de transfert unitaire autorisée de 50 000 F à chaque passage de frontière, ou que ces sommes ont déjà été imposées en France, vous serez taxé d'office puisque les montants en question s'ajouteront aux autres revenus...

Illégalité ou pas, tout compte ouvert en devise étrangère vous expose à prendre un risque de change. Comme bien souvent les coûts des services bancaires grignotent la rémunération des comptes courants, le jeu n'en vaut guère la chandelle. Bien sûr il peut être tentant d'investir directement dans des SICAV à compartiments à Luxembourg où les arbitrages ne sont pas taxés. Mais attention, à la différence d'une banque étrangère, toute filiale d'une banque française est tenue de déclarer les mouvements au fisc.

Quant à la pierre à l'étranger, oui, vous pouvez en acheter à condition de prendre les réelles précautions, car toute intervention hors de l'Hexagone nécessite encore plus de vigilance qu'en France.

Première recommandation : rendez-vous sur place avant de vous décider. Une visite est indispensable pour examiner le bien proposé : situation, qualité des prestations, dessertes à l'intérieur du pays et avec la France, sérieux du promoteur, perspectives de région, tenue du marché de l'ancien... Méfiez-vous donc des « châteaux en Espagne ».

Seconde recommandation : avec l'aide d'un professionnel, renseignez-vous sur les conventions fiscales liant la France et le pays où vous désirez devenir propriétaire. Ces accords ont pour but d'éviter les doubles impositions en matière d'impôt sur le revenu et la fortune. Mais ils sont aussi destinés à permettre l'échange entre les deux administrations fiscales...

Troisième recommandation : informez-vous sur les conditions de financement. En empruntant en devises (ou monnaie étrangère) vous vous exposez à un risque de change. A moins d'emprunter en ECU. Cette unité de compte composée des monnaies de la communauté économique européenne permet de limiter les risques.

Dernière difficulté : la garantie. Par exemple en Espagne, il s'avère quasiment impossible de prendre une hypothèque sur un bien vendu en l'état futur d'achèvement. Moralité : les banques exigent généralement une hypothèque de premier rang sur un bien domicilié en France.

En bref

- **Vertu quasi magique, la capitalisation permet d'échapper, sinon à l'impôt, du moins d'en différer l'échéance.**
- **La gamme des placements de capitalisation comprend les SICAV investies en actions, en obligations, les contrats d'assurance-vie et les bons de capitalisation.**
- **Si les SICAV obligataires de capitalisation sont recommandées à tous ceux qui chassent l'impôt, les SICAV actions françaises de capitalisation méritent une analyse fiscale au cas par cas, car elles vous privent du bénéfice de l'avoir fiscal.**
- **Les revenus des contrats assurance-vie et des bons de capitalisation échappent totalement à l'impôt au bout de huit ans.**
- **Pour répartir les risques, la solution consiste à diversifier vos placements boursiers, financiers et immobiliers.**
- **Détenir un compte bancaire en devise vous expose à un risque de change. En outre les coûts des services bancaires grignotent souvent la rémunération.**
- **Acheter de la pierre à l'étranger demande encore plus de vigilance qu'en France.**

POUR BIEN CHASSER...
Pour alléger votre déclaration de revenus durant cette phase de forte imposition, privilégiez la capitalisation des revenus. Toutefois orientez-vous vers des placements offrant une réelle liquidité (par exemple les SICAV) afin de réaliser le moment venu les nécessaires arbitrages suscités par la conjoncture. Une opportunité que ne vous offrent pas les bons de capitalisation compte tenu de leur manque de liquidité.

À modérer : les valeurs refuge

Vous les appréciez. Et pourtant elles vous déçoivent souvent. Traditionnellement les « valeurs refuge » (or, objets de collection, pierres précieuses) assuraient une bonne protection du capital en cas de crise économique.

Actuellement, elles ne méritent plus guère leur appellation. Le métal jaune ne réagit plus ou pratiquement plus aux bruits de botte... Il devient une matière première comme une autre. Une évolution difficile à accepter si comme la plupart des Français, vous thésaurisez ce métal précieux, signe de richesse. Depuis la suppression de l'anonymat, cette poire pour la soif a perdu de sa saveur. A défaut d'acheter des lingots, vous pouvez être tenté par des pièces de collection plus abordables. Attention, les pièces doivent faire preuve d'un excellent état de conservation. Un napoléon non protégé dans son étui risque d'être rayé. D'où une dépréciation en perspective, car la pièce sera estimée au poids de l'or.

Quant aux objets de collection (meubles, peintures, tapisseries, argenteries...) achetez ce qui vous plaît et fuyez les modes. Plus dure sera la chute, si la spéculation s'empare du marché. Comme les objets d'art sont exonérés de l'impôt de solidarité sur la fortune, ils peuvent mériter votre attention.

Enfin grande prudence à l'égard du diamant et des autres pierres précieuses. Souvenez-vous des déboires des investisseurs

LES CRITÈRES CLÉS DE VOS PLACEMENTS

	FISCALITÉ	LIQUIDITÉ	RENTABILITÉ (1)	SÉCURITÉ
LIVRET A	Exonération	Très bonne (4).	4,5 %	Très bonne
CODEVI	Exonération	Très bonne (4).	4,5 %	Très bonne
ACTIONS FRANÇAISES	Dividende imposé sur le revenu au-delà de 8 000 F pour les célibataires (ou veufs) et de 16 000 F pour les couples mariés. Avoir fiscal.	Très bonne	3 % (2)	Attention à la tenue de la Bourse et à la santé de la société.
OBLIGATIONS FRANÇAISES	Coupons imposés sur le revenu. Possibilité d'opter pour un prélèvement forfaitaire de 17 % (3) de la valeur du coupon.	Assez bonne	9 % pour une durée de 7 à 10 ans	Bonne, mais attention à une éventuelle hausse des taux d'intérêts.
FONDS COMMUNS DE PLACEMENT	Régime des actions et des obligations.	Bonne	Variable	Etalement du risque couru sur des titres individuels.
SICAV COURT TERME MONÉTAIRES	Fiscalité des revenus des créances. Coupons imposés sur le revenu ou prélèvement forfaitaire de 37 % (3) de la valeur du coupon.	Très bonne	8 à 9 %	Assez bonne
BONS DE CAPITALISATION	Exonération au-delà de 8 ans, 37 % pour une durée inférieure à 4 ans, 17 % entre 4 et 8 ans.	Long terme	7 à 9 %	Bonne

LES CRITÈRES CLÉS DE VOS PLACEMENTS (Suite)

ASSURANCE VIE RETRAITE	Déduction de 25 % de la prime versée, dans un maximum de 4 000 F+ 1 000 F par enfant à charge.	Bonne	8 à 10 %	Très bonne
CEL (COMPTE ÉPARGNE LOGEMENT)	Capitalisation des intérêts nette d'impôt sur le revenu (durée minimum : 5 ans)	Moyen terme	2,75 %	Très bonne
PEL (PLAN ÉPARGNE LOGEMENT)	Capitalisation des intérêts nette d'impôt sur le revenu. Exonération de la prime d'épargne. (durée minimum : 5 ans).	Long terme	6 %	Bonne
PEP	Au-delà de 8 ans, exonération des intérêts, du capital et de la rente, ainsi que de la prime d'Etat.	Assez bonne	6 %	Très bonne
IMMOBILIER HABITATION (5)	Abattement de 10 % sur les revenus fonciers.	Moyenne	3 %	Bonne
SCPI (5)	Abattement de 8 % sur les revenus fonciers.	Faible	7,60 %	Assez bonne
TERRES AGRICOLES	Exonération des droits de succession dans certaines conditions. Fiscalité des loyers.	Faible	1,5 %	Bonne
FORÊTS	Exonération des droits de succession dans certaines conditions. Fiscalité douce (base forfaitaire faible).	Faible	3 %	Aléatoire
OR	Exonération.	Moyenne	NUL	

(1) Moyen et brut. (2) Grandes valeurs et avoir fiscal compris. (3) Contributions sociales comprises. (4) Attention à la règle du calcul des intérêts par quinzaine.
(5) Exception loi Méhaignerie (logements neufs) : abattement de 25 %.
(*Source : La Vie Française*).

Vous avez dit avoir fiscal ?

Destiné à éviter en partie la double imposition des bénéfices, pour que l'actionnaire ne paie pas totalement l'impôt sur un dividende qui a déjà subi l'impôt sur les sociétés, le mécanisme de l'avoir fiscal ne s'applique qu'aux bénéfices distribués. Prenons l'exemple d'une société réalisant un bénéfice imposable de 100 F. Compte tenu de l'impôt de 42 % (sur les bénéfices distribués), le bénéfice distribuable s'élèvera à 58 F. Ce bénéfice distribué est assorti d'un avoir fiscal de 50 % soit 29 F. L'actionnaire perçoit un dividende de 58 F, mais déclare à l'IR (impôt sur le revenu), une somme de 87 F = (58 + 29). S'il est imposé à 40 % il devra payer 40 % x 87 = 34,8 F – 29 F d'avoir fiscal. Soit au total : 5,8 F.

Des actions françaises en direct

Compte tenu de l'avoir fiscal dont le mécanisme vient d'être décrit, voici (en fonction de votre tranche d'imposition) ce que vous toucherez finalement en percevant un dividende de 100 F d'une action française.

Dans ce tableau, les taux d'imposition sur le revenu sont ceux de la loi de finances pour 1991 relative aux revenus encaissés en 1990. Ils sont majorés de 1 % de contribution complémentaire et de 1 % de prélèvement social exceptionnel. Il n'est pas tenu compte des minorations s'appliquant au montant de l'impôt et variant avec la situation des contribuables.

Taux marginal brut d'imposition Taux majoré	19,2 % 21,2 %	28,8 % 30,8 %	33,6 % 35,6 %	Taux maximal 56,8 % 58,8 %
Dividende net versé Avoir fiscal Dividence brut (imposable)	100 + 50 150	100 + 50 150	100 + 50 150	100 + 50 150
Impôt (avant imputation de l'A.F.)	31,8	46,2	53,4	88,2
Encaissement final	100 - 31,8 + 50 = 118,2	100 - 46,2 + 50 = 103,8	100 - 53,4 + 50 = 96,6	100 - 88,2 + 50 = 61,8

Source : ASFFI (Association des sociétés et fonds français d'investissement)

La politique des œufs

Ne pas mettre tous vos œufs dans le même panier est une règle d'or en matière d'épargne. La réussite d'une bonne gestion de vos placements passe donc par une saine diversification de votre patrimoine et la variété des choix compte autant que les proportions de chaque ingrédient.

Cependant respectez certaines normes pour parvenir au bon équilibre. Voici les recettes que nous vous avons concoctées :

Pièces d'or	5 % à 10 %
Immobilier indirect (SCPI, SICOMI...)	25 % à 30 %
SICAV et FCP	25 % à 30 %
Assurance-vie et bons d'investissement	20 %
Épargne liquide (comptes rémunérés...)	10 % à 15 %

Si vous désirez gérer directement une partie de votre patrimoine en « boursicotant » et en achetant de la pierre en direct voici un profil un peu plus risqué :

Pièces d'or et mines d'or cotées	5 % à 10 %
Immobilier direct	20 %
Immobilier indirect	15 %
Actions et obligations	20 % à 25 %
SICAV et FCP	15 %
Assurance-vie et bons d'investissement	15 %
Épargne liquide	5 % à 10 %

EN MARGE : LA CHASSE A L'IMPÔT SUR LA FORTUNE

Inutile de détenir un patrimoine fabuleux pour être assujetti à l'impôt de solidarité sur la fortune. En 1991, des avoirs estimés à 4 260 000 F suffisent pour vous faire figurer dans la catégorie des possédants... A moins que vous effectuiez des placements judicieux exonérés en partie ou en totalité de cet impôt sur le capital. Nous les avons résumés dans le tableau ci-après :

	Qualification biens professionnels	Exonération
• Terres en faire-valoir direct	Oui, si activité principale	Totale
• Terres louées dans le cadre d'un bail (neuf ans)	Non	Aucune
• Terres louées dans le cadre d'un bail à long terme : – à un membre de la famille	Oui	Totale
– à un fermier	Oui	75 % jusqu'à 500 000 F (2); 50 % au-delà
• Parts de groupements représentatives d'apports en numéraire	Non	Aucune
• Parts de groupements représentative d'apports en nature avec bail à long terme (1)	Oui	75 % jusqu'à 500 000 F (2); 50 % au-delà
• Œuvres d'art	—	totale

(1) La durée de détention de deux ans ne s'impose que dans la mesure où les parts ont été acquises à titre onéreux.
(2) La limite des 500 000 F s'applique distinctement aux biens ruraux et parts de groupements fonciers.

Source : Le Figaro

2

LE REMPART DE LA « PIERRE-PAPIER »

Placement hybride, la « pierre-papier » ou pierre en parts repose sur un support immobilier et emprunte, à l'exception des SCPI (sociétés civiles de placement immobilier) et de quelques sociétés foncières, le chemin de la Bourse.

Avec la pierre-papier, vous achetez donc de l'immobilier coté ou non, détenu dans le cadre d'un portefeuille collectif. Cette appellation regroupe cinq grandes familles de produits : les SCPI, les SICAV immobilières, les SICOMI (sociétés immobilières pour le commerce et l'industrie), les foncières et les SII (sociétés d'investissement immobilières).

LES SCPI : CHAMPIONNES DE LA « PIERRE EN PARTS »

Sans doute la catégorie la plus populaire de la pierre-papier, les SCPI se sont développées dès 1970 sur un principe simple : plutôt que de se réunir à 3, 4 ou 10 pour acheter un immeuble, pourquoi ne pas se grouper à 100, 200 ou 4 000 pour acheter tout un patrimoine immobilier. Une SCPI a pour objet exclusif l'acquisition et la gestion d'un patrimoine immobilier locatif. Ce patrimoine, selon la COB (Commission des opérations de Bourse) était réparti au 31 décembre 1989 pour l'ensemble des 206 SCPI, essentiellement en bureaux (48 %), entrepôts (16 %), locaux commerciaux (14 %), locaux d'activités (11 %), locaux d'habitation (6 %), et accessoirement en hôtels, habitat de loisir, hôpitaux et cliniques.

Ce patrimoine est divisé en parts (minimum 1 000 F), et les acquéreurs – vous ou moi – deviennent des associés. A ce titre, ils peuvent espérer gagner, comme tout propriétaire-bailleur, sur deux tableaux : la plus-value en capital et le rendement constitué par les loyers.

• **Avantages de la SCPI** par rapport à la détention en propre d'un bien immobilier : l'acquisition et la gestion sont complètement déléguées à la SCPI. Une fois que vous avez souscrit des parts, il ne vous reste qu'à attendre d'encaisser, généralement tous les trois mois, les loyers. Attendre que la valeur de la part augmente tous les ans par la réévaluation du patrimoine immobilier. C'est clair. C'est rentable : au cours de la décennie 80, plus de deux SCPI sur trois ont battu l'inflation. Autres attraits de cette pierre en parts : le fractionnement de l'investissement et la diversification des risques.

• **Des SCPI pour tous les goûts.** Au produit unique du début ont succédé des SCPI de plus en plus spécialisées. A l'origine, les SCPI ont bâti leur empire sur les immeubles de bureaux, les boutiques et les entrepôts. Bref sur « l'immobilier commercial ». Le succès aidant, les championnes de la pierre en parts se sont multipliées. Mais en même temps elles se sont spécialisées par type de patrimoine, par objectif, par zone géographique.

– Les SCPI Méhaignerie. Investies en immeubles d'habitation neufs elle compensent un faible rendement (de l'ordre de 3 %) par les dégrèvements fiscaux... En tant qu'associé de la SCPI, vous avez droit à deux carottes fiscales. D'une part un abattement sur des revenus fonciers majoré : 25 % (au lieu de 8 %). D'autre part, une réduction d'impôt de 10 % des trois quarts soit de 7,5 %, dans la limite de 60 000 F pour un couple. Et de 30 000 F pour un célibataire.

Attention, ce régime de faveur exige plusieurs contraintes

– Il faut détenir vos parts au moins pendant six ans.

– Entre le 1er janvier 1990 et le 31 décembre 1992, vous n'êtes autorisé à pratiquer qu'une seule opération de ce type. Résultat : pour bénéficier d'une réduction maximale, il faudra souscrire 800 000 F de parts (pour un couple), 400 000 F (pour une personne seule).

– Au contraire, les « SCPI Malraux » achètent des immeubles d'habitation anciens situés dans les quartiers anciens des villes de France, classés en secteurs sauvegardés ou dans des périmètres de restauration immobilière (PRI).

En procédant aux travaux nécessaires à l'amélioration de ces immeubles, la SCPI fait bénéficier ses associés des avantages liés à la loi Malraux, c'est-à-dire de la déduction des déficits sur les revenus globaux. Et ce, uniquement pour les travaux effectués dans un cadre précis et limité. Concrètement les travaux doivent faire l'objet d'une autorisation préfectorale, valant permis de construire. Autre contrainte : ils doivent être réalisés dans le cadre d'une AFUL (Association foncière urbaine libre). Le fisc veille en limitant la déduction à des travaux de nature bien précise : entretien, réparation et amélioration, à l'exclusion de tous les travaux de construction, de reconstruction ou d'agrandissement.

– Les SCPI à plus-value. Comme leur nom l'indique, ces SCPI ne privilégient pas le rendement, mais la plus-value, lors de la réalisation de leurs actifs. Leur vocation consiste à acquérir des immeubles de grande qualité, à les restaurer et à les louer sans pour autant que les revenus soient une priorité. Avec une telle politique, elles offrent un rendement symbolique de 2 %. Reste à savoir si les plus-values seront vraiment au rendez-vous...

– Les « régionales » ont joué la carte de la décentralisation en investissant dans leur région. En réalité la plupart des gestionnaires achètent des immeubles en région parisienne et en province. Ces derniers se révèlent plus rentables du fait de leur prix d'achat nettement inférieur. Le rendement procuré par les bureaux oscille entre 4,5 et 5,5 % dans les quartiers centraux de Paris (Etoile, Bourse, Opéra) alors qu'il grimpe aux alentours de 8 % dans le centre des grandes métropoles régionales comme Lyon, Marseille, Lille... Malgré l'attrait des taux de rendement, il ne faudrait pas qu'une

SCPI provinciale investisse sur un marché trop étroit, plus vulnérable aux situations de retournement.

– Les « européennes », voire internationales franchissent les frontières. A l'approche du grand marché européen, une douzaine de SCPI ont choisi d'investir, en partie ou exclusivement, dans les pays de la CEE, ou aux États-Unis. Certaines font même la course aux avantages fiscaux en utilisant l'exonération d'impôt sur les plus-values dont bénéficient les non-résidents en Grande-Bretagne et en Allemagne. Considérés en France comme ayant été déjà théoriquement imposés dans leur pays, les associés échappent à toute fiscalité française.

• **Comment choisir ?** Exemple, M. Bienplacet ne sait plus à quel saint se vouer. Le directeur de l'agence dans laquelle il a son compte en banque vient de lui chanter les louanges d'une SCPI. La semaine dernière, la Caisse d'épargne lui avait vanté les mérites d'une autre. Et sa boîte aux lettres croule sous les mailings envoyés par les sociétés vendant des SCPI par correspondance. Le problème de M. Bienplacet correspond sans doute au vôtre. Une fois que vous avez décidé de placer vos sous dans une SCPI, le plus dur reste à faire. Actuellement, on compte plus de 200 SCPI de toute sorte (des classiques, aux Malraux, en passant par les Méhaignerie, les régionales ou les internationales). À la question : laquelle acheter :

1) Définissez votre objectif, avant de sauter le pas. Recherchez-vous le rendement, les avantages fiscaux ou la plus-value ? La priorité doit guider le choix, en sachant que la SCPI est un placement à long terme.

2) Sélectionnez un produit dans la catégorie retenue, une fois l'objectif fixé. Pour répondre aux exigences de la loi en matière d'appel public à l'épargne, les SCPI publient des informations essentielles dans leur rapport annuel et dans leurs bulletins trimestriels. Leur lecture permet de mesurer l'évolution des recettes locatives, du coût d'entretien du patrimoine, le poids des charges ou les frais de gérance, et de connaître l'évolution de la part à différents moments.

• **Achetez à crédit.** Même si vous disposez de ressources suffisantes, le recours au crédit pour financer une souscription de parts de SCPI peut devenir un abri fiscal. L'achat de parts à crédit vous permet de déduire intégralement les intérêts d'emprunt des revenus de la SCPI. Résultat : vous payez peu ou pas d'impôts sur les loyers perçus.

Autre astuce : le couplage avec un contrat d'assurance-vie. Dans ce cas, au bout de huit ans, les plus-values échapperont en totalité à l'imposition. Vous souscrivez simultanément un prêt avec remboursement du capital *in fine* c'est-à-dire lors de la dernière échéance, et un contrat d'assurance-vie à prime unique (ou un bon de capitalisation). Pour obtenir, à la date prévue, le capital escompté, la somme à verser à la souscription sera calculée en fonction du taux d'intérêt garanti du contrat d'assurance. Fiscalement, vous cumulez deux catégories d'avantages fiscaux : la déduction des intérêts d'emprunt et l'exonération des intérêts du contrat d'assurance.

Détail important : le bien acheté à crédit est considéré durant toute l'opération comme une dette et, de ce fait, échappe aux droits de succession et à l'impôt de solidarité sur la fortune.. Seulement un tel montage fait chuter le taux de rendement compte tenu du montant du versement initial effectué pour souscrire le contrat d'assurance (voir encadré).

• **Une SCPI pour deux,** voici à quoi aboutit le démembrement des parts. Cette opération met en présence d'un côté, l'usufruitier (titulaire d'un droit d'usage lui permettant d'avoir la jouissance d'un bien sans avoir la propriété) achète l'usufruit des parts de SCPI pour une durée déterminée ou viagère. De l'autre, le nu-propriétaire (propriétaire privé de la jouissance du bien) renonce à recevoir des revenus pendant toute la durée de l'usufruit... mais il escompte à long terme une forte plus-value. Comme tout placement, la SCPI s'apprécie en terme de rendement (revenu) et de revalorisation de la part (plus-value). Avec le démembrement, l'usufruitier souvent assimilé au « crédirentier » (le senior) perçoit des revenus indexés très supérieurs à ceux que recevrait un associé détenant des parts de SCPI en pleine propriété. Selon son âge et le revenu distribué par la SCPI, ce taux peut se situer entre 10 et 20 %. Revers de la médaille : il aliène son capital. A son décès, l'usufruit disparaît. Et le nu-propriétaire obtiendra alors la pleine propriété des parts de SCPI acquises à bon prix. Une judicieuse stratégie de préparation à la retraite. Pour optimiser son rendement, une fois retraité, le porteur de parts a la possibilité de céder la nue-propriété.

Relativement sophistiqué, ce montage s'accompagne des précautions d'usage.

– Pour mieux répartir les risques d'une longévité exceptionnelle, un investissement avec plusieurs usufruitiers est recommandé.

– En cas de limitation de la durée de l'usufruit (par exemple à sept ou dix ans) ayez bien conscience que le montage ne se réalisera pas forcément financièrement comme prévu. En principe, l'usufruit est un droit viager, c'est-à-dire qu'il ne doit s'éteindre qu'au décès de l'usufruitier.

– Et surtout extrême prudence, le « mariage » doit se conclure entre inconnus. Autrement, s'il y a un lien de parenté entre l'usufruitier et le nu-propriétaire (par exemple un père et un fils) ou si le nu-propriétaire est institué (par testament) légataire de l'usufruitier, le fisc estimera qu'il y a fraude au regard des droits de succession. En vertu de l'article 751 du Code général des impôts, il taxera le nu-propriétaire sur la valeur en toute propriétaire des parts en question. Pour éviter une telle mésaventure, il ne reste qu'à régler, lors du démembrement, les droits de donation sur la valeur de la nue-propriété.

SUR 131 SCPI EN ACTIVITÉ EN 1989, 28 ONT UNE PERFORMANCE SUPÉRIEURE À 13%

NOM DE LA SCPI	DATE DE CRÉATION	PERFORMANCE GLOBALE (*)
ACTIPIERRE 1	1981	13,82 %
ACTIPIERRE 2	1987	13,56 %
CIFOCOMA	1968	18,15 %
CIVILE FONCIERE	1964	15,23 %
CORTAL PIERRE	1979	19,23 %
EIRAM	1968	17,10 %
EPARGNE FONCIERE 1	1966	15,38 %
EPARGNE FONCIERE 2	1968	16,92 %
FONCIERE HAUSSM.	1987	13,86 %
FRUCTIPIERRE 1	1974	21,11 %
FRUCTIPIERRE 2	1980	24,36 %
IMMOFONDS 1	1969	13,20 %
LYON PIERRE	1981	14,79 %
SELECTINVEST 2	1977	15,14 %
SELECTINVEST 3	1979	19,22 %
SELECTIPIERRE 1	1975	14,67 %
SLIVIMO	1973	19,00 %
SLIVIMO 2	1967	14,27 %
UNICEP FRANCE 2	1968	26,93 %
UNIPIERRE 2	1977	13,49 %
VALEUR PIERRE 2	1975	22,28 %
VALEUR PIERRE 3	1977	13,73 %
VALEUR PIERRE 4	1978	22,34 %
VALEUR PIERRE 5	1979	15,23 %
VALEUR PIERRE 6	1981	22,40 %
VALEUR PIERRE PAT.	1988	19,63 %
W. PIERRE 1	1975	15,24 %
W. PIERRE 2	1979	13,54 %

(*) Rendement et plus-value.

Source : IEIF

LES SICAV IMMOBILIÈRES : RÉSISTANTES

Elles doivent respecter certaines règles de gestion imposées par le législateur :

– 85 % des actifs doivent être constitués de valeurs cotées ou assimilées ;

– détenir moins de 10 % des actions ou titre émis par les sociétés.

• **Leur portefeuille** comprend exclusivement des titre cotés de sociétés foncières, de SII, de SICOMI. D'autres élargissent leur portefeuille aux titres de sociétés dont l'activité se rattache directement à la construction immobilière (promoteurs, bâtiments et travaux publics) ou à son financement. Parfois même aux titre d'entreprises françaises détenant un important patrimoine immobilier ou foncier (hôtels, magasins...)

Dans une optique de diversification, certaines SICAV immobilières internationalisent leur patrimoine en détenant des valeurs étrangères.

• **Un caractère défensif** : en cas de crise, ces valeurs résistent mieux que les valeurs industrielles ou commerciales car leurs actifs assurent un bonne protection du capital.

Avec des SICAV immobilières, vos sous restent à l'abri des aléas de la conjoncture, pour trois raisons :

– L'immobilier résidentiel comme l'immobilier commercial se revalorise régulièrement, dégageant des plus-values souvent plus importantes.

– Les revenus qu'ils procurent sont assis sur des loyers régulièrement indexés.

– La surface financière des sociétés immobilières leur permet de choisir des emplacements privilégiés et de diversifier leur patrimoine.

En gérant collectivement des sociétés liées à la pierre une trentaine de SICAV immobilières vous offrent une possibilité d'investir dans de bonne conditions de sécurité et de tabler sur une revalorisation du capital à moyen terme. Avec la suppression de « l'obligation de l'obligation » (obligation d'investir au moins 30 % de leurs actifs en obligations) intervenue le 1er octobre 1989, des SICAV immobilières achètent davantage de SII et SICOMI dont le comportement boursier est proche de celui des obligations, mais le rendement plus élevé. Enfin depuis le 1er janvier 1990, ces SICAV actions peuvent capitaliser leurs dividendes.

LES SICOMI : CHANGEMENT EN VUE

Les premières SICOMI ont vu le jour en 1967, à un moment où la Bourse souffrait d'une vive concurrence exercée par l'immobilier. À l'origine leur activité consistait à donner en location des immeubles à usage professionnel, dans le cadre d'opérations de crédit-bail. Elles achètent ou construisent, des immeubles (garages, cliniques, hôtels, bureaux, usines, centre commerciaux) et les louent pour dix, quinze ou vingt ans, avec promesse de vente au locataire.

Par la suite, leur objet s'est élargi à la construction et à la location simple de locaux destinés aux entreprises. Résultat : certaines SICOMI ne réalisent plus aujourd'hui que des opérations de location simple.

• **Fiscalement,** depuis le 1er janvier 1991 les SICOMI sont progressivement imposées selon le droit commun alors qu'auparavant elles étaient exonérées d'impôt sur les sociétés pour la fraction de leur bénéfice net provenant de la location d'immeubles à des entreprises industrielles ou commerciales, ainsi que pour les plus-values dégagées par la cession de ces immeubles dans le cadre d'opérations de crédit-bail. Cependant, elles peuvent opter pour le maintien du régime fiscal antérieur. Et ce pendant cinq ans.

En recourant au crédit-bail ou « leasing », l'industriel ou le commerçant peut se constituer un patrimoine immobilier, sans immobiliser de fonds propres, ce qui ne réduit pas ses disponibilités. Dans la pratique il loue à la SICOMI les bâtiments dont il a besoin et paie un loyer, généralement indexé partiellement sur l'indice INSEE du coût de la construction. Au terme du contrat, d'une durée de dix à quinze ans, le locataire peut devenir propriétaire du bien pour un somme symbolique.

• **L'originalité** : il s'agit d'un placement boursier, proche de l'immobilier, mais aussi du secteur bancaire, les SICOMI étant des établissements de crédit. À la suite de leur imposition du droit commun, certaines vont se comporter comme des foncières et d'autres comme des banques. Il faut donc s'attendre à de profonds changements.

• **En Bourse** : acquises pour le rendement (elles sont encore tenues de distribuer au moins 85 % de leurs bénéfices pour leurs activités antérieures), la quarantaine de SICOMI cotées vous procure donc la sécurité de la pierre indexée.

Avec des nuances : plus l'activité relève de la location simple, plus les risques augmentent. Enfin, la Bourse les dote d'une grande liquidité. Pour choisir, renseignez-vous sur la composition du patrimoine, la nature de l'activité dominante et privilégiez la diversification.

LES FONCIÈRES : MAL CONNUES

Souvent mal connues du public, les foncières représentent un marché difficile à évaluer, bon nombre de sociétés n'étant pas cotées en Bourse. Seule la quinzaine de foncières inscrites sur les grands marchés (règlement mensuel, comptant et second marché) peuvent être analysées. En revanche, peu d'informations circulent sur les dizaines de foncières du marché hors-cote.

Résultant du cantonnement ou isolement des actifs immobiliers d'une entreprise industrielle ou commerciale – c'est le cas par exemple d'Exor (ex-Félix-Potin), du Louvre (autrefois les magasins) – ou de l'introduction en Bourse de patrimoines importants constitués par de grands investisseurs, les foncières ont leur équivalentes sur tous les marchés financiers. Aussi l'Europe des capitaux jouera-t-elle un rôle de catalyseur à ce niveau.

• **Fiscalement**, elles sont assujetties de plein droit à l'impôt sur les sociétés. Moyennant quoi, elles ne subissent aucune contrainte pour exercer leur activité principale de propriétaire-bailleur et, en amont, pour constituer leur patrimoine locatif. Elles détiennent des locaux commerciaux et éventuellement des logements.

• **La décote** exprime l'écart entre le cours de Bourse et l'actif net (après imposition des plus-values). En réalité les experts se basent sur la valeur « à la casse » des immeubles en tenant compte de leur occupation. En matière de logement, des baux régis par la loi de 1948 contribuent à augmenter la décote. Variable selon les foncières, celle-ci peut représenter entre 25 et 45 %

La décote des foncières s'explique également par la forte présence d'investisseurs institutionnels au sein de leur capital qui rend improbable toute tentative d'OPA (Offre publique d'achat).

• **En Bourse** : plus volatiles que les SICOMI ou les SII, les foncières sont conseillées aux investisseurs avertis en quête de plus-value à moyen et long terme.

LES SII : LA PIERRE QUI MONTE

En 1958 le législateur a institué les « sociétés immobilières conventionnées », version spécifique des sociétés foncières.

Il s'agissait d'encourager la construction d'immeubles d'habitation. Le système a été revu en 1963, avec la création de « sociétés immobilières d'investissement ». Moyennant des avantages fiscaux importants, ces sociétés étaient destinées à favoriser directement (par des impératifs d'investissement) et indirectement (par des encouragements à l'épargne) la construction d'immeubles d'habitation.

Au fil des années, leurs avantages fiscaux se sont réduits comme peau de chagrin. Si les SII ont joué leur rôle dans les années soixante, elles n'ont pratiquement plus d'autre avantage aujourd'hui que l'exonération d'impôt sur les sociétés. En contrepartie, elles doivent distribuer au minimum 85 % de leur bénéfice net. Comme les foncières, elles affichent une décote sur la valeur estimée du patrimoine, (près de 30 % en moyenne), mais leur structure diffère puisqu'elles sont constituées, pour les trois quarts au moins, d'immeubles d'habitation.

• **Leur politique** : Suite à de nombreux rapprochements, les SII affichent un nouveau dynamisme en restructurant leur parc immobilier et en se concentrant. Les arbitrages se font par la vente de logements déjà anciens et dispersés. Les sommes obtenues composées de belles plus-values, sont réinvesties dans des immeubles d'habitation plus récents et dans des locaux commerciaux et bureaux afin d'améliorer la rentabilité des investissements.

Ces nouvelles orientations devraient également engendrer une meilleure revalorisation.

• **En Bourse** : bien qu'elles restent particulièrement dépendantes de la santé de la pierre d'habitation 75 % de leur patrimoine) ces actions en béton sont recherchées pour leur rendement.

LES ATOUTS DE LA PIERRE-PAPIER

L'immobilier-papier se révèle plus avantageux à l'achat et procure un rendement supérieur à celui de l'immobilier direct. Bien sûr, ce dernier offre de larges possibilités de financement à crédit. Mais les achats en direct sont grevés de frais de mutation proches de 20 % pour l'immobilier professionnel alors que les frais d'acquisition de parts de sociétés immobilières s'élèvent à 3 % maximum. De plus le rendement locatif de l'immobilier est calculé avant amortissement et impôts, avant frais, alors que celui d'une société immobilière est net. Dans ces conditions si l'on compare le rendement d'un studio parisien aux 5 ou 6 % d'une SII ou aux 7 à 8 % d'une SICOMI, le placement boursier arrive largement en tête.

EN BREF

- Avec la pierre-papier, vous achetez de l'immobilier coté ou non, détenu indirectement dans le cadre d'un portefeuille collectif. Figurent sous cette appellation : les SCPI, les SICAV immobilières, les SICOMI, les foncières et les SII.
- Sans doute les favorites de la pierre-papier, les SCPI ont pour objet exclusif l'acquisition et la gestion d'un patrimoine immobilier locatif. En devenant associé d'une SCPI, vous percevez des revenus (les loyers) et escomptez une revalorisation des parts (la plus-value en capital).
- Vous avez le choix entre un peu plus de 210 SCPI. La grande majorité est investie en immobilier d'entreprise (bureaux, entrepôts, magasins). Certaines se sont spécialisées en logements neufs et bénéficient à ce titre d'avantages fiscaux.
- Par ailleurs, si vous percevez déjà d'autres revenus fonciers, pour atténuer la pression fiscale, pensez à l'acquisition de parts de SCPI à crédit.
- Comme tout bien, les parts de SCPI peuvent faire l'objet d'un démembrement de propriété. En aliénant son capital, l'usufruitier (celui qui en perçoit les revenus) perçoit plus de revenus alors que le nu-propriétaire ne vise dans un premier temps que la plus-value en capital.

- Les SICAV immobilières détiennent traditionnellement en portefeuille des titres cotés de sociétés foncières, de SII et de SICOMI. Certaines se diversifient en sélectionnant des titres de sociétés dont l'activité se rattache à la pierre.
- D'un caractère défensif, les SICAV immobilières résistent mieux aux états de crise que les valeurs industrielles ou commerciales.
- Recherchées en Bourse pour leur rendement, les SICOMI vous procurent la sécurité de la pierre indexée (leurs loyers sont revalorisés en partie sur l'indice INSEE du coût de la construction).
- Comme les foncières affichent généralement une décote (écart entre le cours de Bourse et l'actif net après imposition des plus-values) comprise entre 25 et 45 %, elles sont recommandées dans une optique de plus-value à moyen terme.
- Tenues de distribuer au moins 85 % de leurs bénéfices, les SII sont recherchées en Bourse pour leur rendement.

LA PIERRE-PAPIER EN RÉSUMÉ

	SCPI	SICAV IMMOBILIÈRE	SICOMI (Nouvelle règlementation)	FONCIERS
FISCALITÉ	Moyenne	Moyenne	Moyenne	Moyenne
LIQUIDITÉ	Moyenne	Excellente	Excellente	Excellente
RENTABILITÉ	De bonne à moyenne selon catégorie	Variable	Moyenne	Variable
SÉCURITÉ	Bonne	Moyenne	Moyenne	Variable

POUR BIEN CHASSER...

Pour diversifier les risques, constituez-vous un portefeuille de SCPI en panachant le support immobilier : pierre régionale, parisienne, européenne. Selon votre tranche d'imposition, vous opterez pour un SCPI orientée sur les plus-values. Attention, les déficits dégagés par les SCPI Malraux sont d'abord reportables sur les revenus fonciers et viennent ensuite en déduction des revenus globaux. Des trois familles de la pierre cotée, préférez dans une optique de moyen-long terme, les SICAV immobilières qui détiennent en portefeuille notamment des foncières et des SII. Autre avantage : la capitalisation de leurs revenus.

L'achat de parts de SCPI à la loupe

Même si un conseiller en gestion de patrimoine zélé vous vante les mérites du crédit, réfléchissez-y à deux fois. L'opération n'est pas forcément judicieuse pour tout le monde. Exemple : M. Pierre a sélectionné une SCPI dégageant un rendement de 7,20 %. La revalorisation du revenu et de la part s'effectue sur une base de 3 % à compter de la deuxième année. Pour financer son achat, il contracte un crédit avec remboursement *in fine* au taux de 11,42 % (assurance comprise). Pour rembourser son crédit, il adosse l'opération à un bon de capitalisation qui lui garantit une rémunération de 8 %. Des frais de 4,5 % sont prélevés sur la souscription. Courageux, M. Pierre s'engage à rembourser son banquier sur une période de dix ans. Voici les différents scores du placement établis avec le concours de la FGP (la Fiduciaire de gestion de patrimoine)

Taux d'imposition de M. Pierre	56,80 %	38,40 %	24,00 %
Achat au comptant	6,26 %	7,47 %	8,41 %
Crédit à hauteur de 60 %, sans autres revenus fonciers	7,79 %	7,96 %	8,09 %
Crédit à hauteur de 100 % avec d'autres revenus fonciers	21,71 %	11,56 %	6,11 %
Crédit adossé à un bon de capitalisation	9,06 %	8,06 %	7,29 %

EN MARGE : UNE SCPI POUR DEUX

Pour mieux cerner le démembrement de la propriété des parts de SCPI, prenons un exemple concret. En fait, peu importe l'âge du nu-propriétaire. Par contre retenons un usufruitier ayant une espérance de vie de dix ans.

Selon les tables de mortalité utilisées par les assureurs, cette hypothèse correspond à un homme âgé de 74,5 ans ou à une femme de 78 ans. Mais revenons aux sous. Le montant total de l'investissement en parts de SCPI s'élève à 100 000 F dont 58 386 F versés par le nu-propriétaire. Et 41 614 F (le solde) acquittés par l'usufruitier. Compte tenu des honoraires perçus pour ce « mariage » (4 %), la somme nette placée s'élève à 96 000 F.

• pour le nu-propriétaire : par rapport à un achat de parts détenues en pleine propriété, il bénéficie d'une« ristourne » de 39,18 % soit 96 000 F – 58 386 F = 37 614 F

37 614 F : 96 000 F = 39,18 %

Compte tenu de l'espérance de vie de son usufruitier, il a des chances (mais rien n'est certain) de récupérer l'usufruit des parts et d'en obtenir la pleine propriété dans dix ans. En se basant sur l'hypothèse d'une revalorisation de la part de 3 % à compter de la seconde année, il se retrouvera à la tête d'un patrimoine de 125 258 F.

S'il est imposé à l'IR (impôt sur le revenu) au taux de 56,80 % et s'il perçoit des revenus fonciers par ailleurs, l'achat de la nue-propriété avec un crédit à hauteur de 100 % dégagera un rendement de 17,73 %.

Si cette acquisition à crédit est adossée à un bon de capitalisation, le rendement de ce placement tombe à 10,35 %.

• pour l'usufruitier : compte tenu de son espérance de vie et du taux de rendement de la SCPI, il va percevoir la première année 6 912 F de revenus. Rapporté à la valeur de l'usufruit (41 614 F), son placement dégage un rendement avant impôt de 16,61 %. S'il est imposé à 14,40 %, le rendement net d'impôt s'élève à 9,89 %.

3

DES PLACEMENTS SOUS TOUS LES TOITS

L'immobilier, un bon placement ? Oui, mais à condition de prendre certaines précautions dans la sélection du site, du produit et du locataire. Si les plus-values de la pierre peuvent fasciner, elles ne sont pas garanties à coup sûr. En cas d'erreur, la « bonne affaire » se transforme vite en mirage... à vos risques et périls. Avec un handicap supplémentaire par rapport à la Bourse : il s'avère plus difficile de revendre (même à perte) un bien immobilier qu'un portefeuille de valeurs mobilières. Pour éviter les mauvaises surprises en immobilier d'habitation voici les prix clés de l'investissement judicieux.

LES CRITÈRES DE CHOIX

• **La ville :** même si la France administrative joue la carte de la décentralisation, Paris offre des opportunités de placement de premier ordre. Ses arrondissements les moins cotés (*grosso modo*, les quartiers Est) recèlent de bonnes plus-values potentielles. Mais attention, d'un quartier à l'autre, à l'intérieur d'un même arrondissement, les écarts de prix peuvent être importants.

Tablez sur les opérations d'aménagement en cours qui, en transformant l'environnement, feront à terme grimper la valeur des appartements.

En région parisienne, plus vous vous rapprocherez d'une station de métro ou de RER, plus les prix rattrapent ceux pratiqués dans la capitale. Avec toutefois une marge de 20 à 30 % de décote observée dès que le boulevard périphérique est franchi. Bien entendu un projet de prolongement de ligne ou d'ouverture de gare mérite toute l'attention.

Quant à la province, difficile d'énoncer une règle générale compte tenu de la diversité des situations. Retenez cependant que l'immobilier est d'autant plus actif que la région est dynamique sur le plan économique. Autre critère de sélection : les dessertes, notamment les liaisons TGV qui ont de fortes incidences sur le foncier et l'habitat, surtout pour les villes situées à environ une heure de Paris (Orléans, Le Mans, Chartres, Vendôme, Tours, Lille...). Sans devenir pour autant des cités-dortoirs, ces communes peuvent attirer une nouvelle race de migrants : les « rouliens », ces cadres parisiens mettant à profit leur temps de transport pour travailler dans le TGV, promu au grade de super-RER.

• **L'emplacement** : en matière d'investissement pierre, la localisation est un facteur essentiel. Pour la petite histoire, souvenez-vous qu'aux yeux de Conrad Hilton, fondateur de la célèbre chaîne d'hôtels portant son nom, les trois règles d'or pour un placement immobilier se résumaient en « premièrement la localisation, deuxièmement la localisation, troisièmement la localisation ».

Dans tous les cas, ne raisonnez pas en fonction de vos goûts, mais en fonction des besoins de vos futurs locataires. Vous louez un studio, examinez si dans l'environnement (facultés, hôpitaux, loisirs) peut vous assurer un potentiel de clientèle. Vous souhaitez investir dans un quatre pièces : veillez à la proximité des écoles.

Avant d'achetez, faites preuve d'imagination et ayez l'œil critique de votre futur acquéreur, le jour où vous voudrez vendre. Appréciera-t-il le restaurant chinois qui en occupant le rez-de-chaussée de l'immeuble, fait profiter tous les étages de ses senteurs de canard laqué ? Ou encore de cette supérette, certes utile le jour, mais bruyante tôt le matin à cause des livraisons ?

• **Neuf ou ancien** : l'un comme l'autre présentent des avantages et des inconvénients... appréciables selon votre objectif. Comme un logement neuf n'a jamais été habité, il vous épargne en principe des travaux et grosses réparations au moins durant les dix premières années. Ses autres avantages : une conception rationnelle de l'espace, des équipements modernes (ascenseurs, parking...), une fiscalité intéressante (jusqu'au 31 décembre 1992) et des frais de notaire réduits lors de l'acquisition (un peu moins de 4 %). Revers de la médaille : le niveau des prix de vente.

En revanche, par rapport au neuf, l'ancien affiche généralement une décote comprise entre 10 et 30 % pour une qualité de construction parfois meilleure, des surfaces et volume plus spacieux et en prime un certain caractère (cheminées, parquets, moulures...). En contrepartie : pas ou peu d'équipements collectifs, des aménagements peu fonctionnels et éventuellement des gros travaux pour améliorer le confort. Dans ce dernier cas, faites la chasse aux subventions de l'ANAH (Agence nationale pour l'amélioration de l'habitat) qui peuvent financer une partie des travaux d'amélioration.

• **Le type de logement** : proportionnellement un petit logement revient plus cher à l'achat, mais se loue également plus cher qu'un grand. En théorie, le studio paraît donc plus attractif qu'un trois pièces. En pratique, comme toutes les petites surfaces, il attire des occupants moins stables, souvent installés provisoirement. D'où la peu réjouissante perspective de changer souvent de locataire, ce qui risque d'entraîner des frais de remise en état non négligeables et, pourquoi pas une période d'inoccupation.

• **Le financement** : même si vous avez les moyens de régler votre acquisition au comptant, abstenez-vous. Pour la simple raison que le fisc accorde aux propriétaires-bailleurs une totale déductibilité des intérêts d'emprunt pendant toute la durée du prêt. Une opportunité à ne pas manquer, lorsque l'abattement sur les revenus fonciers se réduit comme peau de chagrin au fil des années. (fixé à 15 % jusqu'en 1989, il est passé à 10 % en 1990 pour atteindre 8 % à partir de 1991).

Avantage supplémentaire : si les intérêts sont supérieurs aux revenus locatifs, ce déficit fiscal peut être reporté sur d'autres revenus fonciers (autres appartements loués, SCPI, etc.) ce qui vous permet une économie d'impôt d'autant plus appréciable que votre tranche marginale d'imposition est élevée. Bien entendu le financement à crédit vous prive d'une rentabilité immédiate, car les loyers servent à rembourser les mensualités d'emprunt.

• **La location** : sauf si l'une de vos relations vous recommande chaleureusement un locataire, vous avez tout intérêt à confier la location de votre logement à un professionnel : agent immobilier ou administrateur de biens. Il sélectionnera le candidat, demandera

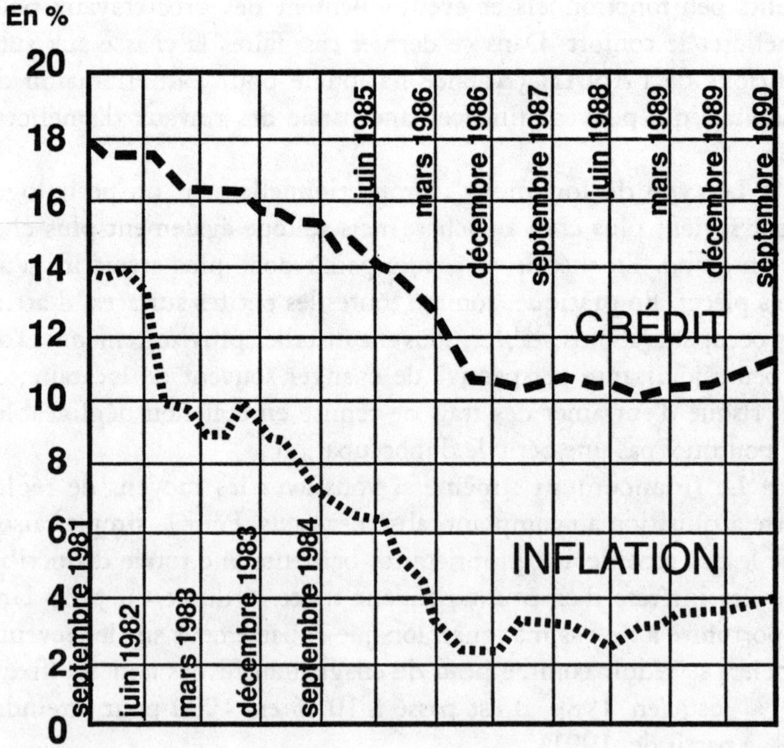

des garanties, établira le bail en bonne et due forme, s'occupera de l'encaissement des loyers et veillera aux problèmes de fonctionnement, d'entretien qui pourront survenir. Le moment venu, ce professionnel réévaluera le loyer dans les formes et limites prescrites, alors que nombre de particuliers commettent des erreurs.

Si vous avez une dernière hésitation, sachez que vous pouvez déduire de vos revenus fonciers les honoraires de gestion (généralement compris entre 8 et 10 %).

Dernier conseil : un montant trop élevé de loyer peut se traduire par une rotation accélérée des occupants, voire des problèmes de contestation du loyer jusque devant les tribunaux. Alors pour privilégier le sérieux du locataire et sa fidélité, fixez un loyer raisonnable.

LES BONNES PISTES

L'investissement direct dans l'immobilier ne se limite pas à la pierre d'habitation. Certains investisseurs ne jurent que par les murs de boutiques, d'autres préfèrent le logement étudiant.

• **Les murs de boutique**

Alors que le marché de l'habitation, secteur sensible, est souvent victime de blocage de loyer, celui de murs de boutique qui relève de l'immobilier commercial jouit d'une plus grande liberté. De plus, ce type de produit demande une plus petite mise de fonds (moins d'un million de francs) que les bureaux. Ce placement n'a rien à voir avec l'achat d'un fonds de commerce puisque vous allez donnez votre bien en location à un commerçant qui y exercera son activité professionnelle.

Comme la vertu principale de ce placement tient à la qualité de l'emplacement choisi, donnez la préférence aux rues traditionnellement commerçantes. A Paris, il faut même parfois veiller au côté de la rue : ainsi par exemple grâce à son ensoleillement, le trottoir des numéros pairs des Champs-Élysées est réputé plus commerçant que l'autre. Dans l'environnement immédiat, la présence d'un marché qui attire un gros flot de passage constitue un atout de tout premier ordre.

En proche banlieue parisienne, les emplacements les plus rentables se regroupent à proximité des transports, en face de la gare par exemple. En région parisienne comme en province, les quartiers chics ne sont pas forcément les plus commerçants. Partout, les rues piétonnes rencontrent un vif succès. Attention toutefois aux centres commerciaux ou galeries marchandes, pénalisées par de lourdes charges de gardiennage, chauffage et de climatisation.

Après le choix du site, pensez à la sélection du locataire en évitant les activités à risques, telles que le prêt-à-porter, très dépendante des modes. En revanche, une banque, une pharmacie ou une boulangerie présentent moins d'aléas, donc plus de sécurité. Plus encore que pour l'habitation, entourez-vous de conseils pour sélectionner votre locataire et établir le bail.

• **Le logement étudiant** : un placement à prendre au sérieux, que vos enfants fréquentent ou non les amphithéâtres de l'université. Compte tenu de la demande prévisionnelle (d'ici l'an 2 000, près de 300 000 étudiants supplémentaires se tourneront vers le secteur privé pour trouver un toit) vous prenez peu de risque en investissant un logement meublé d'une résidence étudiante située dans un emplacement de qualité. Aux yeux des professionnels, une bonne localisation se trouve entre le centre ville et les écoles et bénéficie des axes de transports en commun. En principe les trajets ne devraient pas dépasser un quart d'heure.

Comme les promoteurs se chargent de la gestion et de l'entretien des résidences, l'investisseur est dégagé de tout souci. En fonction de l'importance de votre investissement, vous rélèverez fiscalement soit du statut de propriétaire-bailleur occasionnel ou au contraire de celui de loueur professionnel en meublé.

– propriétaire-bailleur occasionnel : c'est votre cas si vos revenus locatifs de meublés n'atteignent pas 150 000 F par an. Ils sont imposés au titre des revenus fonciers. Concrètement vous signez un mandat de gestion avec le promoteur gestionnaire qui donnera votre bien en location à un étudiant de son choix ;

– Loueur professionnel en meublé : vous entrez dans cette catégorie si les revenus locatifs de vos meublés franchissent le seuil des 150 000 F annuels.

Compte tenu des prix pratiqués (un peu plus de 10 000 F du mètre carré), il faut investir près de 3 millions de francs pour rentrer dans ce cas de figure (moins, si vous détenez par ailleurs d'autres logements meublés). En fait, vous avez pour locataire la société de gestion du promoteur qui s'engage dans le cadre d'un bail commercial à vous verser un loyer indexé sur l'indice INSEE du coût de la construction.

Fiscalement, le cumul du statut de loueur professionnel en meublé et des BIC (Bénéfices industriels et commerciaux), fait figure d'aubaine pour les contribuables fortement imposés. Il permet en effet de déduire les déficits sur les revenus globaux. Un peu d'imagination : si l'investissement est financé en totalité par un emprunt prévoyant un remboursement du capital *in fine* (chaque année, vous payer les intérêts et remboursez le capital lors de la dernière échéance), vous serez en situation déficitaire pendant toute la durée du prêt. Il suffit d'y penser...

EN BREF

- Pour tout investissement direct dans l'immobilier, la localisation du bien constitue un critère primordial. A tel point qu'il est préférable par exemple d'acheter un appartement de standing ordinaire mais très bien situé, qu'un logement de très bon standing dans un quartier moyen.
- En région parisienne, prenez en considération la présence ou non des dessertes (métro, RER) qui influe directement sur la qualité de la localisation.
- En province, la desserte par le TGV favorise de nouveaux pôles de développement favorable à l'immobilier d'habitation.
- Acheter du neuf vous met à l'abri des grosses réparations pendant dix ans minimum. Acquérir de l'ancien peut se traduire par des travaux de remise en état, finançables en partie par une subvention de l'ANAH.
- Même si vous pouvez régler votre acquisition au comptant, payez à crédit : les intérêts des emprunts sont totalement déductibles des revenus fonciers.
- Pour éviter les frais de remise en état liés aux déménagements fréquents, fidélisez votre locataire en lui fixant un loyer raisonnable.
- A la différence de l'immobilier d'habitation sujet à des blocages des loyers, les murs de boutique loués dans le cadre d'un bail commercial jouissent d'une plus grande liberté en matière de loyers et dégagent un rendement supérieur.
- Meilleur rendement également pour les logements achetés dans des résidences étudiantes. De plus grâce à des montages fiscaux, ce placement peut devenir particulièrement attractif.

POUR BIEN CHASSER...

Dans la pierre d'habitation, achetez du neuf si les travaux vous rebutent et si vous tablez sur la plus-value à long terme. Au contraire privilégiez l'ancien, si vous recherchez une rentabilité locative immédiate.

Mais pour obtenir un rendement plus élevé, investissez dans une résidence étudiante ou dans les murs de boutique.

Les subventions de l'ANAH

Propriétaires-bailleurs, à vos comptes : l'Agence nationale pour l'amélioration de l'habitat vous attribue des subventions pour améliorer le confort et économiser l'énergie dans les logements mis en location. Vous pouvez obtenir cette aide pour toute une gamme d'interventions. Par exemple :

– Les travaux d'amélioration de confort et de remise en état, sous réserve que l'immeuble ait été achevé avant le 1er septembre 1948 et que le logement soit dépourvu d'au moins un élément de confort (WC intérieur, salle d'eau, chauffage central) ;

– Les travaux destinés à économiser l'énergie, si l'immeuble a été achevé avant le 31 décembre 1975 ;

– L'étude préalable portant sur les qualités acoustiques et thermiques de l'immeuble et permettant d'évaluer ces travaux.

Pour avoir le droit aux largesses de l'ANAH, il faut répondre à plusieurs conditions :

– Le logement doit être loué à titre de résidence principale du locataire et assujetti à la taxe au droit au bail depuis au moins deux ans ;

– Il ne doit pas avoir fait l'objet d'une vente depuis deux ans ;

– Enfin, vous devez vous engager à le donner en location pendant une durée minimale de dix ans et à acquitter la taxe additionnelle.

Plus simplement : pour obtenir une subvention, adressez-vous à la Délégation départementale de l'ANAH (située généralement dans les locaux de la Direction de l'équipement). Et attention, n'entreprenez pas les travaux avant que l'ANAH n'ait accusé réception de votre dossier de demande.

Vive le TGV

Evolution des temps de parcours au départ de Paris

Temps inférieur ou égal à 2 h		
Ville	Situation future (TGV)	Situation 88/89
AMIENS	0h40	1h03
ARRAS	0h50	1h25
BELFORT	2h00	3h39
BESANCON	1h35	2h33
CAEN	1h25	1h52
CALAIS	1h30	2h56
CHARLEVILLE	1h30	2h20
CHATELLERAULT	1h09	2h09
DIJON	1h20	1h36
DUNKERQUE	1h30	2h47
LE HAVRE	1h25	1h55
LILLE	1h00	1h59
LIMOGES	(1)	2h50
LYON	1h50	2h00
METZ	1h30	2h40
NANCY	1h30	2h36
NANTES	2h00	2h55
NEVERS	1h18	1h52
ORLEANS	0h53	0h57
POITIERS	1h22	2h15
REIMS	0h45	1h27
RENNES	1h26	2h53
ROUEN	0h40	1h09
STRASBOURG	1h50	3h48
VALENCIENNES	1h35	2h15

Temps compris entre 2 et 3 h		
Ville	Situation future (TGV)	Situation 88/89
AGEN	2h34	5h31
AVIGNON	2h40	3h45
BORDEAUX	2h06	4h08
CHAMBERY	2h15	3h14
CHERBOURG	2h40	3h06
CLERMONT	2h32	3h49
DAX	2h57	5h32
GRENOBLE	2h30	3h10
LA ROCHELLE	2h25	3h49
MARSEILLE	3h00	4h40
MONTPELLIER	3h00	4h40
MULHOUSE	2h15	4h12
NIMES	2h50	4h15
ST-BRIEUC	2h15	3h48
ST-ETIENNE	2h40	2h48
TOULOUSE	2h48 (2)	5h59
VALENCE	2h10	2h50
VANNES	2h26	4h25

Temps supérieur à 3 h		
Ville	Situation future (TGV)	Situation 88/89
BREST	3h14	5h33
BRIANCON	6h10	7h06
HENDAYE	3h57	6h46
NICE	4h00	7h00
PAU	3h46	6h28
PERPIGNAN	3h40	6h28
QUIMPER	3h22	5h39
TOULON	3h35	5h15

(1) via Orléans : 2h07
via Poitiers : 2h00

(2) par le TGV Midi-Pyrénées

Source : SNCF

Quelle fiscalité ?

Au fil des années, les avantages fiscaux des propriétaires-bailleurs se réduisent comme peau de chagrin.

- Abaissement de la déduction forfaitaire de 10 % à 8 % réservée aux propriétaires d'immeubles urbains donnés en location. Fixé à 15 % jusqu'en 1989, ce taux avait été ramené depuis à 10 %. Or cet abattement est destiné à couvrir à la fois l'amortissement de l'immeuble, les frais d'assurance, charges non déductibles par ailleurs.
- Durcissement de la taxation des plus-values immobilières. L'abattement annuel de 5 % après deux années de détention est ramené à 3,5 %. Résultat : il faudra attendre trente-deux ans pour obtenir une exonération de la plus-value, contre vingt-deux auparavant.

EN RÉSUMÉ

	Logement	Résidence Etudiante	Murs de boutique
Fiscalité	Moyenne	Moyenne à excellente, selon le montage	Moyenne
Liquidité	Moyenne	Moyenne	Moyenne
Rentabilité	Moyenne	Bonne	Bonne
Sécurité	Bonne	Bonne	Bonne

EN MARGE : L'EMPRUNT À TOUT VA

Pour mesurer l'impact d'un emprunt sur un investissement immobilier, voici une simulation effectuée avec le concours du Crédit du Nord.

Monsieur Toutepierre achète un logement neuf à usage locatif, pour une somme de 1 000 000 F. Il dispose de la totalité des fonds nécessaires à cette acquisition. Compte tenu de cette nouvelle opération immobilière, il perçoit 140 000 F de revenus fonciers par an, revalorisés chaque année de 4 % et bénéficiant d'une déduction forfaitaire moyenne de 20 %. Il est imposé au taux marginal de 53,9 %.

1re hypothèse : M. Toutepierre achète le bien au comptant. Au bout de dix ans,

– ses revenus fonciers atteignent (140 000 F revalorisés de 4 % l'an)....................1 680 855 F

– ses impôts sur revenus fonciers à déduire s'élèvent à (1 680 855 x 80 % x 53,9 %)....................724 786 F

– son revenu net correspondant est de....................956 069 F

2e hypothèse : il emprunte 1 000 000 F à 10,50 % l'an sur dix ans, remboursables *in fine*. Parallèlement, il souscrit un bon de capitalisation de 1 000 000 F au taux de 6 % l'an garanti pendant huit ans et supposé maintenu ensuite.

Au bout de dix ans, son revenu net provenant des revenus fonciers et des revenus issus de l'épargne se détermine comme suit :

– ses revenus fonciers....................1 680 855 F

– les intérêts du prêt à déduire
(1 000 000 F x 10,5 % x 10)....................1 050 000 F

– ses impôts sur revenus fonciers à déduire
(1 680 855 F x 80 % – 1 050 000) x 53,9 %........158 827 F

soit des revenus fonciers nets de....................472 028 F

– ses revenus issus de l'épargne
(1 000 000 F placés à 6 % l'an pendant dix ans)........721 972 F

soit un revenu net de....................1 194 000 F

Grâce au cumul emprunt prévoyant un remboursement du capital *in fine* et au bon de capitalisation, l'investisseur économise la somme de 237 931 F par rapport à un achat au comptant.

BILAN

	Achat comptant	Achat à crédit
Revenus fonciers (1)	1.680.855 F	1.680.855 F
Intérêts du prêt (2)	0 F	1.050.000 F
Impôts s/revenus fonciers (3)	724.786 F	158.827 F
Gains s/épargne capitalisée (4)	0 F	721.972 F
Coût total (2)+(3)-(4) = (5)	724.786 F	486.855 F
Revenu net (1) - (5)	956.069 F	1.194.000 F

Sources : Crédit du Nord

VI

VIVE
LA RETRAITE

1

LES BONS RÉFLEXES

La retraite est arrivée à grands pas, avec son lot de bonnes nouvelles : grande disponibilité, loisirs, voyages... Avec également quelques inquiétudes : comment remplir ce temps libre ? Comment lutter contre la baisse des revenus, comment assurer vos lendemains à vous et à votre conjoint ? Car passer de l'activité à l'inactivité implique des changements radicaux, notamment en matière de gestion de patrimoine. Voici nos conseils pour vous aider à prendre ce virage en douceur.

UN EXERCICE DÉLICAT : ANALYSEZ VOTRE PATRIMOINE

Jusqu'ici nous ne vous avions pas parlé du check-up de votre patrimoine puisque votre objectif prioritaire consistait à effectuer des placements dans une optique de plus-value.

Aujourd'hui au tournant de la vie active, un bilan s'impose

avant de prendre toute décision d'arbitrage. Pour vous faciliter la tâche, nous publions l'analyse patrimoniale mise au point par le réseau de conseillers de patrimoine « Expert et Finance ».

Remplissez les rubriques qui vous intéressent :

Votre actif

1. Biens d'usage de famille

Résidence principale..........F
Résidence secondaire..........F
Total..........F

2. Placements non liquides

Immobilier locatif/SCPI..........F
Terrain(s), forêts..........F
Valeurs refuges..........F
Meubles..........F
Total..........F

3. Placements liquides

Portefeuille d'actions..........F
OPCVM actions..........F
Portefeuille d'obligations..........F
OPCVM obligataires..........F
Titres de capitalisation..........F
Contrats d'assurance..........F
Total..........F

4. Trésorerie

Livret A/bleu/CODEVI..........F
PEL..........F
CEL..........F
FCP, trésorerie, réméré..........F
Bon de caisse..........F
Compte courant d'associé..........F
Compte bancaire..........F
Total..........F

5. Capital travail

Entreprise, cabinet, commerce..........F
Droits à la retraite..........F
Épargne participative (épargne entreprise)..........F
Total..........F

VOTRE ACTIF TOTAL
ACTIF PRIVÉ POTENTIEL

Vos revenus

6. Revenus

Revenus de Monsieur ....F
Revenus de Madame ....F
Revenus ou déficit foncier ....F
Revenus de valeurs mobilières ....F
Autres ....F
Total des revenus ....F

Votre budget

7. Engagements familiaux

Éducation des enfants ....F
Budget familial ....F
Épargne organisée PEL ....F
Épargne organisée/autres ....F
Autres ....F
Total annuel ....F

8. Emprunts à rembourser

Résidence principale ....F
Résidence secondaire ....F
Immobilier locatif ....F
Total des charges annuelles ....F

9. Assurances

Prime d'assurance-décès ....F
Capital de base ....F
Assurance vie/retraite ....F
Autres assurances privées ....F
Prime annuelle ....F

10. Impôts et taxes

Impôt sur le revenu et taxes foncières ....F
Nombre de parts ....F
Tranche fiscale ....F
Total du budget ....F

CAPACITÉ D'ÉPARGNE THÉORIQUE soit vos revenus minorés de votre budget

VOTRE DIAGNOSTIC RETRAITE

Avec une relative précision, l'analyse patrimoniale vous permet d'évaluer vos revenus actuels. Pour appréhender ceux de demain, il faut d'abord réaliser une reconstitution de carrière. Puis effectuer un bilan retraite. Un peu de courage pour cette tâche rébarbative. Si vous êtes affilié au régime d'assurance-vieillesse des salariés, vous avez reçu dès votre 59e anniversaire un relevé de compte global des cotisations.

Si vous appartenez à un autre régime, la démarche de la reconstitution de carrière vous incombe. Dès que vous en aurez formulé la demande, les institutions de retraite dont vous dépendez pourront évaluer gratuitement le montant de votre pension de retraite.

Précaution supplémentaire : renseignez-vous sur le montant de la retraite de réversion, le taux variant selon les caisses. Ainsi dans le régime général de la Sécurité sociale, le conjoint survivant perçoit, sous condition de ressources, 52 % de la pension de l'époux(se) décédé(e). Dans les régimes de retraites complémentaires, ce taux atteint 60 % ou plus (sans condition de ressources).

DÉFINISSEZ VOS BESOINS

La retraite, cette inconnue, se scinde en deux grandes périodes : la retraite active et le grand âge. Située entre 60 et 75 ans, (à quelques années près) la première période se traduit par des responsabilités au sein du monde associatif, du tourisme, des voyages. Plus tardif, le grand âge risque d'entraîner une plus ou moins grande dépendance, liée à la diminution des capacités physiques.

Autre style de vie, autre budget. Une fois en retraite vos dépenses ont des chances de baisser. Dans quelle proportion ?

Tout dépend de votre train de vie. Généralement, des postes importants (la prise en charge de la scolarité des enfants, les remboursements d'un prêt immobilier, etc), disparaissent du budget. De même que les frais professionnels engagés pendant la période active. D'où une chute globale des besoins, comprise entre 20 et 30 %.

Côté ressources, même scénario à la baisse. Pour diverses raisons, les revenus d'inactivité ont la fâcheuse tendance à marquer un certain retrait par rapport à ceux d'activité. Et c'est encore plus net pour les commerçants, les professionnels libéraux et les cadres supérieurs : les revenus de retraite peuvent dans certains cas être réduits de moitié...

A partir du tableau que vous avez rempli précédemment émergent 3 grandes priorités :

• Allégez le poste immobilier devenu prépondérant dans votre patrimoine ;

• Recherchez des revenus supplémentaires pour combler l'écart entre vos ressources et vos dépenses ;

• Préparez vos lendemains afin de faire face aux risques de dépendance et de transmettre (ou non) votre patrimoine.

En bref

- **Retraite rime en général avec baisse des revenus. D'où la nécessité de réorganiser votre patrimoine pour tenir compte de votre nouvelle situation.**
- **Avant tout arbitrage, procédez à l'analyse de votre patrimoine. Comme en médecine, un check-up précède toujours la prescription des remèdes.**
- **Lors du diagnostic « retraite », renseignez-vous sur le montant de la pension de réversion versée au conjoint survivant.**
- **Allégement du poste immobilier, recherche de revenus supplémentaires, préparation de vos lendemains, voici les trois grandes priorités de l'âge de la retraite.**

POUR BIEN CHASSER...

Si la perspective de la retraite vous angoisse, dédramatisez la situation. Vous avez les moyens financiers et matériels de couler des jours heureux. Après avoir chassé les sous toute votre vie durant, vous pouvez enfin en profiter à votre guise et les savourer à votre rythme. Pour garder un lien avec les sous, vous avez tout le loisir de vous initier à la Bourse si ce n'est déjà fait et d'éplucher la cote officielle...

Le montant de votre retraite

En fonction du « taux de remplacement » traduisant le rapport entre le montant de la pension de retraite et celui des derniers revenus professionnels, voici grosso modo pour 10 000 F de revenus professionnels perçus lors de votre dernier mois d'activité, le montant prévisible de votre retraite. Ce montant dépend de votre activité antérieure :

– salarié non cadre : entre 7 000 et 8 000 F
– salarié cadre : entre 5 000 et 6 500 F
– profession libérale : entre 3 000 et 5 000 F
– fonctionnaire : entre 5 000 F et 7 500 F
– exploitation agricole : entre 3 000 et 5 000 F
– artisan et commerçant : entre 3 000 et 5 000 F.

Cigale ou fourmi ?

Cette nouvelle vie qui vous attend, vous la percevrez différemment en fonction de votre tempérament.

• Vous êtres « cigale » : vous éprouverez sans doute le besoin, quitte à entamer votre patrimoine, de vous aménager une retraite riche en plaisirs connus et inconnus. Au diable l'avarice. Plus que jamais, toutes les dépenses sont permises.

• Vous êtes « fourmi » : vous veillerez à maintenir, voire à faire travailler votre patrimoine. Une enquête réalisée par le CREP (1) sur les comportements financiers lors du passage à la retraite révèle que :

• 34 % des personnes interrogées ne s'efforcent pas d'augmenter ou de maintenir leur patrimoine ;

• 66 % préfèrent épargner pour faire fructifier leurs économies ou leur patrimoine. Plusieurs raisons incitent à épargner au seuil de l'age mûr :

– Conserver des conditions de vie identiques (47 %).
– Assurer la sécurité du conjoint (18 %) .
– Aider les enfants et leur transmettre le patrimoine (16 %).
– Disposer de revenus supplémentaires (10 %).
– Disposer d'une réserve de précaution (6 %) etc.

(1) CREP : Centre de recherche économique sur l'épargne.

2

FAITES FAIRE DES PETITS À VOS REVENUS

Changement de cap dans la gestion de votre patrimoine. Finie la période où fortement imposé, vous privilégiez la plus-value. Désormais, votre tranche marginale d'imposition a sans doute baissé, à l'instar de vos ressources. Même si vos besoins se sont modifiés sur le plan qualificatif et quantitatif, pour boucler votre budget, vous avez besoin de compléter vos revenus. Les nombreuses solutions reposent sur un principe simple : placer un capital et en retirer les fruits.

LES SICAV À REVENUS TRIMESTRIELS : PAS DE RISQUE

Le coupon de ces SICAV obligataires à long terme, est payé sous forme d'acompte les trois premiers trimestres et d'un solde le dernier trimestre. Gérés de manière à ce que les coupons soient aussi stables que les variations des taux d'intérêt le permettent, ces produits trimestriels (SICAV ou FCP) affichent parfois des performances légèrement inférieures à celles des produits obligataires classiques. Autre inconvénient : comme dans tout produit obligataire, vous vous exposez à une perte en capital en francs constants.

• **Fiscalement** : pour optimiser votre placement, jouez à fond l'abattement fiscal. En tablant sur des coupons trimestriels de 2 %, il faudra investir 100 000 F (ou 200 000 F pour un couple), afin de percevoir 8 000 F (ou 16 000 F) de revenus.

• **Pour choisir,** renseignez-vous sur les dates de distribution du coupon et sélectionnez plusieurs SICAV en tenant compte de votre échéancier. Ainsi par exemple, si vous préférez toucher des coupons :

– en janvier, avril, juillet, octobre, pensez à *Intérêts trimestriels* de Cortal, *Revenu vert* du Crédit agricole, *Finord trimestriel* du Crédit du Nord, *Rentacic* du CIC...

– en février, mai, août, novembre, pensez à *Natio Revenus* de la BNP, *Fructidor* de la Banque populaire...

– en mars, mai, septembre, décembre, pensez à *Cap revenus* de Cardif, *Trilion* du Crédit Lyonnais.

• **Même des revenus** peuvent être distribués chaque mois avec les Sicav à revenus mensuels. C'est possible grâce à ces SICAV d'un nouveau genre encore peu nombreuses sur le marché.

Citons notamment *Mensuelcic* du CIC et *Revenu Mensuel* de la société de Bourse Legrand et Legrand.

Et n'oubliez pas : au lieu des SICAV, vous avez toujours la possibilité de gérer vous-même votre portefeuille obligataire... à condition de disposer de solides connaissances boursières. Là aussi, choisissez les obligations à échéance maximale de remboursement de six ans, en fonction du mois de détachement du coupon. Panachez vos achats et partagez entre obligations d'État (emprunts sélectionnés pour leur grande sécurité) et obligations du secteur para public et privé (procurant un meilleur rendement).

LES PARTS DE SCPI : PEUT-ÊTRE LA PART DU LION

Privilégiez les SCPI axées sur le rendement. Le choix est vaste car elles se taillent la part du lion (115 SCPI sur les 210 recensées au 30 juin 1990). En comparant les 5 derniers classements publiés annuellement par la COB, vous choisirez en connaissance de cause, les plus généreuses en matière de rendement, quitte à faire quelques concessions sur le plan de la revalorisation. Un tel recul s'impose pour juger des performances des gestionnaires.

En revanche, fuyez les SCPI ne correspondant pas à votre objectif (SCPI Malraux, SCPI orientées sur la plus-value, par exemple), et les financements à crédit vous privant de la distribution de revenus.

Si vous être prêt à aliéner votre capital, c'est-à-dire à ne pas le récupérer, optez pour l'usufruit des parts de SCPI.

Pour plus d'informations sur ce démembrement de propriété en particulier et, sur le placement en parts de SCPI en général, reportez-vous au chapitre 2 de la cinquième partie consacré « aux charmes de la pierre-papier »

LE VIAGER IMMOBILIER : LA TRANQUILITÉ

Tiré du terme « viage » qui signifiait en vieux français « temps de vie », le viager se présente comme un contrat dont l'aléa est constitué par la durée de la vie du vendeur ou crédirentier. En effet, sa vie durant, l'acheteur ou débirentier lui verse une rente. Comme sa dette s'éteint lors du décès du crédirentier, le viager s'apparente à un pari sur la vie.

Vous pouvez vendre en viager tout type de bien immobilier · appartement, maison, terrains, murs de boutique, parts de SCI...

Très généralement il s'agit d'un logement occupé par le vendeur, parfois il est libre.

Qu'il s'agisse de viager libre ou occupé, les calculs des professionnels (agents immobiliers spécialisés ou non, notaires) tiennent compte de différents éléments :

– L'espérance de vie des vendeurs.

– La rentabilité brute du bien aliéné (valeur locative brute).

– La totalité des charges incombant à l'acquéreur (travaux, impôt foncier, etc.).

– La rentabilité nette du bien (en rentabilité brute minorée des frais, soit la valeur locative nette).

Les taux de rente viagère sont liés aux taux de rendement nets de toutes charges, obtenus pour le bien aliéné (si celui-ci avait été conservé et non vendu). Ainsi, le taux de rente viagère applicable à un local commercial (à forte rentabilité) sera supérieur à celui offert pour un logement. Facultatif, le « bouquet » (la somme remise comptant par l'acheteur ou vendeur) sera calculé en fonction des vendeurs. Plus la personne est âgée, plus le bouquet peut être élevé. Dans ce type de contrat résultant de l'accord des parties, le bouquet représente souvent un capital compris entre 10 % et 25 % du montant de la valeur du bien en viager.

N'oubliez pas que :

– La rente viagère, qui peut apparaître modeste, est indexée en général sur l'indice INSEE de la consommation. Comme elle est appelée à progresser, ne la comparez pas à un placement classique.

– La fiscalité est favorable au crédirentier (voir encadré).

– En présence d'enfants, la vente en viager à des tiers non parents est parfaitement autorisée par le droit. Mais attention, une vente en viager à des héritiers directs (enfants...) ou indirects (neveu..) sera examinée à la loupe par le fisc qui se voit lésé des droits de succession.

LE VIAGER FINANCIER : ENCORE MAL CONNU

Il repose sur le même principe que le viager immobilier. A une réserve près : ce n'est pas un bien immobilier que vous « vendez », mais un capital, moyennant le paiement d'une rente à vie. Ce capital peut provenir par exemple d'un héritage, de la vente d'un fonds de commerce... A vous de choisir entre deux systèmes :

– Vous apportez votre argent à une compagnie d'assurances qui vous versera une rente viagère classique dont le montant résultera de votre âge et de l'importance de votre capital.

– Vous effectuez une transaction entre particuliers par le biais d'organismes spécialisés. Dans ce cas, la rente peut être indexée sur l'indice des prix, généralement supérieur au mode de revalorisation suivi par les assurances. Cependant cette solution présente deux risques :

L'insolvabilité éventuelle du débirentier qui ne sera peut-être plus capable, à un moment donné, de vous verser la rente escomptée. Il est donc recommandé de souscrire une assurance qui garantisse la bonne fin du contrat.

Le calcul de la rente. Pour vous comme pour le débirentier, il est préférable de demander l'avis d'un professionnel qui s'occupera d'en déterminer le montant équitablement.

LE PEP ASSURANCE : FONCEZ

Si vous n'éprouvez pas des besoins immédiats d'argent, pensez au PEP. Il présente l'immense avantage de vous procurer (à la différence de l'assurance-vie souscrite hors du cadre fiscal du PEP) une rente viagère exonérée d'impôt.

Avis au retardataires : ouvrir un PEP aujourd'hui vous demandera huit années de patience avant de casser cette tirelire.

Vous balancez entre un PEP bancaire, ou un PEP assurance ? pas d'hésitation : optez pour la seconde possibilité qui permettra à la compagnie de gérer directement la rente. Dans un PEP financier, vous vous exposez à des frais supplémentaires de conversion du capital en rente viagère car il faudra transférer l'épargne capitalisée à une compagnie d'assurances.

Si chacun de vous souscrit un PEP dans les limites autorisées par la loi, vous placerez au total une somme de 1 200 000 F, ce qui est loin d'être négligeable (voir encadré).

En bref

- Certaines SICAV obligataires distribuent des coupons trimestriels, voire mensuels. A vous de les choisir, en fonction de leurs performances et de votre échéancier.
- Les parts de sociétés civiles de placements immobiliers procurent un complément de revenus non négligeables en dégageant un rendement de l'ordre de 7 %. Pour optimiser le rendement, il est toujours possible de renoncer à la nue-propriété de ces parts afin d'en devenir usufruitier.
- La vente en viager implique d'aliéner ou de renoncer à la propriété de votre bien. Celui-ci peut être de nature immobilière (logement, murs de boutique...) ou financière (somme d'argent).
- Le PEP constitue le seul support permettant de percevoir une rente viagère en franchise d'impôt sur le revenu. Un vrai avantage pour optimiser ce placement.

POUR BIEN CHASSER...

Pour obtenir rapidement un complément de revenus réguliers, souscrivez des actions de SICAV à revenus trimestriels qui vous mettront à l'abri de tout souci de gestion.

Pour obtenir une rente viagère d'ici huit ans, ouvrez un PEP assurance en sélectionnant un contrat qui a déjà fait ses preuves.

Le viager libre à la loupe

Devenue trop grande à la suite du départ de ses enfants et du décès de son mari, madame Vifargent, âgée de 75 ans, préfère vendre en viager libre sa maison estimée 1 million de francs. D'après les tables de mortalité, (ça s'appelle ainsi !) son espérance de vie est estimée à douze ans. Pour calculer le montant de la rente annuelle, l'intermédiaire se base sur les éléments suivants :

Valeur libre	1.000.000 F
Loyer brut	50.000 F
Charges du propriétaire	10.000 F
Loyer net	40.000 F

Deux hypothèses :

– Si madame Vifargent n'exige pas de bouquet, elle percevra la première année une rente viagère de 106 600 F (taux de 10,66 %)

– Si au contraire, madame Vifargent demande un bouquet de 200 000 F, elle percevra la première année une rente viagère de 85 280 F.

Cet exemple a été établi avec le concours du Centre européen de viager).

L'aubaine du PEP Assurance

Pour optimiser votre PEP, effectuez un versement unique, net de frais, de 600 000 F. Au bout de huit ans, vous obtiendrez une rente viagère exonérée d'impôt dont le montant dépendra de l'épargne capitalisée et de votre âge. Pour fixer les idées et évaluer le montant annuel de la rente viagère, la MAVPS (Mutuelle d'assurance-vie des professions de santé) a dressé un tableau, en tenant compte d'un taux d'actualisation de la rente de 5 % et de frais de gestion de 3 %.

rendement annuel net	Epargne capitalisée	Rente viagère	
		Rente viagère annuelle	
	épargne capitalisée après 8 ans	à 60 ans	à 65 ans
de 7 %	1.030.912	80.308	91.751
de 8 %	1.110.558	86.512	98.840
de 9 %	1.195.538	93.132	106.403
de 10 %	1.286.153	100.191	114.468

Dans la pratique, la rente viagère est versée par trimestre échu. Dans l'hypothèse d'une rente annuelle de 114 468 F, vous toucherez la première année 28 617 F par trimestre.

Si chacun de vous sature son PEP assurance en versant 600 000 F, multipliez par deux le montant de la rente.

Le fisc et les rentes viagères : c'est tout bon

Que vous touchiez une rente viagère suite à la vente d'un bien immobilier ou dans le cadre d'un contrat d'assurance-vie (hors PEP), retenez que la rente ne sera que partiellement taxée. Attention, le fisc se réfère à votre âge lors de l'entrée en jouissance de cette pension. Comme vous le constaterez par le barême ci-après vous avez tout intérêt à percevoir le premier versement le plus tard possible :

Votre âge	Fraction imposable de la rente
Vous avez moins de 50 ans	70 %
Vous avez entre 50 et 59 ans	50 %
Vous avez entre 60 et 69 ans	40 %
Vous avez plus de 69 ans	30 %

> Attention à l'interprétation de l'administration fiscale. A ses yeux, être âgé par exemple de « plus de 69 ans », revient à franchir le seuil des 70 ans. Ainsi un malheureux crédirentier ayant touché sa première pension à l'âge de 69 ans et 4 mois a été redressé car il n'avait déclaré que 30 % de cette fameuse rente...

EN MARGE : VOTRE STRATÉGIE POUR LA PIERRE

Les statistiques sur l'impôt de solidarité sur la fortune le prouvent, l'immobilier vient en tête du hit-parade des investissements dans le patrimoine des Français (en moyenne 70 %). Assujetti ou non à cet impôt sur le capital, vous avez toutes les chances de correspondre au profil de vos concitoyens. Ce poste aussi fondamental mérite lui aussi d'être relu et corrigé lors de votre cessation d'activité. La méthode est simple : faites le point sur tous vos biens immobiliers détenus en direct (résidence principale, maison de campagne, immobilier de rapport).

• **La résidence principale.** Senior oblige, votre appartement ou maison risquent de ne plus être adaptés à vos besoins. Après avoir fait leurs études, vos enfants ont quitté le toit familial... et laissent un grand vide. Selon votre sensibilité, vous serez ou non capable de couper les amarres de « bateau » familial qui a recueilli tant d'émotions... En raisonnant avec une froide objectivité, il serait judicieux de le vendre pour acheter plus petit. Une solution facile si vous rêver de cieux plus cléments ou d'un retour aux sources dans la France profonde. Cependant, ne précipitez pas votre décision et pesez le pour et le contre d'un déménagement. Irez-vous en ville ? ou à la campagne ? Chaque destination présente des avantages et des inconvénients. A l'actif de la ville : la proximité de commerce, des équipements sportifs et culturels, des magasins... Au passif : les bruits, la pollution, parfois le manque de verdure. Au contraire, la campagne est idéale pour profiter du calme et de la détente... Mais éloignée du shopping et peut-être trop isolée. Pas facile de se reconvertir dans le vert profond quand on a mené depuis des décennies une vie trépidante. Autre solution possible : vivre dans une « résidence avec services » qui vous procure toute une gamme de prestations : restauration, gardiennage, infirmerie... Ces services se répercutent sur les charges. Aux charges fixes de copropriété, estimées à environ 2 500 F par mois pour un studio, s'ajoutent les charges variables correspondant aux services « plus » à la carte. A l'acquisition, les prix sont de 20 à 30 % plus élevés que dans un immeuble classique. Logique : les prestations – hall d'accueil, salons de réception, restaurant, salle de gymnastique, etc. – sont très différentes. Ces parties communes représentent environ 20 % des surfaces construites, répercutées sur chaque appartement. La plupart des résidences (Les Jardins d'Acardie de Georges Picot, les Hespérides de Cogedim) sont proposées à la vente. Certaines (Liberty de Kaufman and Broad, Les Sérianes de la Seeri) sont offertes à la location.

• **La résidence secondaire.** Si la résidence principale devient démesurée, la maison de campagne devient encore moins nécessaire. A moins que vous l'ayez achetée quelques années auparavant dans le but de l'occuper à temps plein, une fois en retraite. Si ce toit de vacances est situé dans une station balnéaire, avant de prendre une décision définitive, passez un hiver sur place pour juger de l'animation hors saison.

En dehors de cette hypothèse, vous avez tout intérêt à vendre votre résidence secondaire qui se révélera coûteuse à l'entretien.

• **Le (s) investissement (s) locatif (s).** Si vous avez placé vos sous dans la pierre d'habitation en visant tout particulièrement la plus-value, vendez en gardant votre sang-froid, car il n'est nullement question de brader votre bien. Moyennant une décote de l'ordre de 20 %, les logements peuvent trouver acquéreurs en étant occupés, le premier intéressé pouvant être votre locataire.

Réputés pour leur rendement, les placements en pierre commercial peuvent fort bien être conservés dans votre patrimoine. Mais si une opportunité de vente se présente, par exemple à votre locataire, vous pouvez vendre ce bien détenu en direct pour acheter des parts de SCPI qui vous déchargent de tout souci de gestion.

3

PRÉPAREZ-VOUS DES LENDEMAINS ANTIDÉPRIME

Même si vous savourez une retraite heureuse, pensez aux lendemains. Aujourd'hui vous êtes valide, mais personne n'est à l'abri d'un grave ennui de santé, voire d'une perte d'autonomie. Sans programmer le scénario catastrophe, soyez prévoyant en préparant la transmission de votre patrimoine.

DÉFIEZ LA DÉPENDANCE

Le vieillissement aidant, la proportion des plus de 65 ans représentant 14 % de la population en 1990 passera selon toute vraisemblance à 23 % dans 40 ans, c'est-à-dire en l'an 2030. Sans faire des prévisions aussi lointaines, le nombre des personnes dépendantes en 1990 est malgré tout estimé entre 5 à 600 000.

• **Le problème :**

Cette évaluation approximative illustre parfaitement les spécificités que présente le risque de dépendance aux yeux des assureurs :

– par rapport à un accident ou à une maladie, la perte d'autonomie reste difficile à définir, à mesurer, à dater.

– ses bases techniques, c'est-à-dire sa fréquence et sa durée, sont mal connues, au contraire de l'assurance-vie.

Dans la pratique, ces personnes âgées dépendantes peuvent être maintenues à domicile le plus longtemps possible selon leurs désirs avec une aide appropriée ou au contraire, choisir une institution spécialisée. Dans les deux hypothèses, cette perte d'autonomie entraîne des dépenses supplémentaires importantes. Par exemple, le coût de l'hébergement dans des structures spécialisées varie entre 12 000 et 16 000 F par mois.

• **La réponse de l'assurance :**

Pour couvrir les vieux jours, l'assurance dépendance garantit une rente mensuelle aux assurés ayant perdu leur autonomie, c'est-à-dire incapables de réaliser seuls trois des quatre actes suivants : se déplacer, s'habiller, se lever, s'alimenter.

Après une initiative prise en 1985 par l'AGRR, caisse de retraite interprofessionnelle, il a fallu attendre 1990 pour que les institutions de retraite des cadres (AGIRC) diffusent un contrat. Voici ses principales caractéristiques.

– Le risque couvert : l'assureur, très précisément le pool d'assureurs mis en place pour la circonstance, couvre l'invalidité définitive entraînant la perte de l'autonomie et l'assistance d'une tierce personne :

. quel que soit l'âge de survenance de la dépendance ;

. que l'assuré soit à domicile ou en établissement ;

. que la perte d'autonomie soit physique ou mentale.

– Le niveau de la prestation (décodez la rente viagère que vous percevrez, le moment venu) résulte d'un montant de la rente de base choisi par l'assuré et du niveau de dépendance (selon l'ampleur de la perte d'autonomie, la rente est versée en totalité, ou seulement à hauteur de 70 %, voire 40 %).

– L'état et le niveau de la dépendance sont reconnus par une commission médicale unique, formée de 5 médecins.

– Le montant des cotisations ou des primes qu'il faut verser pour alimenter ce contrat dépendance varie selon votre âge. Par exemple pour une rente de 2 000 F mensuels, vous verserez :

81 F par mois pour une adhésion à 50 ans
119 F par mois pour une adhésion à 60 ans
141 F par mois pour une adhésion à 65 ans
165 F par mois pour une adhésion à 70 ans

Pour souscrire un tel contrat, si vous êtes cadre, il suffit de vous adresser directement à la Caisse de retraite de cadres dont vous relevez. Pour les non-cadres, des initiatives devraient voir le jour prochainement au sein d'autres caisses de retraite. Autre possibilité : vous tourner directement vers une compagnie d'assurance, quitte à payer plus cher et à vous assurer pour des garanties plus limitées.

Enfin dernière recommandation, comme ce type de contrat n'est pas réversible, chaque époux doit en souscrire un.

TRANSMETTEZ VOS SOUS

Ces sous que vous avez amassés toute votre vie, sans pour autant jouer les Harpagon, il est temps de préparer leur transmission à vos proches. A défaut d'initiatives judicieuses, ils risquent tout bonnement de rejoindre en grande partie ou en totalité les caisses du fisc sous forme des droits de succession.

Loin de s'improviser, un héritage se prépare en consultant votre notaire. Sans analyser avec précision les rouages de cette délicate étape (un livre de cette collection) *Vous et l'Héritage* décortique le sujet dans ses moindres détails, évoquons brièvement la situation du conjoint survivant défavorisé par le droit français.

• Un grand oublié : le conjoint survivant

Lorsqu'un décès survient, les droits du conjoint survivant diffèrent selon le régime matrimonial et la composition de la famille. Si le conjoint est marié sous le régime de la communauté de biens réduite aux acquêts, seuls 50 % des biens entrent dans la succession du défunt (l'autre moitié appartenant déjà au conjoint survivant). En présence d'enfants, ou à défaut de petits-enfants, le conjoint survivant ne peut prétendre qu'à l'usufruit (droit de jouissance) du quart des biens de la succession. En revanche si une donation ou un testament a été rédigé, il pourra obtenir :

– la totalité des biens de la succession en usufruit ;

– ou les trois quarts en usufruit et le quart en pleine propriété ;

– ou la moitié en pleine propriété en présence d'un enfant, un tiers avec deux enfants, un quart avec trois enfants ou plus. Pour « prévoir l'avenir », les notaires préconisent généralement la donation entre époux. Voire, selon les cas, le changement de régime matrimonial. La donation entre époux, appelée communément « donation au dernier vivant » est nécessairement reçue par un notaire. Elle permet au conjoint survivant de recueillir, par exemple, la totalité de la succession en usufruit. Ainsi pourra-t-il conserver sa vie durant, la même situation matérielle.

Quant au changement de régime matrimonial, il est parfaitement possible à condition que les époux aient déjà été mariés deux ans sous le régime actuel et qu'il soit justifié par l'intérêt de la famille. Grâce à l'adoption du régime de la « communauté universelle » avec une clause d'attribution intégrale de la communauté au dernier vivant, l'époux survivant reçoit la totalité des biens sans acquitter de droits de succession. Mais comme ce régime désavantage quand même les enfants, consultez un notaire pour étudier avec lui votre situation. Tout est question de choix.

ÉVALUATION DE LA PART DE L'USUFRUITIER
(4336 Dict. Enreg.)

Âge de l'usufruitier	Usufruitier	Nue-Propriété
jusqu'à 19 ans...........	7/10	3/10
de 20 à 29 ans	6/10	4/10
de 30 à 39 ans	5/10	5/10
de 40 à 49 ans	4/10	6/10
de 50 à 59 ans	3/10	7/10
de 60 à 69 ans	2/10	8/10
70 ans et au-delà.....	1/10	9/10

À QUOI PEUT PRÉTENDRE LE CONJOINT ?

	Part du conjoint survivant	
Les héritiers sont:	**À défaut de dispositions**	**Avec donation ou testament**
Les enfants	1/4 en usufruit	- la totalité en usufruit- - ou 3/4 en usufruit et 1/4 en pleine propriété; - ou encore 1/2 en pleine propriété en présence d'un enfant, 1/3 avec deux enfants,1/4 avec 3 enfants
Le père ou la mère	1/2 en pleine propriété	3/4 en pleine propriété 1/4 en nue-propriété
Les deux parents	1/2 en usufruit	1/2 en pleine propriété + 1/2 en nue-propriété
Les frères, les sœurs, les neveux ou nièces	1/2 en usufruit	toute
Les oncles et tantes, les cousins et cousines	toute la succession	toute

CHASSEZ LES DROITS DE SUCCESSION

Les droits de succession sont élevés, puisqu'ils peuvent atteindre 40 % en ligne directe et même 60 % entre parents au-delà du 4e degré, étrangers et concubins. Ils obligent souvent les héritiers à liquider le patrimoine pour faire face aux droits de succession. Il existe, heureusement, un certain nombre de placements, pour alléger la note fiscale. Certains biens sont exonérés complétement ou partiellement en cas de transmission :

• **L'assurance-vie.** Pour tout contrat d'assurance-vie souscrit avant 66 ans, n'ayez aucune crainte : le capital constitué au titre d'une assurance-vie ne fera pas partie de la succession et échappera en toute légale à l'impôt.

En revanche, pour éviter l'évasion fiscale, les contrats souscrits après 66 ans ont un régime particulier. Exemple de M. Gentilhomme qui souscrit un contrat à prime unique pour un montant de 100 000 F. Si à son décès, l'épargne (majorée des intérêts) atteint le seuil de 133 000 F, ses héritiers percevront un capital de 133 000 F.

Désormais le fisc apprécie à la date du décès, le montant de la prime (100 000 F) et celui du capital (133 333 F). Dans cette hypothèse, comme la régle des « 3/4 » familière aux assureurs est respectée (la prime représente moins que les 3/4 du capital), le capital versé aux héritiers échappent à l'impôt.

Si au lieu d'atteindre 133 333 F, le capital ne totalisait par exemple que 130 000 F, l'exonération ne porterait que sur 100 000 F, quel que soit le nombre de contrats souscrits.

• **Les biens fonciers.** Bois, forêts et parts de groupements forestiers bénéficient d'une exonération partielle au regard des droits de succession. Plus précisément :

– Pour les forêts et les parts de groupements forestiers, la taxation ne concerne que le quart de leur valeur à condition qu'elles aient été détenues depuis plus de deux ans pour profiter de cet abattement (loi de finances pour 1980).

Particulièrement contraignantes, les conditions d'exploitation des groupements forestiers (plan simple de gestion) doivent être strictement respectées pour bénéficier de cette exonération des trois quarts.

– Pour les biens faisant l'objet d'un bail rural à long terme et les parts de groupements agricoles et viticoles, le régime est encore plus sévère. Seule la première mutation à titre gratuit (par succession ou donation est exonérée des droits à hauteur des 3/4 de la valeur des parts dans la limite de 500 000 F par bénéficiaire et de la moitié au-delà. Comme pour les parts de groupements forestiers, le bénéfice de cette exonération est accordée à celles détenues depuis plus de deux ans. Enfin la loi de finances rectificative pour 1989 impose une condition supplémentaire pour le bénéfice de ce régime : le bien doit rester la propriété du bénéficiaire de la transmission à titre gratuit pendant cinq ans à compter de cette transmission. Exemple : Monsieur Bonvivant a acheté en janvier 1988 des parts d'un Groupement foncier viticole (GFV) pour un montant de 2 millions de francs. A son décès en février 1990, ce monsieur veuf, laisse à ses deux enfants ses parts estimées à 2,2 millions. Chaque héritier recevra donc des parts de GFV pour un montant de 1,1 million.

Assiette taxable = 425 000 F soit un quart jusqu'à 500 000 F (125 000 F) et la moitié au-delà (300 000 F). A condition que chaque enfant conserve ses parts au minimum jusqu'en février 1995.

BON À SAVOIR

Certains biens ou moyens juridiques facilitent la transmission à titre gratuit.

• **L'emprunt 4,5 % 1973** est admis en paiement des droits de mutation à titre gratuit sur la base du prix de reprise fixé par l'administration fiscale. Son prix est calculé deux fois par an à partir du cours moyen du napoléon (pièce de 20 F or) enregistré pendant les dernières cotations boursières qui précèdent le 15 mai (période du 1er juin au 31 novembre) et le 15 novembre (période comprise entre le 1er décembre et le 31 août).

• **La vente en viager.** Elle consiste à vendre un appartement ou une maison à quelqu'un (le débirentier) qui s'engage à vous (le crédirentier) verser une rente jusqu'à la fin de vos jours. Si cette rente viagère est réversible sur la tête de votre conjoint ou d'un parent en ligne directe, la transmission est exonérée de l'impôt sur les successions.

• **La tontine.** Deux personnes de la même famille ou non peuvent acquérir leur résidence principale en commun et inclure dans le contrat d'achat une clause de tontine, stipulant qu'en cas de décès du premier co-acheteur, le survivant sera considéré comme seul propriétaire du bien. Depuis 1980, les biens recueillis en vertu d'une clause de tontine, sont soumis aux droits de mutation à titre onéreux si la résidence principale ainsi acquise et appréciée le jour du décès, ne dépasse pas 500 000 F. Dans ce cas, le survivant n'est taxé qu'à 7/8 %.

Si la valeur de la résidence excède 500 000 F, le co-acheteur survivant devra acquitter, toujours sur la part du défunt les droits de mutation à titre gratuit (droits de succession) beaucoup plus onéreux.

• **Les faux-amis : les bons de capitalisation et les bons de caisse.**

Ils peuvent, en principe, être transmis à tout moment, sans formalités et sans frais. Il existe cependant une limite car le coût fiscal peut parfois dépasser la somme économisée lors de la transmission de ce capital. L'héritier qui a reçu le bon devra en effet resté anonyme au moment du remboursement et nous l'avons déjà vu, l'anonyme coûte cher.

Autre danger : en cas de contrôle fiscal, il ne pourra pas prouver au fisc l'origine des fonds, compte tenu de l'inopposabilité de l'anonymat.

EN BREF

- L'assurance-dépendance garantit une rente mensuelle aux assurés ayant perdu leur autonomie. Elle se souscrit entre 50 et 70 ans.
- A défaut d'initiatives judicieuses, la transmission du patrimoine risque d'entraîner de lourds droits de succession.
- Loin de s'improviser, un héritage se prépare en consultant le notaire qui pourra veiller au sort du conjoint survivant, un grand oublié du droit français.
- L'assurance-vie, les biens fonciers (forêts et terres détenues en direct ou en parts dans le cadre de groupements) permettent d'alléger les droits à régler au fisc en cas de transmission à titre gratuit.
- L'emprunt 4,5 % émis en 1973 est admis par les agents du fisc au paiement des droits de succession.

POUR BIEN CHASSER...

Avant l'âge de 66 ans, privilégiez l'assurance-vie pour favoriser le, ou les, bénéficiaires de votre choix, qu'ils soient ou non parents.

Des biens fonciers (bois, forêts), les parts de groupements viticoles offrent sans doute les meilleures perspectives de plus-values. Quant à l'emprunt 4,5 % 1973, achetez-le, lorsque son cours de Bourse est inférieur à son prix de reprise (communiqué par le service des impôts).

Se prémunir contre un risque financier

Selon un sondage Sofrès-Fondation de France réalisé en septembre 1987 sur un échantillon de 1 000 personnes, plus de 60 % d'entre elles sont prêts à effectuer des dépenses pour se prémunir contre les conséquences d'une perte d'autonomie dont elles pourraient être victimes.

Leur choix s'oriente vers une prestation spécifique qui viendra en complément de la retraite et permettrait de faire face aux frais supplémentaires occasionnés par le handicap. Souhait des personnes interviewées : continuer à subvenir seules à leurs besoins et éviter la mise en œuvre de l'obligation alimentaire à l'encontre de leurs enfants et/ou petits-enfants ou la récupération sur la succession, qui dénaturent parfois les relations familiales.

Assurance-vie : attention aux adhésions conjointes

Pour garantir quoiqu'il arrive une exonération des droits de succession aux bénéficiaires d'un contrat souscrit après 66 ans, certaines compagnies proposent un contrat à adhésion conjointe. Le mécanisme est le suivant : le contrat est souscrit à la fois par la personne qui veut léguer un capital et par le bénéficiaire dudit contrat. Celui-ci stipule que le capital sera versé au décès du second souscripteur. Le bénéficiaire du contrat se trouve dès lors assuré de remplir les conditions qui permettent l'exonération des droits de succession. A l'issue du contrat, dont le terme est fixé en fonction de l'espérance de vie du souscripteur âgé, le bénéficiaire récupère capital et intérêts exonérés d'impôt et de droits de succession.

Attractif, ce montage, présente malgré tout le risque que le fisc le considère comme un « abus de droit » dès lors qu'il constaterait une différence d'âge importante entre les deux co-souscripteurs, un déséquilibre marqué dans leur contribution au financement du contrat, un décès prématuré du cosouscripteur le plus âgé, un capital important... Face à l'interprétation fiscale, la plus grande prudence s'impose.

DROITS DE MUTATION PAR DÉCÈS ET À TITRE GRATUIT

Successions ouvertes depuis le 1.1.84
Donations consenties depuis le 14.9.83

ABATTEMENTS Abattements spéciaux et réductions page 2	**FRACTION DE PART NETTE** taxable après abattement	**TAUX**	retrancher
	– EN LIGNE DIRECTE		
275 000 F	jusqu à 50 000 .	**5 %**	
(à compter du 1.1.84)	de 50 000 à 75 000	**10 %**	- 2 500
250 000 à compter d u 9.7.81)	de 75 000 à 100 000	**15 %**	- 6 250
(175 000 à compter du 1.1.74)	de 100 000 à 3 400 000	**20 %**	- 11 250
en cas de précédés, se divise d'après les	de 3 400 000 à 5 600 000	**30 %**	- 351 250
règles de dévolution légale (779CGI)	de 5 600 000 à 11 200 000	**35 %**	- 631 250
	au-dessus de 11 200 000	**40 %**	- 1 191 250
	– ENTRE ÉPOUX		
	jusqu'à 50 000 .	**5 %**	
	de 50 000 à 100 000	**10 %**	- 2 500
275000 F	de 100 000 à 200 000	**15 %**	- 7 500
(idem ligne directe)	de 200 000 à 3 400 000	**20 %**:	- 17 500
	de 3 400 000 à 5 600 000	**30 %**	- 357 500
	de 5 600 000 à 11 200 000	**35 %**	- 637 500
	au-dessus de 11 200 000	**40 %**	- 1 197 250
	– ENTRE FRÈRES ET SŒURS		
	jusqu'à 150 000	**35 %**	
10 000 F	au-dessus de 150 000	**45 %**	- 15 000
(à compter du 1.1.74) que pour les successions et non-cumul avec un abattement spécial	**– ENTRE COLLATÉRAUX JUSQU'AU 4ᵉ DEGRÉ inclusivement**	**55 %**	
	– ENTRE COLLATÉRAUX AU-DELÀ DU 4ᵉ DEGRÉ ET NON-PARENTS	**60 %**	

EN MARGE : LES FRUITS DE LA PATIENCE

Pour conclure, nous avons rencontré trois couples de retraités qui mordent la vie à pleines dents. A vous de les imiter, une fois vos sous judicieusement gérés.

1. **Pierre et Françoise Capitale** sont installés, depuis bientôt quatre ans, dans la Haute-Vienne. Lui, ancien chef de service de la SNCF, et son épouse, couturière jusqu'à la naissance de leur fille, ont vendu leur pavillon de la région parisienne et leur chalet de Saint-Véran, dans les Hautes-Alpes. Ces deux arbitrages ont été nécessaires pour réaliser une nouvelle opération immobilière : faire construire leur résidence de retraite dans le village où Françoise est née. Malgré ce véritable « retour aux sources », les lendemains ne sont pas oubliés : Pierre et Françoise conservent dans le cadre une donation à leur fille Christine, l'usufruit de la nouvelle résidence principale.

Actuellement ils disposent chaque mois d'environ 25 000 F, toutes retraites confondues. Côté dépenses, ils déboursent près de 10 000 F par mois. Ce montant tient compte de l'impôt sur le revenu (25 000 F), des dépenses liées à l'habitation dont 5 500 F d'impôts locaux, des factures EDF, eau, téléphone (18 000 F), de l'amortissement de leur voiture (30 000 F), et de l'entretien courant de la maison (13 000 F), de la cotisation à une mutuelle (4 500 F), et d'une assurance-décès (22 000 F) (chiffres annuels).

En réserve, des placements de « père de famille » sans risque majeur, deux livrets A, des CODEVI.

2. **Joli parcours pour Georges Courage.** Cet autodidacte a créé son entreprise de bâtiment au lendemain de la guerre. Cette période propice lui a permis de « grossir » très rapidement.

Depuis bientôt dix ans, il pense à la relève et fonde de gros espoirs sur son fils aîné qui termine ses études d'ingénieur.

Pour alléger le fardeau fiscal, Georges, divorcé, a effectué avant l'âge de 65 ans une donation-partage afin de faire profiter ses héritiers de l'abattement de 25 % sur les droits de mutation. Sur les conseils de son notaire, Georges a donné des parts égales à chacun ses deux enfants : les actions de l'entreprise au fils qui reprenait le flambeau, un portefeuille de valeurs mobilières et une maison de campagne à sa fille. Malgré cela, ses avoirs immobiliers restaient prépondérants dans son patrimoine. Aussi a-t-il vendu l'adorable manoir normand (800 000 F) et le petit appartement de Saint-Cloud (1 500 000 F). Il conserve la villa de Ramatuelle pour vivre au soleil. Comme ce Parisien peut difficilement renoncer à l'animation de la capitale, il a acheté un pied-à-terre dans un immeuble ancien à Boulogne (600 000 F). Restait 1 700 000 F à placer. Sur ce total Georges a investi 700 000 F dans des SICAV à revenus trimestriels, histoire de percevoir une rondelette somme de 14 000 F tous les trois mois (estimation se basant sur un taux de rendement de 8 %). Autres initiatives : la saturation d'un PEP assurance (600 000 F) et l'acquisition en usufruit de parts d'une SCPI généreuse en rendement.

3. **La fortune, oui elle existe pour Adrien Persévérance,** cet industriel grenoblois qui vient de vendre à une société étrangère son entreprise pour la très jolie somme de 250 millions de francs. Vous vous en doutez, des transactions de cette importance ne sont pas légion dans la région. A la tête de ce pactole, Adrien a bien envie de passer les Alpes pour se retirer aux bords du lac Léman. Mais son épouse particulièrement attachée à leurs trois enfants et nombreux petits-enfants l'en dissuade. Tant pis, restons résidents français. Au moins pour l'instant. Il restera en France pour s'adonner à sa passion du ski d'hiver. Comme son épouse lui a fait découvrir et apprécier la musique classique, ce couple mélomane fait déjà partie des fidèles du festival Mozart de Salzbourg.

Chevaux, musique, arts, autant de préoccupations qui n'empêchent pas Adrien de surveiller attentivement son patrimoine. En bon terrien, il préfère suivre la règle des « cinq cinquièmes » consistant à panacher entre l'immobilier, la Bourse, l'assurance-vie, les biens fonciers et l'art.

Toujours dans un souci de diversification, il répartit ses investissements pierre entre un immeuble de bureaux situé à Lyon et des participations dans des tours de table de promotion immobilière montés par la filiale spécialisée de son principal banquier.

Une société de Bourse, une grande banque nationale et une petite banque fort renommée se partagent la gestion de son portefeuille boursier. Avec 50 millions de francs investis en Bourse, que d'opportunités à saisir en France et sur les marchés étrangers ! Ces spécialistes lui ont concocté un savant cocktail entre la France, l'Amérique, le Japon... qui évolue en fonction de la conjoncture.

Dernière subtilité : l'achat d'une propriété viticole dans le Bordelais. Grâce à ces terres millésimées louées dans le cadre d'un bail à long terme pour une durée minimale de dix-huit ans, Adrien bénéficie d'une exonération des trois quarts au regard de l'impôt sur la fortune et des droits de successions. De 500 000 F, la base imposable de ses biens fonciers tombe à 125 000 F. Un avantage qui mérite bien de faire des concessions sur le plan de la rentabilité. Pour se faire plaisir et atténuer la pression fiscale, Adrien complète ses investissements par l'acquisition avec discernement de quelques tableaux de maîtres anciens dont un Jan Brughel intitulé *Paysage avec paysans se rendant au marché* (2 250 000 F). Il craque à Drouot pour un vase en céramique polychrome de Paul Gauguin (3 500 000 F) et un mobilier de salon commandé à Jean-Baptiste Boulard destiné à la chambre du roi (1 450 000 F). Mais le clou de sa collection est sans doute constitué par un tableau primitif à fond or.

A quand les prochaines acquisitions de cet investisseur avisé ?

Et les vôtres ? Vous avez maintenant tous les atouts en main pour budgétiser, économiser, investir et placer vos sous.

Alors, bonne chance et... foncez !

LEXIQUE

Action : titre négociable représentant une fraction de la propriété de l'entreprise. Il vous donne droit notamment à une part de bénéfices, sous la forme d'un éventuel dividende.

Agent de change : en réalité, les agents de change et leurs charges n'existent plus ! La loi sur la Bourse du 22 janvier 1988 les a remplacés par des sociétés de Bourse. Mais comme l'expression date de Napoléon, elle risque de perdurer comme les anciens francs...

Assuré : vous l'êtes dès que votre vie, vos actes ou vos biens sont garantis par un contrat d'assurance moyennant le versement d'une certaine somme (la prime ou la cotisation). Si ce risque survient, on parle de « sinistre ».

Assureur : moyennant le paiement d'une prime, il réglera au bénéficiaire du contrat, en cas de sinistre, soit l'indemnité prévue dans le cadre de l'assurance de dommage, soit le capital ou la rente dans le cadre de l'assurance de personne.

Assurance-vie : plus que la couverture d'un risque, elle correspond à une affectation d'épargne. C'est un contrat par lequel l'assureur s'engage à verser à une date déterminée à l'assuré, en échange d'une prime, soit un capital, soit une rente jusqu'à son décès. On distingue trois grandes motivations : la constitution d'une épargne en vue de la retraite, la garantie de risques personnels (incapacité temporaire, assistance ou décès) et le désir de faire un placement à long terme.

Avoir fiscal : pour vous, actionnaire, cette ristourne d'impôt sur les sociétés est destinée à compenser en partie les effets d'une double imposition des bénéfices.

Bénéfice par action : c'est tout simplement, le bénéfice total de la société divisé par le nombre d'actions. Base de calcul du PER (Price Earning Ratio appelé encore rapport cours/bénéfice), il permet d'apprécier le prix relatif de l'action comparé à la moyenne du marché ou des sociétés du secteur.

Bénéficiaire : personne qui recevra après sinistre ou au terme du contrat, le capital ou la rente versé par l'assureur.

Capital : dans les remboursements d'un emprunt, distinguez le capital, c'est-à-dire la somme initialement prêtée, des intérêts destinés à rémunérer le prêteur.

Capitalisation : transformation des intérêts d'une somme due en un capital susceptible de produire lui-même des intérêts. C'est le principe de la boule de neige.

Capitalisation boursière : évaluation d'une société sur la base de la valeur de ses actions. Vous l'obtenez en multipliant le nombre d'actions de la société par leur cours boursier. Attention : dans certains cas, tous les titres d'une société ne sont pas admis à la cotation.

Club d'investissement : groupement d'épargnants constitué pour créer et gérer en commun un portefeuille de valeurs mobilières. Un excellent moyen pour aborder et, surtout, apprendre à « boursicoter » à peu de frais.

Contractant : voir souscripteur.

Cotation : elle permet de déterminer le cours d'un titre, c'est-à-dire son prix à un instant donné sur le marché. Elle résulte de la confrontation des offres et des demandes.

Cotisation : voir prime.

Coupon : pour percevoir les dividendes des actions ou les intérêts des obligations, les épargnants devaient détacher les coupons numérotés, des titres auxquels ils étaient attachés. Depuis la dématérialisation, les coupons n'existent plus. Mais l'expression « détachement du coupon » subsiste.

Courtage : rémunération que vous versez à la société de Bourse chargée d'exécuter vos ordres d'achat ou de vente.

Fiscalité : les prélèvements fiscaux diminuent le rendement final du placement. Cependant un avantage fiscal ne doit pas constituer un critère essentiel de choix, car ce plus ne modifie pas la valeur intrinsèque d'un placement.

Fonds commun de placement : outil de gestion collective d'une gestion plus souple qu'une SICAV car il gère moins de capitaux. En permettant des arbitrages plus fréquents sans risquer de perturber les cours, le FCP pourrait donc dégager des résultats plus performants.

Immobilier : il n'existe pas un marché, mais de nombreux micro-marchés de l'immobilier en fonction du type de produits (bureaux, boutiques, bâtiments industriels, logements) et de la localisation (Paris, banlieues, province).

Indexation : réajustement automatique des garanties et des primes. L'indexation consiste à lier l'augmentation des garanties et des primes à la progression d'un indice représentatif de la hausse des prix dans un certain domaine : indice du coût de la construction, valeur du point Agirc...

Liquidation : ce terme désigne aussi bien le jour de la liquidation mensuelle que le mois séparant deux liquidations, période sur laquelle se mesurent souvent les performances globales de la Bourse.

OPCVM : les organismes de placement collectif en valeurs mobilières représentent plus de 5 000 produits différents dont la très grande majorité est constitué de fonds commun de placement (un peu plus de 4 000), puis de SICAV.

Ordre : en Bourse, pour qu'il soit complet, indiquez le sens de l'opération (vente ou achat), le nom de la valeur, la quantité, le marché de cotation, les modalités de l'exécution (au mieux, cours limité...).

Prime : appelée encore cotisation, c'est la somme payée par le souscripteur en contrepartie de la garantie d'un risque.

Risque : événement incertain ou de date incertaine contre lequel on désire s'assurer. C'est, par exemple, le risque d'incendie, de vol ou le risque de décès, d'invalidité.

Rendement : en Bourse, il s'agit du revenu d'une valeur mobilière exprimée en pourcentage du cours du titre à un moment donné. Le taux de rendement d'une obligation se confond avec le taux actuariel brut. Celui d'une action se calcule en divisant le coupon, ou dividende connu ou espéré, par le cours.

Réméré : c'est un contrat liant généralement le gérant d'une SICAV ou d'un fonds commun de placement à un établissement financier. Le gestionnaire acquiert des obligations auprès de l'établissement, qui s'engage à les racheter à une certaine échéance à un prix convenu d'avance.

Rentabilité : dans l'analyse financière des sociétés, elle exprime la capacité des capitaux propres à produire du profit. En immobilier, elle correspond au produit financier annuel de l'investissement, sans compter les éventuelles plus-values. La rentabilité brute d'un placement immobilier varie en fonction du type de produits : appartements ou de bureaux, de locaux industriels ou de résidences de vacances, de neuf ou d'ancien, à Paris ou en province.

Revalorisation : système employé en assurance-vie pour limiter les effets de l'inflation sur le capital ou la rente à servir. L'assureur distribue une partie des bénéfices acquis au cours d'un exercice. Si l'assuré accepte une majoration correspondante de la prime, capital ou rente assurés sont revalorisés dans la même proportion.

SCPI : les sociétés civiles de placement immobilier collectent l'épargne des particuliers pour la réinvestir dans l'immobilier. Les bénéfices tirés des loyers perçus sont répartis entre les actionnaires de la SCPI en fonction de leur nombre de parts.

SICOMI : cotées en Bourse ou non, les Sociétés immobilières pour le commerce et l'industrie, ont été créées en 1967 pour aider les entreprises à financer leurs équipements ou leurs bâtiments en crédit-bail.

SICAV : portefeuille collectif diversifié. Son capital est dit « variable », car le nombre de souscripteurs de parts de SICAV peut augmenter ou diminuer « au jour le jour », sans que le prix de la part varie. Il est fonction des actions détenues par la SICAV.

Souscripteur : appelé encore contractant, il signe le contrat d'assurance et s'engage à payer les primes ou cotisations. Il peut être distinct de l'assuré ou du bénéficiaire.

Taux d'intérêt : l'évolution des taux d'intérêt est un indicateur essentiel pour la Bourse. Outre leur effet direct sur les cours des obligations, ils ont un impact sur le cours des actions : s'ils montent trop, celles-ci paraissent moins rémunératrices et sont délaissées.

Taux de rendement actuariel : il répond à la question « combien est susceptible de me rapporter dans un an, 1 franc placé aujourd'hui dans cette obligation ? » C'est le principal critère pour comparer différents emprunts obligataires.

Transparence fiscale : régime s'appliquant aux sociétés qui ne possédent pas de personnalité fiscale. Dans ce cas, ce sont les associés qui acquittent les impôts. La transparence fiscale concerne essentiellement les organismes de placement collectif en valeurs mobilières comme les SICAV et les Fonds communs de placement, les sociétés immobilières d'investissement, et les clubs d'investissement.

Valeur de rachat : le contrat d'assurance cesse dès la demande de rachat. La société d'assurance verse à l'assuré la valeur de rachat correspondant à la partie disponible de l'épargne constituée.

Valeur de réduction : le contrat reste en vigueur, mais avec des garanties réduites par rapport aux garanties initiales.

Viager : une personne âgée, propriétaire d'une maison ou d'un appartement (le crédirentier), cède son bien à un acheteur (le débirentier) qui s'engage à lui verser une rente jusqu'à la fin de ses jours.

ANNEXES

LA COB VOUS CONSEILLE

Gendarme de la Bourse, la COB (Commission des Opérations de Bourse) vous livre quelques recommandations.

• Si vous êtes invité à souscrire à une émission d'actions ou d'obligations, vous pouvez demander la note d'information visée par la Commission à l'intermédiaire (banque ou société de Bourse) chargé de placer les titres de la société émettrice. Lisez attentivement, le cas échéant, les avertissements placés en tête.

• Si vous envisagez d'acquérir des parts de SICAV ou FCP, demandez à votre intermédiaire financier les fiches signalétiques correspondantes. A partir des caractéristiques de base du placement que vous recherchez (durée minimale, objectif prioritaire, fiscalité) vous pourrez apprécier et comparer les placements. Informez-vous également sur le montant des commissions à payer.

• Si vous êtes démarché par téléphone ou par une visite à domicile, pour la souscription d'un plan d'épargne en valeurs mobilières ou l'achat d'un « bien divers », ne vous engagez pas avant d'avoir lu le document d'information portant le numéro d'enregistrement délivré par la Commission.

• Si vous soupçonnez une fraude ou une irrégularité dans la gestion de votre épargne, vous pouvez la consulter. Dans un grand nombre de cas, son intervention permet un règlement amiable.

VOUS DÉSIREZ RÉCLAMER

En cas de contestation, avant de saisir la COB, matérialisez votre réclamation.

• Adressez un courrier (avec accusé de réception) à l'intermédiaire en exposant les motifs de la plainte dès lors qu'il n'y a pas eu accord avec lui par courrier ou par oral.

• Rappelez les diverses démarches entreprises et le constat de leur échec, en spécifiant que l'avis de la COB va être sollicité.

• Si le litige porte sur des ordres boursiers donnés ou transmis par un gérant de portefeuille indépendant ou un remisier, avisez également le teneur de compte (société de Bourse ou établissement de crédit).

UN PEU DE PSYCHOLOGIE

L'argent : aux yeux des psychologues, cet objet peut être symbolique, ou fétiche, ou au contraire archaïque en déclenchant des angoisses. Pour en savoir plus sur nos rapports avec l'argent, Mme Barus-Michel et Me Desprairies ont défini dans une étude sur les processus psychosociaux, trois grandes périodes :

• entre l'après-guerre et 1960 : durant cette phase de reconstruction, nous évoluons vers la société de consommation et conservons des valeurs traditionnelles.

• de 1960 à 1970 : sous le double effet de l'expansion et de la consommation, les valeurs traditionnelles sont remises en cause. D'où l'émergence de nouvelles valeurs : authenticité, communication.

• de 1970 à 1990 : la société de consommation s'oppose à la celle de crise. En perdant des valeurs, elle investit et accorde plus d'importance aux objets.

ADRESSES UTILES

Agence nationale pour l'amélioration de l'habitat (ANAH) : 17 rue de la Paix, 75002 Paris, tél (1) 42 61 57 23, ou dans les Directions départementales de l'équipement.

Association nationale pour l'information sur le logement : (ANIL), 2 boulevard Saint-Martin, 75010 Paris, tél (1) 42 02 05 50

Association professionnelle des SCPI (ASPIM) : 18 rue de Vienne, 75008 Paris, tél (1) 45 22 24 24

Centre de documentation et d'information de l'assurance (CDIA) : 2 rue de la Chaussée-d'Antin. 75009 Paris, tél (1) 42 46 13 13

Commission des opérations de bourse (COB) : 39/43 quai André-Citroën, 75015 Paris, tél (1) 40 58 65 65

Compagnie nationale des experts immobiliers, 1 rue Saint-Georges, 75009 Paris, tél (1) 48 74 42 37

Confédération nationale des administrateurs de biens (CNAB) : 53 rue du Rocher, 75008 Paris, tél (1) 42 93 60 55

Confédération nationale des experts agricoles et fonciers : 7/9 rue la Boétie, 75008 Paris, tél (1) 42 66 53 48

Conseil supérieur du notariat (CSN) : 31 rue du Général-Foy, 75008 Paris, tél (1) 42 93 06 45

Fédération nationale des agents immobiliers (FNAIM) : 129 rue du Faubourg Saint-Honoré, 75008 Paris, tél (1) 42 25 24 26

Fédération nationale des clubs d'investissement (FNACI) : 22 boulevard de Courcelles, 75017 Paris, tél (1) 47 63 19 02

Fédération nationale des promoteurs-constructeurs : 106 rue de l'Université, 75007 Paris, tél (1) 45 51 67 37

Institut de l'épargne immobilière et foncière : 25 rue de la Bienfaisance, 75008 Paris, tél (1) 42 93 04 66

Société des Bourses françaises : 4 place de la Bourse, 75002 Paris, tél (1) 40 41 10 00

Observatoire des loyers de l'agglomération parisienne : 21 rue Miollis, 75015 Paris, tél (1) 40 56 01 47

Union nationale des constructeurs de maisons individuelles : 3 avenue du Président-Wilson, 75116 Paris, tél (1) 47 20 82 08

Union nationale des syndicats français d'architectes (UNSFA) : 26 boulevard Raspail, 75007 Paris, tél (1) 45 44 58 45

INDEX

F

H

I

L

M

N

Cet ouvrage reproduit par procédé photomécanique
a été achevé d'imprimer sur presse CAMERON
dans les ateliers de la S.E.P.C.
à Saint-Amand (Cher), en septembre 1992
pour les éditions First

N° édition : 147
N° impression : 1858
Dépôt légal : septembre 1992